교육을 읽다

일러두기

이 책은《나의 교육 고전 읽기》(정은균, 2019)의 개정증보판이다. '제4장 교양주의 교육과 피터스의
《윤리학과 교육》'과 '징검다리 교육사 4. 탈학교론의 대부, 이반 일리치'를 추가했으며, 일부 내용을
고치고 잘못된 곳을 바로잡았다.

교육을 읽다

1판 1쇄 발행 2023년 3월 2일
글쓴이 정은균
펴낸이 임중혁 | **펴낸곳** 빨간소금 | **등록** 2016년 11월 21일(제2016-000036호)
주소 (01021) 서울시 강북구 삼각산로 47, 나동 402호 | **전화** 02-916-4038
팩스 0505-320-4038 | **전자우편** redsaltbooks@gmail.com
ISBN 979-11-91383-28-7 (03100)

• 책값은 뒤표지에 있습니다.

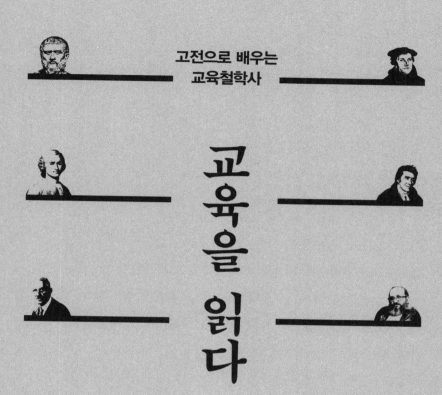

고전으로 배우는
교육철학사

교육을 읽다

정은균 씀

빨간소금

나는 왜
교육 고전을 읽는가

1

교육은 사람의 일이다. 더 정확히 말한다면 오직 사람만이 교육한다. 철학자 임마누엘 칸트는 《교육학(Über Pädagogik)》의 첫 자리에 "인간은 교육되어야 할 유일한 피조물이다"라고 써넣었다. 그의 말에 100퍼센트 동의한다.

어미 사자는 새끼에게 지혜롭고 정의로운 사자가 되라고 가르치지 않는다. 새끼 사자는 초원에 있는 영양을 잡기 위해 사냥 학교에 다니지 않아도 된다. 사람은 다르다. 사람의 자식은 어른의 도움이나 가르침을 통하지 않고 사람답게 살기 어렵다. 사회는 아이들이 그 안에서 살아가야 한다며 질서와 규범을 가르치고 학교라는 기관을 만들어 대대손손 전해오는 정신과 문화를 유지하려고 노력한다. 교육이 없는 사회, 학교가 없는 세상을 상상하기 힘들다.

사람에게 교육이란 무엇일까? 나는 다음과 같이 말하고 싶다. 교육은 사람의, 사람에 의한, 사람을 위한 일이다. 사람은 교육으로 존재하며 교육을 통해 '나'가 된다. 다시 칸트에게 기대 말하면 사람은 오직 교육에 의해서만 사람이 될 수 있다.

2

나는 사람의 유전자 속에 '교육 본능'이라고 부를 만한 것이 들어 있다고 생각한다. 사람들은 먼 옛날부터 오늘날까지 교육을 우리 자신의 본성에 관여하는 일로 보았다. 사람의 본성은 그것이 선하든 악하든 교육을 통해 더 좋아진다. 본성이 악하다면 교육을 통해 그 악한 본성을 선한 본성으로 바꿀 수 있다. 좋은 교육을 하면 선한 본성의 소유자가 더 선한 본성을 가질 수 있다.

무엇이 좋은 교육이며, 그것을 실현하는 방법은 무엇인가? 교육사나 교육철학사는 이 질문을 앞에 놓고 올바른 대답을 찾기 위해 궁리하고 실천한 교육자들의 이야기를 다루는 분야이다. 교육자들은 사람이 교육하고 공부하는 인간, 즉 호모 아카데미쿠스(Homo Academicus)라고 생각한다. 이들은 사람의 교육 본능을 믿었다. 교육하면서 이론을 만들고 이론을 디딤돌 삼아 다시 교육하는 일을 되풀이했다. 그 과정에서 자신들만의 고유한 철학을 완성하고 그것을 사람을 가르치는 데 활용했다.

교육사나 교육철학 교과서의 지면을 채우는 교육자는 무척 많다. 나는 이 책에서 교육사나 교육철학사를 대표하는 교육자 몇 사람과 그들이 써서 인류 고전의 반열에 오른 책 몇 권을 다루었다. 여기서 좀 더 큰 비중을 차지하는 것은 '고전 책'이다. 교육자를 함께 다룬 까닭은 그 책을 더 깊이 있게 이해하기 위해서다. 그러므로《교육을 읽다》는 책을 소개하는 책이다.

3

나는 교육철학 초심자나 교육철학에 관심 있는 교육자에게 소개하기 위해 이 책을 썼다. 영락없이 교육학 초심자인 나 자신을 위해 썼다고 말하는 편이 더 정확하겠다.

중·고등학교에서 교사 생활을 한 지 20년이 되어 가지만 교육학을 제대로 공부하지 않았다. 교육철학을 대표하는 고전 저작을 꼼꼼히 읽어 본 기억이 별로 없다. 교직에 입문한 지 두어 해가 지났을 무렵 그때까지 말로만 들어왔던 파울로 프레이리((Paulo Freire)의 《페다고지 (Pedagogia do Oprimido)》를 손에 쥐고 읽은 기억이 거의 유일하다. 그 각별한 시간을 허투루 보내지 않기 위해 책 속 문장들에 밑줄을 긋고 행간 여백에 메모했다.

나는 일반적인 교사 양성 기관인 교육대학교나 사범대학교가 아니라 일반 대학교에서 교직 과정을 거쳐 교사가 되었다. 3년 동안 과정 이수에 필요한 45학점을 따려고 여러 강좌를 돌며 교육학을 공부했다.

교육철학, 교육심리학, 교육공학, 교육사회학 따위의 이름이 붙은 강좌들이었다. 이들 강좌에서 수많은 교육자와 교육학자, 교육학 저작을 만났다. 나는 교육학 교과서에서 그들의 이름과 그들이 쓴 책의 제목들을 보았다. 그 아래에는 연구자들이 일목요연하게 정리해 놓은 명세표 같은 문장들이 자리 잡고 있었다. 나는 교과서에 실린 그 건조한 문장들을 그보다 더 황량한 개조식 명사문으로 바꿔 외운 뒤 8절지 크기의 빈 답안지에 원래 모습에 가깝게 고스란히 게워 내는 방식으로 학점을 땄다. 그것이 내가 교사가 되겠다며 경험한 교육학 공부의 전부였다.

대학을 졸업하자 교직 이수 과정에서 만난 교육자들과 교육학자들, 교육학 저작들이 머릿속에서 깡그리 사라졌다. 학교 안팎에서 만난 다른 교사들 역시 크게 달라 보이지 않았다. 임고(교원임용고사) 출신 교사가 상대적으로 교육학을 더 많이 공부하는 것 같기는 했다. 그러나 그들이 만난 교육학 역시 기계적인 오지선다형 문항 속에 들어 있었다고 본다. 그렇게 인연을 맺은 교육자들과 교육학자들, 교육학 저작들을 온전히 이해해 받아들이기는 어려웠을 것이다.

전문적인 학문 분야라는 교육학은 찬밥 신세이다. 내 주변만 보더라도 교육학이 실제 교육활동에서 어떤 의미를 갖는지 알 수 없다고 반문하는 이들이 많다. 그들은 교육학 이론이 학교 수업에 별다른 도움을 주지 못한다고 여긴다. 교육학 이론은 임고에서도 그다지 큰 주목을 받지 못하는 것 같다. 교육학이라는 학문의 구색을 갖추는 장식물 정도로 취급받는다고나 할까.

교육학을 홀대하고 교육학에 반감(?)을 갖는 분위기가 아무 이유 없이 생겨난 것은 아니다. 특정 학문은 주로 특정 이론으로 정리되고 확산하는데, 사람들은 우리나라 학문 분야에 이론 편향 현상이 널리 퍼져 있다고 지레짐작한다. 특히 실천이나 직접적인 경험을 중시하는 사람들은 이론주의자가 인간의 실제 삶이나 경험과 유리된 채 고담준론을 일삼는다고 비판한다.

흔히 이론주의자는 공허한 추상의 세계에 머무르며, 이론은 관념의 세계에 있다고 전제된다. 그러나 이론은 경험이나 실제와 떼려야 뗄 수 없는 관계를 맺는다. 이론은 경험에서 만들어지고, 경험은 이론을 통해 깊어진다. 나는 캐나다에서 학생들에게 철학을 가르치는 교사 숀 스틸(Sean Steel)이 《지식은 과거지만 지혜는 미래다》에서 경험과 분리되고 선험적인 "형이상학 개념"과 연관된 것으로서의 이론 개념이 현대적 오해라고 한 지적에 대해 전적으로 동의한다. 스틸의 말을 빌리면 이론은 철저히 경험적이다! 이론을 뜻하는 영어 단어 'theory'의 어원인 테오리아(theoria, 관조)는 관찰, 주시, 응시와 관계가 있다고 한다. 그리스인과 중세의 스콜라 철학자는 이론이 가장 심오한 종류의 경험이자 가장 권위적인 종류의 앎이라고 여겼다. 이 책에 담긴 몇 가지 교육철학이나 교육 이론이 그런 맥락에서 이해되었으면 좋겠다.

4

이 책에서 다룬 교육사의 주요 '거인'은 네 사람이다. 첫 번째 거인은 플라톤(Plato)이다. 플라톤은 서양 철학의 비조이자 교육철학에 관한 아이디어를 최초로 집대성한 사람이었다. 그 결과물이 《국가(πολιτεία)》와 《법률(Nomoi)》이다. 두 책을 중심으로 플라톤이 주창한 이상주의 교육과 국가주의 교육철학을 살펴보았다. 플라톤이 《국가》에서 논증한 이상국가의 교육 시스템은 우리가 교육의 공적 측면을 고찰하는 데 많은 시사점을 준다. 국가주의 교육 체제 뒤에 숨어 있는 문제점이나 한계를 따져 보는 데 실마리를 얻을 수도 있다.

두 번째 거인은 장 자크 루소(Jean-Jacques Rousseau)이다. 루소는 교육사에서 인간의 본성으로서 자연을 중시하는 자연주의 교육철학의 대변인이자 개인주의 교육의 주창자로 분류된다. 루소는 인간의 본성을 자연의 일부로 파악하고 이러한 관점을 교육에 반영하자는 메시지를 대표작 《에밀(Emile, ou De l'education)》에 담았다. 《에밀》을 읽으면서 루소의 자연주의 교육철학에서 말하는 '개인'에 어떤 의미가 있는지 밝히려고 노력했다. 독자들은 《에밀》을 통해 사회와 국가에 종속되지 않는 자유인을 어떻게 기를 것인지 고민해 보는 기회를 가질 수 있을 것이다.

존 듀이(John Dewey)는 최근세의 교육 역사를 대표하는 거인이다. 듀이는 시종일관 좋은 교육을 통해 사회가 점진적으로 바뀌면서 이상적인 민주주의 공동체가 되는 데 관심을 기울였다. 진보주의와 민주주의 교육을 향한 듀이의 이와 같은 바람이 가장 잘 담긴 책이《민주주의와 교육(Democracy and Education)》이다. 듀이 교육철학의 결정판이자 보통 사람의 상식에 기반한 교육의 본질과 방향을 집대성한 저작이다. 이 책을 통해 전 세계적으로 위기에 처한 민주주의가 지향해야 하는 교육철학이 어떠해야 하는지 깊이 성찰해 보았으면 한다.

마지막 거인은 리처드 스탠리 피터스(Richard Stanley Peters)이다. 피터스는 현대 교육철학의 '혁명'을 이루었다고 평가받는 영국의 교육철학자이다. 그는 대표작《윤리학과 교육(Ethics and education)》에서 교육의 공적인 차원을 본질과 특성 차원에서 세세하게 살피는데, 이는 사적욕망 추구의 장으로 전락한 우리나라 교육에 시사하는 바가 크다. 피터스는《윤리학과 교육》이, 존 듀이가 윤리학과 교육에 대해《민주주의와 교육》에서 취하고 있는 태도와 뚜렷이 대조된다고 말한다. 이런 점을 고려해 피터스와 듀이를 대비해 살핀다면 특별한 독서 경험을 할 수 있을 것이다.

이 책에는 이들 네 사람 사이에 또 다른 거인 몇 명이 더 자리 잡고 있다. 이들은 교육사나 교육철학사의 흐름이 크게 모퉁이를 돌며 전진하는 데 큰 영향을 미쳤다.

16세기 초 독일의 마르틴 루터(Martin Luther)는 역사적인 종교 개혁 이후 국가가 중심이 되는 공교육 시스템을 본격적으로 주장했다. 18세기 후반에서 19세기 초반 사이에 살았던 요한 하인리히 페스탈로치(Johann Heinrich Pestalozzi)는 루소에서 이어지는 아동 중심 교육을 현장에서 실천함으로써 전 세계적으로 지대한 영향력을 행사했다. 파울로 프레이리는 20세기 중후반 이후 남미를 중심으로 한 제3세계에 피억압자를 위한 해방의 공동체 교육을 전파했다. 가톨릭 신부 출신이었던 이반 일리치(Ivan Dominic Illich)는 '학교 없는 사회'에 관한 아이디어를 중심으로 탈학교론을 주창함으로써 우리에게 지금까지와는 전혀 다른 교육에 관한 상상력을 자극했다.

5

우리가 역사를 공부하는 목적은 과거를 통해 현재를 돌아보고 미래를 도모하는 데 있다. 그래서 교육사의 거인들이 어떤 시대 현실에서 살았으며 그들이 경험한 삶의 국면이 어떠했는지를 밝히는 데 지면의 상당 부분을 할애했다. 이를 통해 거인들이 각각의 책에 담아 놓은 메시지를 좀 더 현실적으로 바라보고, 그들의 이야기를 우리가 사는 지금 이곳의 현실을 비추는 거울처럼 생각해보기를 바랐다.

지난 5년간 플라톤의 《국가》와 《법률》, 루소의 《에밀》, 페스탈로치의 《은자의 황혼(Die Abendstunde eines Einsiedlers)》, 듀이의 《민주주의와 교육》, 피터스의 《윤리학과 교육》, 프레이리의 《페다고지》, 일리치의 《학교 없는 사회(Deschooling Society)》를 꼼꼼히 읽었다. 주연 텍스트로는 부족하다고 여겨 이것들을 연구하고 그 결과를 자세히 설명해 놓은 책, 함께 읽으면 더 깊이 이해하는 데 도움을 주는 조연 책들도 두루 구해 읽었다.

그 책들을 읽는 시간은 오래도록 밀린 숙제를 하는 시간과 비슷했다. 지난 몇 년간 이들이 내 가방에 담기지 않은 날은 거의 없었다. 그러나 얼마나 깊게 읽었는지는 자신 있게 대답하지 못하겠다. 혼자 책을 읽기란 그다지 쉬운 일이 아니며, 고전이라고 불리는 옛 책을 읽는 일은 더욱 그렇다. 그런데 한편으로 보면 누구나 읽어야 한다고 하고, 읽으면 유익하다고 말하는 고전 책을 한꺼번에 몇 권씩 읽는 일은 별난 호사라고 말해도 되지 않을까? 그래서 책을 읽는 시간이 내내 즐겁고 보람찼다.

나는 과거의 인물과 그가 쓴 책 읽는 일을 좋아하는 호고주의자(好古主義者)이다. 흔히 고전이라고 불리는 오래된 책들을 꼼꼼히 밑줄을 그어 가며 읽는 일을 각별한 재미로 알고 즐긴다. 그런데 과거의 인물이나 책에 관한 글을 쓰는 일은 그저 좋아서 읽고 즐기는 일과는 너무나도 다르다. 그것은 참으로 부담스럽다. 그 인물이나 책이 널리 알려져 있기 때문만은 아니다. 문장 하나하나를 쓸 때마다 그들을 바라보는 내 시선의 기준과 범위를 잡는 일이 어려워서다.

그래도 지난 5년 동안 최대한 즐기듯이 짬짬이 책을 읽고 정리했다. 교육사의 거인 여덟이 책 속 문장을 통해 내게 건너와 던지는 메시지와 의문을 하나하나 기록하고 분류하고 정리했다. 그중에는 나의 편협한 주견과 과도한 해석이 섞여 있을 수 있다. 그릇된 이해에서 비롯된 오류도 없지 않으리라. 독자들의 해량과 질정을 바란다.

이 책을 내면서 독자들에게 바라는 것은 딱 하나이다. 플라톤의《국가》, 루소의《에밀》, 듀이의《민주주의와 교육》, 피터스의《윤리학과 교육》을 읽으면서 우리 교육의 근본과 철학과 방향을 고민하는 사람이 더 많아지는 것이다.

차례

1장 국가주의 교육과 플라톤의 《국가》

국가의, 국가에 의한,

국가를 위한 교육

플라톤의 국가에서는 아이들이 국가를 위해 계획적으로 태어나고 분류되며 엄격하게 규정된 교육을 받는다. 그렇게 길러진 아이들은 사적인 삶을 통제당한 채 사회와 국가를 위해 복무한다. 그것이 플라톤이 생각하는 정의(正義)였다.

국가는
교육을 사랑한다

국민의례를 별로 좋아하지 않는다. 모든 사람이 "자랑스러운 태극기 앞"에 서서 엄숙한 표정으로 침묵을 지키는 광경을 바라보는 일이나, 일사불란하게 가슴에 손을 얹게 한 뒤 "대한민국의 무궁한 영광을 위하여 충성을 다할 것"을 서약하도록 강요하는 '국기에 대한 맹세' 시간을 보내는 일이 불편하다.

학교에서 국민의례는 '애국 조회'로 불리는 정기적인 집단의식이나 입학식과 졸업식 같은 공식 행사의 식순에서 빠지지 않는다. 나는 지난날 국민학교나 1980년대 중·고등학교 시절 이글거리는 햇살 아래서 진행되곤 했던 애국 조회의 기억을 잊지 못한다. 교장 선생님은 국가와 민족을 위해 최선을 다해 공부하라는 메시지를 장엄한 웅변조 목소리로 토해내곤 했다. 그런 교장 선생님의 일장 훈시가 길어지면 몸이 약한 친구들은 다리를 후들거리거나 그 자리에 픽픽 쓰러지기도 했다.

궁금했다. 우리가 열심히 공부해야 하는 까닭은 스스로 행복하게 살기 위함이 아닌가. 교과서에서는 학교에서 부지런히 공부해야 하는 까

| 국가의, 국가에 의한, 국가를 위한 교육 |

닭을 배움의 경험에서 얻는 기쁨이나 앎이 가져다주는 보람 때문이라고 이야기하고 있지 않던가. 그래서 국민의례와 애국 조회 같은 자리에서 끝없이 되풀이해 나오던 말들, 가령 국가, 조국, 민족, 충성 같은 집단주의적이고 전체주의적 함의를 가진 말들이 얼마나 싫었는지 모른다. 급기야 어느 순간부터 가슴에 손을 얹지 않는 방식으로 소심하게 저항하기 시작했다.

이 책을 읽는 독자에게 지난 2015년 4월 정부 과천 청사에서 열린 신임 검사 임관식 이야기를 들려 드리고 싶다. 당시 그 자리에서 법무부 장관 자격으로 축사를 한 황교안은 신임 검사들이 애국가 1절을 부를 때와 다르게 2~4절에서 목소리가 작아지자 다음과 같이 말했다고 한다. "헌법 가치 수호는 나라 사랑에서 출발하고, 나라 사랑의 출발은 애국가이다. 기본이 애국가인데 다 잘 부를 수 있어야 한다." 신임 후배들의 임관식에 함께한 선배 검사들의 얼굴을 백지장으로 만들었다는 황교안 장관의 이 말은 원래 원고에는 없었다고 한다.

헌법의 가치를 나라 사랑에서 찾고 나라 사랑의 기본을 애국가 완창에서 구하는 황 장관의 특별한 애국 비법에 실소가 나왔다. 동시에 두려움이 밀려왔다. 황 장관은 그렇게 철두철미한 '애국 멘탈'을 언제부터 어떻게 장착했을까? 그는 검찰직으로 보낸 공직 기간 대부분을 공안 검사로 살아왔다고 한다. 유별스럽게 보이는 애국 멘탈이 그런 공직 이력에서 비롯된 것은 아닐까? 그런 생각들 한편으로 내 머릿속에는 일제강점기 이래 학교 의식 문화의 꽃처럼 대접받아 온 국민의례가 자연스럽게 떠올랐다.

나는 대한민국에서 태어나 자란 7살짜리 아이가 생애 최초로 학교에 입학한 뒤 배우는 노래 목록의 첫 자리에 애국가와 교가가 자리 잡는 것이 이상하다. 학교 교육을 처음으로 경험하는 어린 학생에게 애국가와 교가를 가르치는 이유가 무엇일까? 학교와 교사는 학생들에게 애국가와 교가를 가르치면서 그들이 어떤 사람으로 성장하기를 바라는 것일까? 학생들은 애국가와 교가에 담긴 나라 사랑과 학교 애호의 정신을 배워 개인보다 집단과 조직을 우선시하는 삶을 살아갈 수 있을까?

우리에게는 인간 교육에 관한 오래된 '이상'이 있다. 교육은 무지한 인간을 계몽해 인류를 진보하게 한다. 인간은 생각하고 사유하고 성찰하는 능력을 적극적으로 활용해 스스로 발전한다. 그래서 인간이 갖는 이성과 지성의 힘을 긍정하는 계몽주의 교육은 바로 그 힘으로 부당한 권력을 깨뜨리고 극복하는 데 목표를 두는 것으로 알려져 있다. 그렇다면 인간은 계몽의 도움을 받아 구원을 얻었을까?

독일 철학자 막스 호르크하이머((Max Horkheimer)와 테오도어 아도르노(Theodor Ludwig Wiesengrund Adorno)는 계몽의 힘을 회의적으로 보았다. 계몽은 예로부터 인간에게 공포를 몰아내고 인간을 주인으로 내세우는 목표를 추구해 왔다. 그러나 완벽히 계몽된 지구에는 재앙만이 승리를 구가하고 있다. 계몽을 통한 진보는 퇴행이라는 저주를 끊임없이 내린다. 계몽이 강조하는 지식은 사유와 경험의 빈곤을 가져오기 때문이다. 이들은 계몽에 지배되는 정신이 타인을 지배하고 자기 자신을 통제하는 도구가 된다고 주장했다.[1]

인간을 무지몽매함에서 해방해 삶의 주인으로 세우자는 계몽 교육의 욕망은 역설적으로 정치와 권력이 인간을 다스리는 데 중요한 참고

| 국가의, 국가에 의한, 국가를 위한 교육 |

사항이 되었다. 교육이 교육이라는 이름으로 인류 역사에 출현한 이래 한결같이 나타난 현상이었다. 그때 교육은 인간 해방이나 주체화라는 목표에서 벗어나 인간을 정치나 권력 시스템을 유지하는 분자로 기르는 일에 관심을 기울였다. 일군의 교육사가(敎育史家)가 '교육의 역사는 곧 국가 권력에 복무한 역사였다'고 말할 때 전하려 한 뜻이 여기에 있을 것이다.

이런 의문이 든다. 국가 권력에 복무하는 교육은 어떻게 이루어질까? 교육받은 개인이 국가와 사회를 위해 봉사하고 헌신하게 하는 교육 시스템에 문제는 없을까? 우리나라에서는 사람을 길러 국가와 사회를 지탱하고 이끄는 동량지재(棟梁之材)로 삼자는 도구주의적인 교육철학이 보편적으로 통용된다. 전통적인 입신양명 사상에 따르면, 교육은 인간이 그 자체로 인격체가 되는 일보다 출세해서 세상에 이름을 널리 알리는 데 더 큰 관심을 둔다. 그와 같은 교육은 인간을 수단화할 뿐일까? 나는 플라톤이 쓴 《국가》에서 이러한 의문에 대한 답변의 실마리를 찾을 수 있다고 보았다. 그것은 황 장관의 애국 멘탈의 근원을 따지고 초등학교 저학년생이 애국가나 교가를 부르는 이유를 밝히는 과정이기도 할 것이다.

국가가 정치와 권력을 통해 주목하고 강조하는 교육 방식은 단순하다. 첫째, 지배하는 정신이 타인을 지배할 수 있는 능력을 갖출 때까지 교육한다. 둘째, 지배당하는 정신이 자신을 통제하면서 타인에게 지배당할 수 있을 정도가 될 때까지 교육한다. 이 과정에 두 가지 원칙이 적용된다. 우선, 국가 권력이나 정치가 교육을 좌지우지한다. 국가 권력이 교육을 독점했던 고대 시기의 교육 시스템이 이와 같았다. 고대에 오늘날과 비슷한 의미의 교육이 있었다면, 그것은 넓은 의미의 공교육이었고 국가주의 교육이었다.

다음으로 교육은 귀족과 같은 일부 특권층에게만 허용된다. 가난하거나 힘없는 사람은 교육에 필요한 경비와 능력을 감당할 수 없었다. 기원전 4000년 고대 이집트에서는 국왕이 사제와 고위 관료, 장교 등 국가 운영에 필요한 사람들을 양성하기 위해 교육을 독점했다. 기원전 2000년을 전후로 한 수메르 학교는 신전의 부속 기관으로 출발했다. 이 학교 졸업생 대부분은 신전이나 왕궁에 봉사하는 필경사(筆耕士)가 되었다. 당시 필경사들의 아버지들은 총독, 도시 지도자, 대사, 신전 관리자, 군대 지휘관, 선장이나 함장, 고위 세금 관리 등 도시 공동체의 부유한 시민이었다.[2] 그런 식으로 교육은 권력을 유지하고 세습하는 데 핵심적인 기구로 활용되었다.

교육이 국가와 권력에 종속되는 현상은 고대 이래 근대식 학교 교육 시스템이 정립되기까지 일관되게 유지되어온 '본질' 같은 것이었다. 이와 같은 본질은 근대 교육 시스템에서도 크게 변하지 않았다. 미국 교육자 존 테일러 개토(John Taylor Gatto)는 근대 교육 시스템의 시원격인 프로이센에서 92퍼센트의 학생들을 교육했던 국민학교(Volksschule)의 교육 목표가 지성 발달이나 사고력 함양이 아니라 복종과 순종의 사회화였다고 단언했다. 그곳에서 학생 대부분은 국가와 사회의 최하위 부속품처럼 길러졌다. 그들은 스스로 생각할 줄 아는 똑똑한 사람이 될 필요가 없었으며 그렇게 되어서도 안 되었다. 개토에 따르면, 독일 철학자 피히테(Johann Gottlieb Fichte)는 1819년 프로이센에서 시작한 현대식 의무교육에서 길러내야 하는 인간상을 다음과 같이 제안했다고 한다.

① 명령에 복종하는 군인
② 고분고분한 광산 노동자
③ 정부 지침에 순종하는 공무원
④ 기업이 요구하는 대로 일하는 사무원
⑤ 중요한 문제에 대해 비슷하게 생각하는 사람들[3]

나는 이들 사실에서 다음과 같은 명제를 끌어낸다. '국가는 교육을 사랑한다.' 플라톤이 《국가》에서 구상한 교육의 전제가 바로 이것이었다. 이제 저 먼 고대로 돌아가 플라톤이 사랑하고 꿈꾼 국가 교육의 청사진을 다시 그려 보자.

전쟁 기계와
노예 교사

우리는 서양 교육의 원류를 고대 그리스의 스파르타와 아테네에서 찾는다. 스파르타와 아테네의 정치 체제는 서로 달랐다. 스파르타는 귀족 과두정(oligarchy),[4] 아테네는 민주정(democracy)을 실시했다.

스파르타와 아테네는 정치적 대립국이었다. 페르시아 전쟁(기원전 492~기원전 479)에서 나란히 그리스 연합군의 지휘를 맡은 스파르타와 아테네는 '고대의 세계 대전'으로 널리 알려진 펠로폰네소스 전쟁(기원전 431~기원전 404)에서 서로 적대국이 되어 치열한 일전을 벌였다. 무려 27년 동안 이어진 전쟁은 스파르타의 승리로 끝났다.

세계사 교과서는 미증유의 세계 대전에서 참패한 아테네가 정치적인 혼란 속으로 빨려 들어갔다고 기술한다. 전쟁에서 승리한 스파르타는 아테네에 30명의 친스파르타 정치가로 구성된 참주정을 세운 뒤 포악한 전제 정치를 실시했다. 서양 교육의 시원 격인 플라톤, 그의 스승 소크라테스와 제자 아리스토텔레스가 살았던 시대가 그즈음이었다. 스파르타는 아테네 시민이었던 플라톤의 정치사상에 커다란 영향을 미쳤다. 영국 철학자 버트런드 러셀(Bertrand Arthur William Russel)은 스파르타가 현실과 신화의 양 측면에서 그리스 사상에 이중으로 영향을 주었다고 보았다.[5]

당시 스파르타 사회는 세 계급으로 나뉘어 있었다.[6] 통치 계급은 호모이오이(Homoioi)였다. 자신을 '평등자'라고 부른 그들은 완전한 자유민이었다. 두 번째 계급으로 '변두리 사람들'이라는 뜻의 페리오이코이(Perioikoi)가 있었다. 페리오이코이는 반(半)자유민이었다. 가장 낮은 계급은 헬로트(Helot)였다. 헬로트는 피정복지 노예 출신이 대부분이었다. 헬로트 일곱 명이 스파르타인 한 명을 받들 정도로 수가 많았다. 헬로트는 평소 농사를 짓다가 전쟁이 나면 스파르타 전사의 보조병이 되었다.

잘 알다시피 스파르타는 모든 국민을 군인으로 만드는 병영 교육으로 유명하다. 20~60살 사이의 스파르타인은 모두 중장보병이 되었다. 온 국민의 군대화라는 스파르타의 이례적인 교육 시스템은 역사적인 배경을 갖고 있다. 건국 초기 스파르타는 영토를 확장하기 위해 끊임

국가의, 국가에 의한, 국가를 위한 교육

없이 전쟁을 벌였다. 그들은 전쟁을 통해 영토가 넓어지고 노예 수가 늘어나자 잘 다스리기 위해 전 사회의 완벽한 군사화에 박차를 가했다. 특히 국민의 절대다수를 차지하는 노예의 저항과 반란을 막을 목적으로 강력한 군대를 기르는 데 주력했다.

스파르타식 병영 교육은 아이가 태어나면서부터 시작되었다. 아이가 태어나면 경험 많은 노인이 있는 레스케(Lesche)라는 공회당으로 아이를 데려갔다. 거기에서 골격이 비틀어졌거나 기형이거나 허약하다는 판정을 받으면 깊고 험한 골짜기에 버려졌다. 국가 차원에서 일종의 영아 유기(apothesis)가 합법적으로 이루어진 것이다.

아이들은 7살이 되면서 아고게(Agoge)라는 공교육 기관에 들어가 강인한 신체를 기르는 훈련과 군사 교육을 받았다. 그들은 20살에 이르러서야 완전한 전사 칭호를 얻을 수 있었다. 그때까지 아이들은 매년 한 번씩 달의 여신인 아르테미스 신전 앞에서 무릎을 꿇고 채찍을 맞는 극한 교육을 받았다. 국가에 대한 복종심과 인내력을 기르기 위해서였다.

최고의 스파르타 전사가 되려면 크립테이아(krypteia)라고 불리는 최후의 비밀스러운 의식을 치러야 했다. 그것은 국가가 명령한 '살인 여행' 같은 것이었다. 크립테이아에 참여하는 스파르타 청년은 들판에서 일하는 강한 헬로트에게 접근해 그를 죽일 수 있었다. 그렇게 해서 아고게를 졸업하는 스파르타 학생은 국가의 명령에 완벽하게 복종하는 '전쟁 기계'가 되었다.

고대 스파르타의 공교육이 시사하는 것은 무엇일까? 루소가 《에밀》 제1부에서 들려주는 스파르타의 어떤 여자 이야기를 통해 스파르타

교육이 지향한 교육 목표를 가늠할 수 있다. 그 여자에게는 아들 다섯 명이 있었다. 여자는 아들 다섯을 모두 군대에 보냈다. 어느 날 한 노예가 전장에서 돌아왔다. 여자는 노예에게 아들들 소식을 물었다. 노예가 "다섯 아드님은 모두 전사했습니다"라고 대답했다. 여자는 "천한 인간 같으니라고. 내가 그것을 물었더냐?"라며 얼굴을 붉혔다. 노예가 "우리가 승리했습니다"라고 다시 말하자 여자는 신전으로 달려가 감사 기도를 올렸다.

루소는 《에밀》에서 이 이야기를 전하며 스파르타인의 '나'를 특별하게 해석했다. 그에 따르면, 스파르타인은 사회제도라는 전체를 의식하고 사고하는 사회적인 유기체 속의 나에 철저했다. 그들은 나라는 개체보다 '시민'이라는 전체 속의 나에 충실했다. 그래서 루소는 아들들의 전사 소식을 듣고도 신전에 달려가 감사 기도를 올린 여자가 "시민의 실체"라고 정의했다.

아테네 이야기로 화제를 돌리자. 아테네는 민주정을 최초로 시작한 나라였다. 이미 기원전 594년경에 솔론이 헌법을 만들어 운영했다. 스파르타 교육과 마찬가지로 아테네 교육 역시 눈여겨볼 대목이 많다. 두루 알려진 몇 가지 사실을 간단히 살펴보자.

아테네에서는 자유민만 교육의 기회를 누릴 수 있었다. 개성을 발달시키고 교양을 쌓아 책임감 있는 시민으로 성장하기를 바랐다. 시간적 여유가 없었던 노예는 교육받거나 학교에 갈 수 없었다. 오늘날 학교를 뜻하는 영어 단어 'school'은 그리스어 '여가(schole)'에 뿌리를 두고 있다. 당시 아테네 노예는 사람이 아니라 '말할 수 있는 도구'였다. 교사가 노예 신분이었다는 사실도 이례적이다. '노예 교사'인 파이다고고스(paidagogos)[7]가 아이를 학교에 데리고 다니면서 가르쳤다.

　일반적으로 교육사가들은 아테네에서 자유 교육(liberal education)의 역사가 시작되었다고 평가한다. 아테네 교육이 개성을 존중하고 자유 시민으로서의 교양을 연마하는 교육이라는 이유에서다. 그렇다고 아테네 교육이 순수하게 개인주의적인 교육이었다고 오해해서는 안 된다. 18살이 된 아테네 엘리트 청년은 국가에 대해 충성 서약을 하고 2년 동안 교육받은 뒤에야 완전한 시민 자격을 얻을 수 있었다. 아테네에서도 개인의 자유와 개성은 국가라는 이름 아래 일정하게 통제되었다.

플라톤의 꿈

　　　　　　　플라톤은 소크라테스, 아리스토텔레스와 함께 서양 철학의 비조이자 서양 교육사의 진정한 출발점을 제공한 인물이었다. 플라톤에게는 원대한 꿈이 있었다. 교육이 이상적인 국가 통치를 위한 유효한 수단이라고 생각한 그는 완전한 교육을 통해 철인 정치(哲人政治)가 이루어지는 완벽한 국가를 꿈꾸었다. 플라톤은 정치적인 이유로 여러 차례 고국을 떠나 타국을 유랑했다. 그리고 그때마다 한사코 아테네로 돌아갔다. 철인왕이 다스리는 이상적인 정치를 실현하고 싶었기 때문이다.

　플라톤은 사람의 신체와 국가를 유사한 것으로 보고 이들을 서로 대비해 이해했다. 신체가 그런 것처럼, 국가는 그것을 이루는 요소들이 유기적으로 결합해 통일체를 이루어야 하는 대상이었다. 플라톤의 '신체국가론'은 훗날 영국의 정치철학자 토머스 홉스가 쓴 《리바이어던(Leviathan)》[8]에도 그대로 나타나는 점에서 알 수 있듯이 서양의 정치철학자들에게 커다란 영감을 주었다.

플라톤은 국민을 신분에 따라 분류했다. 이를 위해 현대적인 의미의 우생학적 선별 작업을 거쳐야 한다고 생각했다. 그가 《국가》에서 유명한 동굴의 비유를 들어 이상적인 교육을 말하면서 꿈꾼 인간상은, 국가가 지정한 각자의 자리에서 책임감 있게 사는 사람이었다. 플라톤이 구상한 이상국가는 세 계급으로 이루어진다. 철인(철학자)이 지배계급이다. 이들은 지혜와 지성으로 국가를 통치한다. 두 번째는 수호 계급인 군인이다. 이들은 무력으로 국가를 지키는 일을 한다. 마지막으로 생산 계급은 노동자와 장인으로 이루어진다. 이들은 국가에 필요한 물자를 만든다. 세 계급 사이에는 사다리가 없다. 각 계급에 행해지는 교육의 목표와 내용과 방법은 차별적이다. 플라톤에 따르면 지배계급은 지혜, 수호 계급은 용기, 생산 계급은 절제의 덕을 배워야 한다.

플라톤은 국가가 정점에 놓이는 유기체로서의 공동체를 기획했다. 신분에 따라 나뉜 계급은 국가라는 거대 공동체의 적재적소에 놓여 각자 맡은 소임을 다해야 한다. 플라톤의 고국인 아테네에서는 새로 태어난 아이가 부모와 떨어져서 공동으로 길러졌다. 가족이나 가계의 혈통으로부터 자유로운, 국가에 충성하는 시민을 기르기 위해서가 아니었을까?

국가가 교육을 지배해야 한다는 플라톤의 원대한 기획은 제자인 아리스토텔레스에게 거의 그대로 이어졌다. 아리스토텔레스는 "헌법을 영속시키기 위해 가장 중요한 것은 교육을 정치 형태에 적응시키는 작업이다. 시민은 그들을 통치하는 정치 형태에 따라 도야되어야 한다"라고 주장했다.[9] 그에게 교육은 곧 정치였다.

아리스토텔레스는 인간 이성의 힘을 믿었다. 동시에 인간이 언제든 악한 존재로 전락할 가능성을 열어 두었다. 교육을 통한 덕의 함양을 강조하기 위해서였다. 그는 인간이 덕을 기르지 않으면 동물 가운데 야만과 탐욕이 가장 강한 존재가 된다고 보았다. 요컨대 국가에 의한 사회적 통제만이 언제든 야만과 탐욕의 악덕으로 뭉친 무서운 동물이 될 수 있는 인간에게 덕을 가르칠 수 있다. 아리스토텔레스는 인간 교화를 위한 가장 효과적인 수단이 교육이라고 생각했다.

아리스토텔레스에게 교육은 정치에 복무하는 도구였다. 국가는 교육을 장악해 체제를 유지하고 공동체를 존속시켜야 한다. 아리스토텔레스는 이렇게 말했다. "그대들은 국가로부터 큰 혜택을 받고 있다. 동시에 사회 조직에 의해 헤아리기 어려운 안전이 보장된다. 법이 준수되고 있으므로 그대들의 자유가 가능하다!"[10] 최상의 기예(master art)가 국가를 위한 정치학이었고, 교육은 그런 정치를 위해 존재해야 했다.

어깨가 넓은 레슬링 선수

영국 철학자 알프레드 노스 화이트헤드(Alfred North Whitehead)는 서양철학사를 플라톤 철학에 대한 "각주의 역사"라고 정의했다. 플라톤 철학의 위대함을 이보다 더 간명하고 적실하게 드러낸 문장이 있을까. 플라톤은 철학사에서뿐 아니라 여타 인문학사의 교과서에도 단골손님처럼 등장한다. 대학교 1학년 때 수강한 '문학 개론' 교재 첫 장에 플라톤에 관해 서술한 대목을 보면서 고개를 갸웃거렸던 기억이 새롭다. 고작(?) 고대 그리스 아테네의 여러 철학자 중 하나로 알려진 플라톤이 대학교 '문학 개론' 교과서에 실려 있는 것을 어떻게 이해해야 할지 몰랐다.

기원전 428년에 태어나 기원전 348년에 사망한 플라톤은 아테네 명문가 출신 귀족이었다. 플라톤 집안은 부계가 아테네의 전설적인 왕 코드로스에 이어지고, 아테네 개혁 입법가의 대명사인 솔론이 모계 쪽에 있을 정도로 유력한 가문이었다. 플라톤의 원래 이름은 아리스토클레스(Aristocles)였다. 그러다 어깨가 아주 넓어 '넓은 어깨'라는 뜻의 플라톤이라는 별명을 얻었다고 한다. 그 뒤 별명이 본명처럼 널리 쓰이게 되었다.

플라톤은 20살 초반까지 펠로폰네소스 전쟁을 겪었다. 앞서 말한 것처럼 펠로폰네소스 전쟁은 아테네가 이끄는 델로스 동맹과 스파르타가 이끄는 펠로폰네소스 동맹 사이에 벌어진 세계 대전이었다. 27년간 이어진 싸움 끝에 스파르타가 승리했다. 그 뒤 아테네는 쇠락의 길을 걸었다.

펠로폰네소스 전쟁이 끝난 기원전 404년 무렵 아테네는 30인 참주정 체제 아래에 있었다. 스파르타 장군 리산드로스가 친스파르타 성향의 아테네 정치인 30인을 앞세운 괴뢰 정권이었다. 30인 참주정의 지도자는 크리티아스였다. 그는 소크라테스의 제자이자 플라톤의 외삼촌이었다. 30인 참주 치하의 아테네는 대단히 참혹했다. 불평분자는 즉시 재산을 빼앗기거나 국외로 추방당하고 사형당했다. 당시 30인 참주정 아래서 처형당한 사람이 펠로폰네소스 전쟁 마지막 10년 동안 죽은 아테네인보다 많았다고 한다. 크리티아스는 조카 플라톤에게 정치 참여를 권유했다. 당시 플라톤은 정치적 야심이 없지 않아 30인 참주 체제를 예의 주시하는 방식으로 정치적 관심을 드러냈다. 그러나 참주들이 사나운 공포 정치를 펼치는 것을 보면서 정치에 대해 강한 환멸감을 느꼈다.

얼마 뒤(기원전 403년) 30인 참주정이 아테네 안팎의 연합군 공격에 무너졌다. 연합군은 아테네에 민주정을 요구했다. 곧이어 아테네를 통치하게 된 민주제 정부는 합리적인 정치를 펼치기 위해 노력했다. 이에 현실 정치에서 한발 비켜서 있던 플라톤의 정치 참여 의지도 조금씩 강해졌다.

그즈음 플라톤을 경악하게 하는 사건이 벌어졌다. 그는 20살 무렵인 기원전 408년에 소크라테스의 제자가 되었다. 그런데 어느 날 민주정을 주도하는 몇몇 사람이 소크라테스를 고발했다. 그들은 소크라테스에게 젊은이들을 타락시키고 국가의 신들을 믿지 않는다는 죄목을 붙였다. 소크라테스는 시민 배심 재판에 넘겨져 결국 독약을 마시고 죽는 사형을 판결받았다. 그때 소크라테스는 70살이었다.

28살의 젊은 정치 지망생이었던 플라톤에게 스승의 죽음은 커다란 충격이었다. 그는 이집트와 시칠리아 등지로 여행을 떠났다. 무위의 방랑이 아니었다. 플라톤은 시칠리아 시라쿠사에서 그곳을 다스리던 참주 디오니시우스 1세와 인연을 맺고 이상국가를 실현하려는 자신만의 정치 실험을 펼쳤다. 그러나 이상적인 통치자가 주도하는 이상 정치를 펼치려던 플라톤의 뜻은 제대로 이루어지지 않았다. 그 뒤 시라쿠사의 새 참주가 된 디오니시우스 2세와 함께 이상국가를 만들어 보려고 했으나 이 역시 뜻대로 되지 않았다. 결국 플라톤은 아테네로 돌아가 철학에 매진하기로 한다.

기원전 387년 플라톤은 40살에 고국 아테네로 되돌아갔다. 42살 되던 해인 기원전 385년에는 아테네 외곽에 아카데메이아(Academeia)라는 이름의 학교를 세워 교육에 매진했다. 당시 아카데메이아는 비교적 완벽한 교육 체계와 교실을 갖추고 있었다고 한다. 아카데메이아는 영웅 아카데모스(Academos)를 기리기 위해 조성된 원림(園林)의 이름을 땄는데 김나시온(gymnasion) 같은 곳이었다. 김나시온은 원래 '(웃통을) 벗은 상태로(gymos)' 신체 단련을 하는 곳을 뜻했다. 그래서 주로 청소년의 신체 단련을 위해 도성 외곽의 냇물이 흐르는 곳에 설치한 공공장소를 가리키게 되었다.[11]

역사가들은 아카데메이아가 기숙사와 기타 교육 시설을 완비하고 있어 후대 서양 고등교육 기관의 초기 형태를 제공했다고 평가한다. 기원전 367년에 17살 소년 아리스토텔레스가 플라톤의 제자로 입문한 장소도 이곳이었다. 아카데메이아는 529년 로마가 폐쇄 결정을 내릴 때까지 900여 년 동안 유지되었다.

| 국가의, 국가에 의한, 국가를 위한 교육 |

《국가》가 그리는
국가

플라톤은 상당히 많은 대화편을 남겼다. 그중《국가》와《법률》이 대표적이다.《국가》와《법률》모두 거작(巨作)이다. 현재 우리말로 번역되어 나온 책이 각각 2종씩 있는데, 모두 600쪽과 700쪽이 훌쩍 넘을 정도로 압도적인 분량을 자랑한다.

《국가》와《법률》가운데 플라톤 철학과 사상의 요체를 더욱 종합적이고 집약적으로 담고 있는 책은《국가》이다.《국가》는 서구 지성사에서 철학과 정치사상을 비롯해 교육과 문예 등 다방면에 광범위한 영향을 끼쳤다고 평가받는다. 루소는 "사람의 손으로 쓴 가장 훌륭한 교육론"이라고 극찬했다.《서양 교육사》로 널리 알려진 윌리엄 보이드(William Boyd)는《국가》에서 개진한 교육론이 "교육이 개인이나 국가에 대해 어떤 의미를 지니고 있는가에 대한 참으로 대가다운 종합적 견해를 보여 주고 있다"라고 높이 평가했다.

그러나 주의할 점이 있다.《국가》가 시종일관 교육론을 표방하거나 특정한 정치 체제, 철학 사상을 밝히는 책이라고 오해하기 쉬운데, 그렇지 않다.《국가》의 표면적인 집필 목적을 한마디로 말하면 '정의(正義, justice)'를 '정의(定義, definition)'하는 것이다.《국가》에서 교육론은 여러 주제 중 하나에 불과하다. 교육을 포함해 철학과 정치사상에 관한 플라톤의 생각은 정의에 대한 개념 규정을 하나하나 해 나가는 과정에서 부수적으로 나타난다.

그런 점에서《국가》를 일차적으로 정의론에 관한 책이라고 규정할 수 있다. 플라톤은《국가》에서 정의를 정의하기 위해 다음과 같은 몇 가지 전제를 내세웠다.[12] 정의는 개인의 일이자 국가 전체의 일이다. 정의는 더 큰 것 안에 더 큰 규모로 존재하며 그만큼 더 알아보기 쉽다. 국가 안에서 정의를 고찰한 뒤 개인에게 나아가 고찰하면 서로 비슷한 점을 발견할 수 있다. 또한 국가가 생성되는 과정을 이론적으로 고찰하면 국가 안에서 정의와 불의가 어떻게 만들어졌는지 알 수 있다.

플라톤은 정의를 어떻게 정의했을까? 정의는 각자 제 할 일을 하고 남의 일에 참견하지 않는 상태이다. 반대로 서로 참견하고 교환하는 것은 불의(不義)에 해당한다. 플라톤은 국가를 구성하는 세 계급(철인, 군인, 노동자와 장인)이 각기 제 할 일을 함으로써 국가 안에서 제구실하게 하는 능력이 정의이며, 그것이 국가를 올바르게 만든다고 생각했다.

불의에 대한 플라톤의 생각은 확고했다. 그는 세 계급 간의 상호 참견과 교환, 곧 불의를 사람이 국가에 대해 가장 큰 해악을 끼치는 '최대 범죄'라고 말했다.[13] 이러한 생각은 정의를 사람들 사이의 평등과 연결해서 이해하는 현대 민주주의의 일반적인 관점과 상당히 다르다.

《국가》에는 플라톤이 꿈꾼 이상국가의 상이 담겨 있다. 러셀은《국가》를 이상향(理想鄕, utopia)의 역사 속에 등장하는 최초 형태에 속한다고 보았다.[14] 이상국가에 대한 플라톤의 논변은 전체 10권 중 절반에 해당하는 5권 끝부분까지 채워져 있을 정도로 큰 비중을 차지한다. 이상국가에 관한 플라톤의 결론에서 핵심은, 통치자가 철학자(철인)가 되거나 철학자가 통치자가 되어야 한다는 것이다. 플라톤은 정치권력과 철학이 하나로 결합할 때 국가와 인류의 고통이 종식될 수 있다고 보았다.

플라톤의 대화편들 가운데 가장 중요한 위치를 차지하는《국가》가

언뜻 비현실적으로 보이는 이상국가론으로 채워진 까닭은 무엇일까? 플라톤의 이상국가론은 진정 비현실적인 상상의 산물에 불과한 것일까? 플라톤은 30년 가까이 이어진 펠로폰네소스 전쟁과 30인 참주 체제의 잔혹성을 온몸으로 겪었다. 그런 불안한 상황 속에서 여러 가지 정치·사회적인 상념들을 떠올렸을 가능성이 크다. 특히 평범한 사람의 운명이 당대 국가 체제의 자장과 부침에 따라 크게 요동치는 상황을 심각하게 고민했을 것이다. 그렇다면 플라톤이 《국가》에 펼쳐 놓은 이상국가 건설은 당면한 지상 과제로 다가오지 않았을까.

플라톤이 《국가》를 통해 구상한 국가 시스템은 허황한 상상 놀음의 결과가 아니었을 것이다. 《국가》를 저술한 시기는 아테네 외곽에 아카데메이아를 세울 무렵인 40대 초반부터 중반쯤으로 추정된다. 아카데메이아라는 학교와 《국가》 사이의 의미심장한 연관 관계를 따져 볼 수 있는 대목이다. 전쟁으로 피폐해진 나라를 구하고 싶었던 플라톤의 일념이 《국가》에서의 이상국가 기획과 이를 실천하기 위한 공간으로서의 아카데메이아 설립으로 이어진 것 아니었을까.

플라톤이 《국가》에서 그려 보인 국가는 이상적인 국가 공동체의 본보기로서 유토피아에 가깝다. 그는 《국가》 곳곳에서 이 나라를 "아름다운 나라(칼리폴리스, kallipolis)"라고 지칭했다. 칼리폴리스는 고대 그리스에서 실제 나라 이름을 가리키는 고유명사로 쓰이기도 했다고 한다.[15] 그런데 플라톤에게 "아름다운 나라"는 실재하지 않는 가상의 국가, 곧 유토피아 같은 곳이었다.

그 국가는 아마 본보기로서 하늘에 비치되어 있을 것이네. 누구든지 원하면 그것을 보고, 본 것에 따라 자신 안에 국가를 건설할 수 있도록 말일세. 그 국가가 어디엔가 존재하느냐 또는 존재할 것이냐는 문제 되지 않네.[16]

"본보기로서 하늘에 비치되어 있"는 곳이어서일까. 플라톤이 《국가》에서 국가의 이상적인 본보기처럼 그리는 그곳은 너무나 특이하고 엽기적이기까지 하다. 현대적인 관점에서 볼 때 남녀 간 결혼과 배우자 관계, 자녀의 출산과 양육 측면에서 이해하거나 수용하기 힘든 요소들이 허다하다.

엽기적으로까지 보이는 이상국가의 모습을 구체적으로 살펴보자. 통치자로 선발된 남자 수호자와 여자 수호자는 동등한 존재로 간주한다. 그들은 공동으로 식사하고 사유 재산을 소유하지 않는다. 가장 훌륭한 남자들은 가장 훌륭한 여자들과 자주 성관계를 맺어야 한다. 열등한 남녀는 이와 정반대다. 최상급의 집단을 유지하기 위해 전자의 자식들은 양육하고, 후자의 자식들은 버린다. 국가는 법정 축제를 마련해 적절한 횟수만큼 공동결혼식을 치르는 식으로 출산을 조절한다.

전쟁이나 기타 국가를 위한 활동에서 두각을 나타낸 젊은 남성에게는 뛰어난 여자들과 잠자리할 수 있는 기회를 특권과 상으로 부여한다. 여자는 20~40살, 남자는 25~55살 사이에만 출산에 참여한다. 이 연령대를 벗어나면 범법자로 간주해 처벌한다. 국가나 입법자의 재가를 받지 않고 남녀가 결합해 태어난 아이는 부정한 사생아나 서출로 낙인찍힌다. 아이들은 우생학적 원칙과 국가의 필요에 따라 철저하게 계획적으로 태어나고 국가에 대한 의무를 다하면서 살아야 한다.

우생학적 선별과 배제의 원칙에 따라 태어난 아이들은 공동으로 길러진다. 어떤 아이도 자기 부모가 누구인지 모른다. 아이들은 출생과 동시에 부모와 떨어져 대규모 시설로 보내진다. 아버지가 될 만한 나이에 속한 모든 사람을 아버지라 부르고, 이와 같은 기준에 따라 어머니, 형제, 자매 같은 말들을 사용한다. 빼어난 자들의 자식은 특정 지역에 거주하는 전문 양육자에게 맡겨졌다. 열등한 부모의 자식이나 불구 상태로 태어난 자식은 합법적인 영아 유기의 대상이 되었다. 국가가 관리하는 집단 결혼과 인구수 조절을 위한 성교 연회, 건강하고 빼어난 아이를 출산하기 위한 임신 계획은 극단적인 통제 국가에서나 가능한 일들이다.

플라톤이 그리는 이상국가에서는 개인, 사유 재산, 사적 욕망 같은 것들을 극도로 금기시한다. 가령 수호자는 필수적인 것 이상의 개인 재산을 소유해서는 안 된다. 개인 주택을 소유할 수 없고 1년에 꼭 필요한 만큼의 양식을 받아 생활해야 한다. 수호자는 야전 군인처럼 공동 식사와 공동생활을 해야 한다. 그들은 금과 은을 다루거나 만지고 소유해서는 안 된다. 토지와 집과 돈을 사유하기 시작하면 수호자가 되는 대신 재산 관리인이나 농부가 될 것이기 때문이다. 그 결과 그들은 내부의 적을 두려워하며 평생을 보내게 되고, 국가는 임박한 파멸을 향해 질주하게 된다.

플라톤은 국가 건설의 궁극적인 목표를 무엇이라고 보았을까? 이에 대한 해답이 제4권 들머리에 등장한다. 그는 한 집단이 아니라 국가 전체를 최대한 행복하게 만드는 것이라고 생각했다. 선택된 소수의 행복이 아니라 주민 전체의 행복을 확보해야 행복한 국가가 될 수 있다는 것이다. 이상국가의 중요한 조건이라고 규정한 철인 통치 역시 이런 관점에서 해석할 수 있다. 플라톤은 철인 통치가 원만하게 이루어질 때 궁극적으로 전쟁 기술과 충분한 식량을 확보함으로써 강성한 국가를 만들 수 있다고 보았다.

국가 기획의
완결판

《법률》은 솜씨 좋은 입법가이자 꼼꼼한 현실 정치인 같은 플라톤의 면모를 잘 드러낸다. 《국가》에서 유토피아를 기획함으로써 역설적으로 현실 국가에 대한 강렬한 소망을 피력한 플라톤은 이 책에서 좀 더 현실적이고 실천할 수 있는 국가상을 제시한다. 그런 점에서 《법률》은 《국가》에 대한 완전한 개정증보판이자 플라톤식 국가 기획의 완결판이라고 할 만하다.

《법률》은 플라톤 생애 최후의 가장 방대한 대화편이다. 《국가》를 저술한 뒤 철학자이자 정치사상가로서 꾸준히 발표해 온 국가상을 총 12권으로 이루어진 《법률》에 상세하게 묘사했다.

《법률》의 본문을 채우는 플라톤의 시선과 손길은 국가 발전의 통시태(通時態)와 공시태(共時態), 거시 구조와 미시 구조를 두루 아우른다. 플라톤은 이 책에서 입법과 권력의 관계, 전제정과 민주정을 보여 주는 역사적 사례와 더불어 새 국가 건설 과정과 절차, 관리 임명, 교육제도, 산업 구조, 형벌에 관한 법률, 종교, 재산법과 상거래법, 가족법 등 국가 조직과 운영에 관여하는 제반 요소를 총망라해 살폈다.

플라톤이 《국가》에서 묘사한 "아름다운 나라"는 지혜로운 통치자와

| 국가의, 국가에 의한, 국가를 위한 교육 |

용기 있는 수호자, 절제하는 노동자가 유기적인 위계 서열에 따라 살아가는 국가였다. 그 나라는 철학자가 왕이 되거나 왕이 철학자가 됨으로써 이상국가가 될 수 있다. 그런 점에서 "아름다운 나라"를 군주 개인에 의존하는 국가라고 간주해도 무방하다.

그러나 철학자인 왕이나 왕이 된 철학자를 현실에서 만날 가능성은 거의 없다. 《법률》은 그와 같은 '제로 가능성' 상태를 극복하기 위해 좀 더 현실적인 구상을 내놓는다. 한 나라의 최고 지성들이 모여 법을 만들고 국가를 다스리는 집단 통치 체제인, '37인 위원회'로 명명되는 법률 수호자 집단이 그것이다. 선출 시점에 50살을 넘어야 하는 '37인 위원회' 위원들은 최소 10년에서 최대 20년까지 관직에 있으면서 법률을 수호하고 시민이 신고한 재산 문서를 처리하는 관리 업무를 수행한다.

플라톤이 《법률》에서 구상한 국가는 입법 과정이 집단 지성의 의사 결정 시스템에 따라 이루어지고(집단 정치), 법률이 국가 통치의 최고 원리로 작동한다(법치주의). 법률이 통치자의 주인이고 통치자가 법률의 노예인 곳에서는, 구원은 물론이고 신이 국가에 내려 주는 온갖 축복이 보인다.[17] 반면 법률이 통치자에게 종속되는 국가는 무력하고 파멸에 이른다.

《법률》이 지향하는 국가는 평등 사회이다. 분배의 균형이나 소유 재산 상한과 관련한 법안이 있다. 여기서는 국가가 해체 위기에 처하지 않도록 일부 시민이 극빈자가 되거나 큰 부자가 되도록 가만히 내버려 두지 않는다. 입법자는 가난이나 부의 한도를 공표한다. 지가(地價)를 가난의 하한선으로 정한 뒤 한 사람이 그 지가의 최대 4배까지 소유하는 것을 허용한다.

이와 같은 정치 시스템이 현대적인 의미의 사회주의 정치철학에서 파생되는 최저 생계비나 기본 소득 정신의 맹아를 품고 있다고 해석할 수 있다. 전체적으로 보아 플라톤이 《법률》에서 묘사하는 국가는 그가 《국가》에서 구상한 공산주의적인 시스템과 대동소이하다.

국가의, 국가에 의한, 국가를 위한 교육

플라톤이 《국가》와 《법률》에서 구상한 교육 시스템을 한마디로 표현하면 국가의, 국가에 의한, 국가를 위한 교육이다. 표면적으로 《국가》와 《법률》에서 펼쳐 보인 교육에 관한 서술은 "올바른(정의로운) 삶"과 "영혼의 고양", "시민으로서의 미덕 계발"을 위한 차원에 두루 걸쳐 있다. 그런데 그 출발점에는 근본적으로 국가의 요구와 필요가 자리 잡고 있다. 플라톤의 교육론이 정치철학에 바탕을 둔 정체론(政體論)[18]과 법치국가론을 서술하는 데 방점이 놓인 《국가》와 《법률》 모두에서 중요한 비중을 차지하는 까닭이다. 《국가》는 국가가 주도하는 교육, 요컨대 국가의, 국가에 의한, 국가를 위한 교육의 이론적 본질을 본격적으로 논증한 최초의 텍스트였다. 플라톤에게 국가는 "개인 영혼의 '확대판'"[19]이었다. 윌리엄 보이드는 아이가 성장해 완전한 성인의 삶을 살게 되는 것은 오직 국가의 정신으로 들어감으로써만 가능하다는 사실에서 그 이유를 찾았다.

플라톤이 교육을 통해 모든 사람을 궁극적인 진리의 세계인 이데아(Idea)에 이르게 하는 데 목표를 둔 것은 아니었다. 이데아의 세계에는 통치자 계급인 철학자만 도달하면 되었다. 플라톤이 《국가》에서 말하는 철학자는 단순히 지혜롭고 명석한 개인이 아니라 통치자 계급이라는 정치적 성격을 띠고 있다. 철학자나 철인을 단수 명사가 아니라 여러 사람의 집합을 함의하는 집단 명사로 이해하는 것이 자연스럽다.

플라톤은 《국가》에서 올바른 국가로서의 "참된 나라"[20]와 올바르지 못한 염증 상태의 나라인 "호사스런 나라"를 구별했다. 참된 나라는 정의(올바름)를 최고의 이념으로 하는 완전한 국가이다. 올바르지 못한 나라의 악습과 폐해는 지배계급의 이기심과 무지에서 생겨난다. 윌리엄 보이드에 의하면 플라톤은 다음과 같은 두 가지 요건에 따라 이루어지는 이상국가 기획을 통해 지배계급의 이기심과 무지를 극복하는 방안을 제시했다.

① 가족 단위의 생활방식을 철폐하고 통치자에게 모든 사유 재산을 인정하지 않는 일종의 공산주의 체제를 도입해야 한다.
② 통치자의 임무에 합당한 장기간의 지속적인 훈련을 받는 과정에서 그것에 필요한 지식과 통찰을 갖춘 것으로 입증된 사람들에게 국가의 통치를 맡겨야 한다.[21]

①은 통치자의 이기심을 없애기 위해 제시되었다. 플라톤은 지배계급의 악덕과 이로 인한 국가 전체의 악폐에 대해 상상을 초월할 정도로 조바심을 냈다.[22] 통치자는 꼭 필요한 경우가 아니라면 어떤 사유 재산도 소유해서는 안 된다. 집이나 곳간을 막론하고 사적으로 생활하는 공간을 소유할 수 없다. 생활필수품은 시민에게 보수로 받은 것이

어야 하며 정해진 연간 소요량을 초과하거나 그보다 부족해서는 안 된다. 심지어 공동 식사[23]를 하면서 공동으로 생활해야 한다.

②는 지배계급이 무지를 극복하기 위해 어떤 교육과정을 거쳐야 하는지를 말해 주고 있다. 통치자는 엄격한 선별 과정을 거쳐 선택된다. 플라톤은 진실로 훌륭한 통치자가 될 사람은 천성적으로 지혜를 사랑하고 기개가 높고 민첩하고 강할 것으로 보았다. 그러므로 통치자는 가장 견실하고 용감해야 한다. 꿋꿋하고 모든 일을 열심히 하는 사람이 통치자가 되어야 한다. 또한 통치자에게는 잘생긴 외모와 고귀하고 강건한 인격, 좋은 기억력이 있어야 한다.

통치자가 되기 위해서는 이성을 계발하는 여러 단계의 교육과정을 거쳐야 한다. 1단계 교육은 7살 무렵에 시작한다. 이 시기는 일종의 예비 교육(propaideia) 과정으로서 음악(시가)과 체육이 주요 교과이다. 10살 무렵에 이르면 실용적인 지식 교과가 덧붙여지는 기초 교육과정인 2단계가 펼쳐진다. 16살 무렵부터 시작하는 3단계는 1차 실습 교육 기간으로 학생은 군사 훈련을 받아야 한다. 이 단계에서 최하층인 생산자 계급(노동자)이 선발된다. 20살 때부터 4단계 전문 교육과정이 실시된다. 이 단계에서는 기본적으로 문법, 수사학, 산수, 기하학, 천문학, 화성학 등을 배운다. 초보적인 수준의 철학적인 문답술, 곧 변증법도 공부한다. 이 단계에서 수호자 계급인 군인을 선발한다. 30~35살에 이르러 철학적 문답법을 좀 더 본격적으로 가르치는 5단계가 이어진다. 장교나 중간 관리직 등 공직자를 발탁하는 3차 선발 과정이 이 단계에서 이루어진다. 국가는 교육의 마지막 단계인 50살에 이르러 실무 교육과 학식에서 가장 훌륭한 자를 뽑아 통치자로 활용한다. 이들

| 국가의, 국가에 의한, 국가를 위한 교육 |

은 여생 동안 번갈아 가면서 국가와 개인, 그리고 자신을 다스리는 일에 복무한다. 평상시 철학(philosophy, 지혜(philos)에 대한 사랑(sophia))으로 소일하다가 자기 차례가 오면 국사에 헌신하는 통치자가 되어야 한다.[24]

플라톤이 5단계로 세분화해 제안한 교육 모델은 위계적이다. 사람들을 철저하게 차등적으로 취급한다. 플라톤은 사람들의 품성과 자질, 능력에 따른 차별적인 교육을 강조했다. 여기에는 사람들을 모두 형제라고 하면서도 각자의 천성에 따라 구별되는 차별적인 존재로 여기는 인간관이 숨어 있다.

> 이 나라에 사는 여러분은 형제들이오. 그러나 신께서 여러분을 만들 때 여러분 가운데 치자로서 적합한 자들에게는 황금을 섞었는데, 이들이야말로 가장 존경스러운 자들이기 때문이오. 신께서는 보조자들이 될 자들에게는 은을, 농부들과 그 밖의 일꾼들에게는 무쇠와 청동을 섞었소.[25]

플라톤의 교육은 능력주의에 따른 차별화 전략에 바탕을 두고 있기도 하다. 이는 교육을 통해 국가 계급을 구성하고, 그들이 각기 맡은 바를 다하면서 조화롭게 살아가는 정의로운 이상국가를 실현하기 위한 최소한의 필요조건이었다. 교육의 최종 목표와 출발의 밑바탕에 지배 계급이나 통치자의 양성을 두는 국가주의가 깔려 있었다.

미국의 교육철학자 넬 나딩스(Nel Noddings)는 국가의 필요에 부응하는 유능한 성인을 만드는 데 초점을 두는 플라톤의 교육관을 기능주의 모델이라고 규정했다[26]. 본격적인 교육을 여가가 있는 지배 계층에

만 한정하거나 남녀를 동등하게 취급하면서도 특별한 자질을 갖춘 사람에게만 높은 수준의 교육을 허용한 점, 교육의 전 과정을 철저하게 조직하고 통제한다는 점 등이 모두 이와 관련된다.

디스토피아가 된 유토피아

유토피아 같은 이상국가를 향한 플라톤의 집착(?)은 역설적으로 음울한 가상 국가인 디스토피아(dystopia)를 연상시킨다. 《국가》에는 현대의 시각에서 볼 때 수긍하기 어려운 여러 가지 극단적인 관점이 녹아들어 있다. 남녀평등에 관한 논증이 핵심 내용인 《국가》 제5권에서 집중적으로 거론하고 있는 처자(妻子) 공유와 그에 따른 혼인과 출산 제도 문제를 예로 들어 보자.

플라톤은 제5권에서 스승 소크라테스의 입을 허구적으로 빌려와 아내(남편)와 자식을 공유하는 시스템을 주창한다. 방책은 이렇다. 여성과 관련한 첫 번째 법률로 남녀평등을 기반으로 하는 법을 만든다. 여기에는 모든 남자가 모든 여자를 공유하고, 어떤 여자도 어떤 남자와 개인적으로 동거하지 못하며, 부모들은 아이들을 공유하고, 어떤 부모(자식)도 자기 자식(부모)을 알지 못하게 한다는 내용이 들어 있다.[27] 플라톤이 제안하는 혼인과 출산 제도는 일종의 난혼(亂婚)으로 부를 만한 것이었다.

플라톤이 볼 때 혼인은 성스러운 것이다. 혼인의 성스러움은 그것이 갖는 유익함을 통해 실현된다. 이를 위한 최선의 방책은 다음과 같다.

가장 훌륭한 남자들은 가장 훌륭한 여자들과 되도록 자주 성관계를 맺어야 하지만 열등한 남자들은 열등한 여자들과 되도록 드물게 성관계를 맺어야 하네. 또한 우리 집단이 최상급이 되려면 우리는 전자의 자식들은 양육하되 후자의 자식들은 양육해서는 안 되네. (중략) 우리는 몇 차례 법정(法定) 축제를 정해 제물을 바치고 신랑 신부들이 그곳에 모이게 해야 하네. (중략) 전쟁이나 그 밖의 다른 활동에서 두각을 나타내는 젊은이들에게는 여러 가지 특권과 상이 주어져야겠지만, 무엇보다 여자들과 잠자리를 같이할 수 있는 기회가 더 많이 주어져야 하네. 그런 젊은이들한테서 되도록 많은 아이가 태어날 수 있도록 말일세.[28]

이상국가에서 혼인은 추첨으로 이루어져야 한다. 그 모든 과정에서 이루어지는 선택과 결정(혼인 수, 신랑과 신부의 추첨 등)은 국가가 가능한 한 일정한 규모를 유지할 수 있게끔 통치자의 재량에 맡긴다. 이와 같은 국가 계획에 따라 부부들이 출산한 아기들은 신체적 우열에 따라 선별된다. 빼어난 수호자의 자식은 도시의 특정 구역에 따로 떨어져 거주하는 전문 양육자[29] 손에 길러진다. 열등한 수호자 부모의 자식, 또는 다른 부류(계급) 사람의 자식으로서 불구 상태로 태어난 아기는 은밀한 장소에 유기된다.

난혼이나 영아 유기처럼 묘사되는 이러한 풍습은 플라톤이 자신의 기이한 악취미를 발휘해 홀로 고안한 발명품이 아니었다. 그가 이상적인 통제 국가의 모델처럼 바라본 스파르타에서 두루 통용되었던, 당시로서는 일반적인 관습이었다. 스파르타는 플라톤에게 유토피아 구상에 관한 영감을 제공한 가장 중요한 원천처럼 보인다. 그래서《국가》와

《법률》에는 스파르타식 문화라고 할 만한 것들이 곳곳에서 비중 있게 묘사되고 있다.

난혼이나 영아 유기에 관한 내용은 고대 그리스 철학자이자 전기 작가인 플루타르코스가《영웅전》에서 스파르타의 전설적인 입법자 리쿠르고스 이야기를 전하는 대목에도 자세히 소개되어 있다. 리쿠르고스는 아이를 아버지의 사유 재산이 아니라 국가의 공동 재산으로 보았다. 출산도 국가가 통제해야 한다고 생각했다. 훌륭한 부모에게서 아이가 태어나도록 만드는 일이 국가에 매우 중요하다고 말했다. 스파르타에서는 아이를 기르고 가르치는 일을 아버지 마음대로 할 수 없었다. 스파르타 관습에 따르면 갓 태어난 아기를 레스케라는 공회당으로 데려가 발육과 건강 상태를 살핀 뒤 양육 여부를 결정했다. 플루타르코스는 불구나 기형으로 태어난 스파르타 아기들을 타위게톤 산기슭에 있는 깊은 구덩이인 아포테타이(Apothetai, 내다 버리는 곳)에 버렸다고 적고 있다.

리쿠르고스[30]는 스파르타의 혁명적인 입법과 관습 형성에 큰 영향을 미쳤다. 플루타르코스는 리쿠르고스의 주된 관심사가 다른 도시를 지배하는 것이 아니라 한 도시 전체의 행복을 구현하는 데 있다고 이해했다. 리쿠르고스는 지혜의 탁월함과 내부 화합, 자유와 자족과 절제로 유지되는 정체(政體)를 깊이 고민했다. 이런 고민이 그대로 플라톤의 이상국가 기획에 영향을 미쳤을 것이다. 철학자 왕이 통치하는 플라톤의 "아름다운 나라"는 "한 도시 전체가 지혜에 대한 사랑에 전념할 수 있다"[31]라는 리쿠르고스의 거대한 구상이 반영된 결과물이었는지 모른다.

그러나 이상은 이상이고 현실은 현실이다. 플라톤의 교육 모델에 깔린 두 가지 모순적인 측면을 통해 이 문제를 살펴보자.

《국가》에는 우리나라 중·고등학교 도덕이나 윤리 교과서에 거의 빠짐없이 등장하는 유명한 동굴의 비유 이야기가 실려 있다. 플라톤은 동굴 비유를 통해 참된 이데아의 세계나 진리를 명확히 알고 깨닫는 교육을 강조했다. 이를 위해 개인이 이성을 계발하는 것이 중요하다고 생각했다. 플라톤에게 이성 계발과 진리 통찰은 참된 이데아의 세계에서 영원한 자유를 누릴 수 있는 필요조건이자 충분조건이었다.

그런데 진리의 세계에 도달하기 위해 이성을 계발하고 진리를 통찰하는 방식의 단계별 교육과정을 거친 개인은 철저하게 국가에 복무하는 계급으로 살아야 한다. 더 중요한 것은 모든 개인이 이데아나 진리의 세계에 도달할 필요가 없다는 점이었다. '지혜에 대한 사랑(철학)'은 특정 계급의 특권이었다. 이성을 단련해 지혜의 덕을 갖춘 철인(통치자 계급)만이 진리(이데아)의 세계에 이르러 국가를 다스릴 수 있었다. 생산자 계급인 노동자는 욕망을 적절히 통제하는 절제의 덕을 닦으며 살아가면 되었다. 그리고 수호자 계급은 기개를 계발해 용기와 의지를 발휘하는 군인이나 전사가 되면 그만이었다.

플라톤이 상상한 이상국가는 철학자가 수호자 계급의 도움에 힘입어 생산자 계급을 조정하고 지배하는 철저한 중앙 통제 국가였다. 계급에 따른 사회 구성은 피라미드 형태의 위계 서열 시스템을 기본으로 한다. 이런 시스템에서는 결과적으로 소수의 사람만이 참된 인간의 지위를 부여받을 수 있다. 사람들은 출생 직후부터 자질과 능력에 따라 선별되지 않으면 안 된다. 그 과정에서 차등적인 교육과정을 거치며 서로 다른 사회 계급에 편입된다. 그들은 특별한 경우가 아니면 시스템 내의 특정한 위치에 고착되어 평생을 살아야 한다.

플라톤의 교육철학에 따른 교육은 오늘날에도 여전히 알게 모르게 작동하는 살아 있는 시스템이다. 학교 교육 시스템을 둘러싸고 자주 이야기하는 수월성 교육, 차별적인 교육과정, 선택과 집중 교육은 국가나 사회의 유지와 보존을 고민하는 통치자에게 가장 큰 과제이다. 그것은 곧 플라톤이 중앙 통제 국가의 아이디어를 실현하기 위해 구상했던 교육과 일맥상통한다. 교육을 국가 통치 수단이나 유지 도구로 활용하려는 아이디어는 자주 공교육 확대나 교육 공공성 강화로 이어지는 경향이 있다. 플라톤 역시《법률》에서 현실적인 법치 국가의 교육 시스템을 깊이 고민했고 의무 공교육 제도를 주창했다. 그런 점에서 플라톤은 최초의 의무 공교육 제도주의자였다고 할 수 있다.

플라톤은《법률》제7권에 아주 구체적인 취학 시스템을 설계해 놓았다. 공공 체력 단련장과 공립학교 건물의 설립, 유지에 관한 요구를 법제화하자고 주장했다. 이를 위해 외국인을 포함한 교사 채용과 정기 급여 지급 시스템 구축, 특정 교육과정(전쟁, 시가에 관한 기술)의 필요성을 자세하게 살펴보고 있다. 플라톤은 취학 여부를 부모(아버지)가 멋대로 결정하게 해서는 안 된다면서 "모든 남자와 모든 아이가 의무적으로 교육을 받아야"[32] 한다고 강조했다.

플라톤은 아이를 아버지보다 먼저 국가에 귀속되는 존재로 보았다. 이런 관점은 오늘날 학교 교육 단계에 있는 학생을 '인적 자원(human resource)'이나 '인재' 차원에서 바라보는 것과 비슷하다. 미래 국가의 인적 자원이나 사회 인재로서의 아이들을 기본적으로 관리와 통제 대상으로 간주한다. 아이들은 부족하고 미성숙하며 혼란스러우므로 국가가 주도하는 체계적인 교육 시스템과 지혜로운 교사에 의해 무언가로 채워져야 한다. 플라톤의 생각 역시 크게 다르지 않았다. 그는 모든 동물 가운데 아이가 가장 다루기 어렵다고 보았다. 아이는 "사고의 샘물이 아직 올바른 방향으로 물길을 트지 못한" 대상이다. 아이는 음험하고 교활하며 동물 중에서 가장 제멋대로인 존재이기 때문에 항상 가정교사(노예 교사)와 함께 있어야 한다.

동굴의 비유와
플라톤의 교육론

《국가》와《법률》전체를 통틀어 플라톤이 우리에게 가장 강력한 영감과 통찰을 제공하는 부분은《국가》제7권 들머리에 나오는 '동굴의 비유'일 것이다. 동굴의 비유는 교육의 본질에 관한 사고와 상상에 불을 댕긴다. 동굴 속 죄수의 모습을 상상하며 미몽에 빠진 인간 영혼을 구원하기 위한 갖가지 철학적인 영감과 통찰의 단서를 읽어 낼 수 있다.

동굴은 철인 통치자가 배워야 할 가장 중요한 교과목인 선(善)을 설명하는 가운데 등장한다. 세 가지 비유[33]를 들어 선을 이야기하는데 그중 하나가 동굴이다. 플라톤은 동굴을 인간 영혼이나 본성의 세계를 가리키는 상징적인 공간으로 묘사한다. 그의 말을 그대로 가져와 보자.

우리의 본성이 교육받았을 때와 교육받지 않았을 때의 차이를 비교해 보기 위해 다음과 같이 상상해 보게. 여기 지하 동굴이 하나 있고 그 안에 사람들이 살고 있다고 생각해보게. 동굴의 입구는 길고 동굴 자체만큼 넓으며 빛을 향해 열려 있네. 그들은 어릴 때부터 다리와 목이 쇠사슬에 묶여 있었기에 언제나 같은 곳에 머물러 있으며, 쇠사슬 때문에 고개를 돌릴 수 없어 앞쪽밖에 볼 수 없네. 그들의 뒤편 저 멀리 위쪽으로부터는 불빛이 그들을 비추고 있으며, 불과 수감자들 사이에는 위쪽으로 길이 나 있고, 그 길을 따라서는 나지막한 담이 쌓여 있네. 그 담은 인형극 연출자들이 인형극을 보여 주기 위해 자기들 앞에다 세우는 무대와도 비슷하네.[34]

동굴에 갇힌 사람들은 평생 고개를 돌릴 수 없어 동굴 벽면에 비친 그림자만 볼 수 있다. 그들은 자기가 본 그림자를 '실재'라고 믿는다. 그들 중 누군가가 쇠사슬에서 풀려나 고개를 돌리고 불빛을 쳐다본다. 눈이 부셔서 그림자의 실물(실재)을 보지 못하는 그는 실물을 보라고 말하는 어떤 사람의 말을 제대로 이해하지 못한다. 그는 여전히 과거에 본 그림자가 더 진실하다고 생각한다.

이제 어떤 강제된 힘[35]에 의해 동굴 밖으로 이어지는 오르막길을 거쳐 햇빛이 비치는 곳에 나왔다고 하자. 햇빛이 내는 눈부신 광채로 그의 눈이 가득 찬다. 아직 그는 진실한 것(실재)이라고 일컬어지는 것을 하나도 보지 못한다. 차츰 눈이 사물에 익숙해지면서 사물의 그림자(허상)를 본다. 곧이어 불에 비친 사람들과 사물의 실물이 눈에 들어온다. 마침내 그동안 자신이 동료 수감자들과 함께 동굴 안에서 본 모든 것의 원인이 태양이라는 결론에 도달한다.

플라톤은 동굴을 "감옥의 거처"에 빗대었다. 인간의 좁은 시각을 통

| 국가의, 국가에 의한, 국가를 위한 교육 |

해 규정되는 세계에 대한 비유가 동굴이었다. 동굴 안에 있는 불빛은 태양의 힘이라고 지정했다. 동굴 밖으로 나가서 그곳에 있는 사물을 관찰하는 것은 지성에 의해 알 수 있는 세계로 영혼이 비약하는 것에 견주었다. 플라톤은 이렇게 말했다.

"내 의견은 지성에 의해 알 수 있는 세계에서도 선의 이데아는 마지막으로, 또한 노력해야만 겨우 볼 수 있다는 것이네. 그러나 일단 본 이상에서는, 그것이 모든 사람을 위해 온갖 올바른 것과 아름다운 것의 원인이 되며, 가시적인 세계에서는 빛과 빛의 주인을 낳고, 지성에 의해 알 수 있는 세계에서는 스스로 주인이 되어 진리와 지성을 창조한다는 결론을 내리지 않으면 안 된다는 것이네."[36]

플라톤은 화제를 교육으로 옮겨 자신의 논변을 구체화한다. 먼저 "시력을 넣어주듯 지식이 없는 혼에 지식을 넣어줄 수 있다"라고 주장하는 당대의 일방적인 주입식 교육관을 비판했다. 교육은 그런 것이 아니었다. 플라톤이 정의한 교육은 인간의 영혼이 자신을 에워싸고 있는 동굴 안의 그림자를 뒤로 하고 햇빛이 비치는 위쪽 세계로 나와 그 세계를 이해하도록 이끄는 일이다.

플라톤에게 교육은 영혼의 지적 기관이 사물의 허상(그림자)이 아니라 본질(실재)을 볼 수 있는 능력을 갖출 수 있게 변화시키는 기술이었다. 영혼의 지적 기관은 이미 시력을 갖고 있다. 그것은 사물과 대상의 본질을 볼 수 있다. 마땅히 보아야 할 곳을 보지 못하는 까닭은 방향이 올바르지 못하기 때문이다. 교육은 이러한 문제를 연구해서 고치는 기술이다. 영혼의 지적 기관에 시력을 강제로 넣는 기술이 아니다.

그렇다면 통치자를 위한 교육은 어떻게 이루어질까? 동굴의 오르막 길을 걸어 올라가 선(이데아)을 보도록 강제당한[37] 철인왕 후보자는 수감자들이 있는 동굴 안으로 다시 내려가야 한다. 동굴에 간 그는 곧 어둠에 익숙해진다. 그러나 이미 진실을 깨우친 그는 어둠에 싸인 사물을 그곳에 있는 사람들보다 월등히 잘 볼 수 있다. 동굴 벽에 비치는 모든 영상이 무엇인지 안다. 그것이 어디에서 왔는지 식별할 수 있다. 이미 동굴 밖에서 "아름다움과 정의와 선에 관해 진리"를 보고 돌아왔기 때문이다. 그래서 플라톤은 그가 제정신으로 국가를 통치할 수 있다고 생각했다.

동굴 비유는 교육의 본질을 함축적으로 풀이하고 있어서 전체적으로 추상적이고 상징적이다. 플라톤이 교육의 본질을 좀 더 현실적인 내용을 가져와 설명한 것은 인생 말년인 70대에 저술한《법률》에 이르러서였다. 그는 이 책에서 좁은 의미의 교육과 넓은 의미의 본질적인 교육을 구별했다. 좁은 의미의 교육은 놀이를 이용해 아이가 성인이 되었을 때 완벽하게 수행해야 할 일을 최대한 사랑하게 만드는 것이다. 이는 직업 교육과 비슷해 보인다.

진정한 차원에서의 교육의 본질은 따로 있었다. 플라톤은 양육과 교육을 구별했다. 돈벌이나 체력, 또는 지성이나 정의와 무관한 다른 지적 능력을 추구하는 양육은 저속해 자유민에 어울리지 않는다면서 이렇게 말했다. "지금 우리가 논의하려는 것은 그런 좁은 의미의 교육이 아니라, 올바로 다스릴 줄 알고 다스림을 받을 줄도 아는 훌륭한 시민이 되겠다는 강렬한 욕구를 불러일으키는 어릴 때부터의 미덕 교육입니다. (중략) 올바로 교육받는 사람은 대개 훌륭한 사람이 되며 교육은 훌륭한 사람에게 주어진 아름다운 선물 중에서도 으뜸가는 것인 만큼 어떤 경우에도 낮잡아 보아서는 안 된다는 우리가 방금 동의한 주장을 견지하도록 합시다."³⁸ 플라톤에게는 이와 같은 미덕 교육이 넓은 의미의 교육이자 교육의 본질에 부합하는 교육이었다.

플라톤이 교육을 규정하면서 인간의 내면에 있는 즐거움(쾌락)과 괴로움(고통)이라는 상반된 감정을 "어리석은 조언자"라고 한 점이 흥미롭다. 그는 유아기에 처음 느끼는 지각을 즐거움과 괴로움이라고 생각했다. 아이가 느끼는 즐거움과 괴로움은 그 영혼 안에 미덕과 악덕을 만들어 낸다. 플라톤은 교육이 이러한 즐거움과 괴로움을 잘 다스리는 과정이라고 이해했다.

이렇게 해서 《법률》 특유의 현실적이고 구체적인 교육 개념이 만들어진다. 《법률》에서는 교육을 이렇게 정의한다. 이성과 감정의 조화 전체가 미덕이며, 어린이에게 처음 생기는 미덕이 교육이다. 교육은 미워해야 할 것은 처음부터 끝까지 미워하게 만들지만, 사랑해야 할 것은 처음부터 끝까지 사랑하게 만드는 쾌락과 고통에 관련한 특정 훈련이다.³⁹ 이 정의는 조금 이상하다. 인간의 쾌락과 고통은 절대적이지 않으며 그러한 쾌락과 고통에 따라 규정되는 미움과 사랑의 대상은 언제든지 바뀔 수 있기 때문이다. 플라톤의 본의를 어떻게 이해해야 할까? 나는 플라톤이 쾌락과 고통의 변덕스러움에 휩쓸리지 않고 그것을 일관되게 통제할 줄 아는 마음의 태도를 강조했다고 해석하고 싶다. 그와 같은 태도의 소유자가 곧 플라톤이 사랑해 마지않았을 이성의 사람이었을 것이다.

플라톤 정의론의
허와 실

플라톤이 《법률》에서 개진하고 있는 교육 시스템의 특징은 공교육과 평등 교육이었다. 앞서 말한 공공 체력 단련장과 공립학교 설립[40]의 법제화, 외국인 교사[41] 채용과 정기 급여 지급 제도, 의무취학 시스템, 남녀평등 교육 등이 이와 관련한 구체적인 방책이다. 플라톤은 아이에 대한 교육이 아버지보다 먼저 국가에 속해 있는 것이라고 보았다. 이 또한 국가가 모든 아이의 교육을 책임지는 공교육 시스템의 정신을 보여 주는 것이라고 할 수 있다.

표면적으로 공교육과 평등 교육을 지향한 교육 시스템의 궁극적인 목표가 만인을 위한 것은 아니었다. 플라톤의 교육 시스템에서 교육자는 자아를 실현하는 동시에 국가를 위해 충성하는 유용한 사람을 만들어 내야 한다. 그런데 모든 사람이 자아실현을 하면서 좋은 삶을 살 수는 없다.

넬 나딩스에 의하면 플라톤의 이상국가에서는 오래 깊이 생각하고 평생 연구할 수 있을 정도로 여가가 있는 사람만 진실로 좋은 삶을 살 수 있다. 참된 인간의 지위는 소수의 사람에게만 지정되었다. 이들만이 각자의 훌륭함을 통해 높은 지위와 권리를 얻는다. 플라톤이 제창한 이른바 기능주의 교육 모델에서는 국가와 개인이 갈등하거나 충돌하지 않는다. 개인은 타고난 계급과 그에 걸맞은 교육을 통해 각자의 자리에서 국가를 위해 봉사하며 보람 있는 삶을 살 수 있다.

플라톤의 국가에서는 아이들이 국가를 위해 계획적으로 태어나고 분류되며 엄격하게 규정된 교육을 받는다. 그렇게 길러진 아이들은 사

| 국가의, 국가에 의한, 국가를 위한 교육 |

적인 삶을 통제당한 채 사회와 국가를 위해 복무한다. 그것이 플라톤이 생각하는 정의(正義)였다.

정의는《국가》전체의 내용과 주제를 관통하는 핵심 키워드이다. 앞에서 언급한 것처럼《국가》자체가 일종의 '정의론'이다. 플라톤은《국가》제4권에서 소크라테스와 아데이만토스의 대화 문답 과정을 통해 정의를 본격적으로 정의했다. 플라톤의 이상국가에서 정의는 지혜와 절제, 용기와 함께 국가를 훌륭하게 만드는 핵심 능력이었다. 그중에서도 정의를 가장 중시했다. 우리가 훌륭한 국가를 만드는 과정에서 정의가 지혜와 절제, 용기와 강력한 경쟁 관계를 맺는다고 보고 있을 정도로 정의의 역할을 강조했다.

국가에 대한 플라톤의 정의 논증은 철저하게 현실적이고 실리적이다. 정의는 모든 사람이 각자 적성에 따라 자신에게 가장 잘 맞는 한 가지 직업에 종사하면서 묵묵히 일하며 살아가는 상태이다. 요컨대 각자 제 재산을 지키고 자기 할 일을 하는 것. 사람들은 각자의 직업과 지위를 벗어나서는 안 된다. 목수나 제화공이 도구와 사회적인 지위를 바꾸거나 한 사람이 두 가지 일을 하는 등의 교환 행위를 하면 국가에 큰 해를 끼치게 된다.

플라톤은 교환 행위가 서로 다른 계급 사이에 일어나면 국가가 파멸에 이를 것이라고 보았다. 타고난 장인이나 사업가가 전사 계급이 되려고 하거나, 전사 중 한 명이 결정권을 가진 수호자 계급에 진입하려고 하는 등의 교환과 참견은 국가에 대한 최대 범죄이다.[42] 최고 계급인 수호자 계급이 공동체의 모든 권력을 독점하는 것은 정의롭다. 수호자 계급에 속한 사람보다 현명한 사람이 다른 계급에 속해 있는 것은 불의이다.

그러니까 상호 참견과 교환이 불의일세. 반면 상인 계급과 보조자 계급과 수호자 계급이 제 할 일을 함으로써 나라 안에서 제구실을 하게 하는 능력, 이것이 정의일 것이며, 이것이 나라를 올바르게 만들어 주겠지?[43]

플라톤의 국가 정의론에 따르면 학생들은 각자의 능력에 따라 차등적인 교육을 받아야 한다. 각자가 자신이 속한 계급이나 타고난 능력과 적성에 맞춰 교육받아 제 할 일을 하면서 살아가는 일은 정의의 본질에서 벗어나지 않는다.

이와 같은 대의명분 외에 차등 교육 시스템 아이디어가 역사적으로 꾸준히 이어지면서 오늘날까지 강력한 영향력을 행사하게 된 데에는 다른 이유도 있었을 것이다. 학생에게 능력과 적성에 따른 교육을 해 훌륭한 통치자나 지도자를 배출하는 시스템은 교육을 국가나 사회를 유지하고 존속시키는 통치 전략의 차원에서 고민할 때 현실적으로 높은 효용성을 가져다주었기 때문이다.

그러나 기능주의 모델로서 플라톤의 정의론은 허점이 많다. 사람들은 학생이 좋은 교육 시스템을 평등하게 경험하고 각자의 능력과 성취 결과에 맞게 계급과 계층을 이동하는 역동적인 삶을 살아갈 수 있는 국가가 훌륭하다고 정의할 것 같다. 플라톤의 정의론에 따르면 나 이외의 다른 사람이나 세상일에 무관심한 사람들이 국가나 사회를 정의로운 곳으로 만들 것처럼 보이지만 반드시 그렇지도 않다. 우리가 사는 세상은 서로 참견하고 간섭하는 사람들, 플라톤식으로 표현하면

'불의한' 사람들이 많아질 때 더 정의롭고 투명하게 유지될 가능성이 크다.

《국가》에서 논증하는 정의론이 무용하기만 것은 아니다.《국가》제2권에는 '기게스의 반지'가 소재로 등장하는 아주 인상적인 이야기가 나오는데, 그 이야기를 읽으면서 인간 본성에 관한 흥미로운 성찰의 단서를 발견할 수 있다. 영화감독 피터 잭슨이 연출한 〈반지의 제왕〉에서 이야기를 이끌어가는 핵심 소재로 등장하는 마법의 반지가 이 기게스의 반지를 모티프로 한 것이다.

플라톤은《국가》제2권에서 소크라테스와 글라우콘의 토론을 길게 묘사했다. 플라톤에게는 각각 아데이만토스와 글라우콘이라는 형들이 있었는데, 글라우콘은 둘째 형이었다. 소크라테스와 글라우콘 사이에 오간 대화 주제는 '올바름'이었다. 글라우콘은 소크라테스에게 인간이 '멋대로 할 수 있는 자유'에 관한 사례로 기게스의 반지 이야기를 꺼낸다.

옛 리디아의 통치자에게 고용된 목동 하나가 있었다. 어느 날 심한 뇌우와 지진이 일어난 뒤 땅이 갈라졌다. 들판에서 양들에게 풀을 먹이고 있던 목동은 놀란 마음을 진정시키고 갈라진 땅 아래로 내려갔다. 목동 앞에 속이 비고 자그마한 문들이 달린 청동 말 한 마리가 보였다. 그는 몸을 문 아래로 구부려 안을 들여다보았다. 사람 크기보다 더 커 보이는 송장이 있었다. 송장의 몸에는 아무것도 걸쳐져 있지 않았는데, 다만 손에 금반지 하나가 끼어 있었다. 그는 반지를 빼내 밖으로 들고나왔다.

며칠 뒤 목동은 반지를 끼고 왕궁에 갔다. 매달 양에 관한 사항을 왕에게 보고하는 일을 준비하기 위해 목동들이 모이는 회의에 참석하기 위해서였다. 다른 사람들과 함께 앉아 있던 그는 우연히 반지의 거미 발(노리개, 반지, 비녀 따위의 장신구에 보석이나 진주로 알을 박을 때 빠지지 않게 물리고 겹쳐 오그리게 된 삐죽삐죽한 부분. 모양이 거미의 발처럼 생김)을 자신을 향해 손 안쪽으로 돌렸다. 그러자 놀라운 일이 벌어졌다. 동석한 사람들이 마치 목동이 그 자리를 빠져나간 것처럼 말하기 시작했다. 그가 사람들 눈에 보이지 않게 된 것이다. 깜짝 놀란 그는 거미발을 밖으로 향하게 돌렸다. 그러자 그가 다시 보였다. 목동은 반지가 놀라운 힘을 가지고 있다는 것을 알아차리고 재차 시험해 보았다. 거미발을 안으로 돌리자 그가 보이지 않다가 밖으로 돌리자 다시 보였다. 그 뒤 목동은 일을 꾸며 왕에게 가는 사자들 행렬에 끼었다. 왕궁에 도착한 그는 왕비와 간통했다. 그 뒤 왕비와 더불어 왕을 덮쳐 살해하고 왕국을 장악했다.

기게스의 반지 이야기는 글라우콘이 자신의 정의론을 펼치는 대목에서 본격적으로 등장한다. 글라우콘이 기게스의 반지 이야기를 통해 논증하는 정의론은 이렇다. '정의를 행하는 사람들은 불의를 행할 힘이 없어서 정의를 행한다.' 올바른 사람과 불의한 자에게 각각 그가 원하는 대로 할 수 있는 자유를 준다고 가정해 보자. 예컨대 그들에게 기게스의 반지를 끼워 보는 것이다.

사람들은 정의를 고집해 남의 재물에 손대기를 삼갈 만큼 의지가 철석같은 사람은 아무도 없을 것이라고 생각할 거예요. 그는 시장에서 원하는 것이면 무엇이든 들키지 않고 훔칠 수 있고, 아무 집에나 들어가서 누구든 원하는 사람과 교합할 수 있고, (중략) 신처럼 행동할 수 있을 테니 말예요. 그렇게 행동한다면 올바른 사람과 불의한 자 사이에는 아무 차이도 없을 것이며, 두 사람은 같은 곳으로 갈 거예요. 이것이야말로 어떤 사람이 올바르다면 자진해서 그런 것이 아니라 마지못해 그렇다는 강력한 증거라고 할 수 있겠지요.[44]

글라우콘이 기게스의 반지 이야기를 통해 논증하는 것은 세속과 현실의 정의론이다. 첫째, 정의는 사람들이 각자의 이익을 위해 맺은 협정이나 법으로 정해 놓은 규칙에 따라 작동하는 타협의 산물이다. 둘째, 정의는 현실적인 목적과 욕망으로 인해 마지못해 실행된다. 셋째, 정의는 그 자체 때문이 아니라 그것이 가져다주는 보답 때문에 바람직하다.

기게스의 반지 이야기나 글라우콘의 정의론을 읽으면서 인간의 본성이나 존재의 참 의미 등을 고민해 보자. 우리는 중·고등학교 도덕 교과서에서 성선설(性善說)과 성악설(性惡說)을 배운다. 이들 개념에 따르면 선한 본성의 인간과 악한 본성의 인간이 대립한다. 교육은 이와 같은 대립적인 인간 본성에서 출발한다. 전자를 따르는 교육은 인간을 신뢰한다. 인간의 가능성을 긍정한다. 선한 본성을 키우거나, 혹시 그것을 잃었다면 회복하는 데 중점을 둔다. 성선론자는 선한 인간을 악하게 만드는 제도, 법, 사회를 문제시한다. 후자를 따르는 교육에서는 악덕을 타고나는 인간을 부정적인 존재로 간주한다. 인간의 보이지 않는 본성은 극복해야 하는 대상이다. 교육은 그와 같은 인간의 악한 본성을 제어하고 통제하며 개량하는 데 초점을 맞춘다. 성악론자는 제도와 법과 사회 시스템을 인간 교화를 위한 적극적인 수단으로 활용한다.

우리 자신에게 이런 질문을 던져 보자. 만약 내가 기게스의 반지를 얻게 된다면 맨 먼저 무슨 생각을 할까? 지금 기게스의 반지를 끼고 있다면 어디에서 무슨 일을 하고 싶어 할까? 이들 질문에 대한 답을 떠올리면서 인간 존재의 본성이나 본질의 한 측면을 이해할 수 있지 않을까?

전체주의자
플라톤?

범박하게 규정하면 《국가》와 《법률》은 모두 국가에 관한 책이다. 전체적으로 《국가》에서는 궁극의 지혜로 무장한 철인왕이 통치하는 이상국가를, 《법률》에서는 치밀한 법률 시스템에 따라 통치되는 현실적인 법치 국가를 그렸다. 한편 《국가》는 책 전체를 관통하는 핵심 주제어인 정의론을 배제하고 보면 정치철학 범주에 속하는 저작으로 분류할 수 있다. 그렇게 본다면 《국가》와 《법률》을 본격적인 의미의 교육론이나 교육철학을 논한 책으로 보기 힘든 면이 있다. 다만 왕도 국가에서든 법치 국가에서든 교육이 국가와 정치의 성패를 좌우하는 핵심 요소처럼 간주되는 현실을 간과해서는 안 되며, 《국가》나 《법률》에 대한 평가나 이들 책에서 얻을 수 있는 교육적인 시사점도 이를 고려한 바탕 위에서 고민해야 할 것이다.

플라톤이 살았던 시대의 이면을 신중하게 살펴야 하는 까닭도 이와 비슷하다. 러셀이 《서양철학사》에서 언급한 내용이 유용한 실마리가 되리라 본다. 그는 아테네가 스파르타에 패배했을 당시 플라톤이 젊었다는 점, 플라톤이 패배 원인을 아테네의 민주주의 탓으로 돌렸다는 데 주목했다. 플라톤 스스로 자신의 귀족 신분과 가족관계로 인해 민주주의를 경멸했을 가능성이 크다고 본 것이다.

러셀의 주장을 좀 더 자세히 살펴보면 플라톤이 살았던 당시의 사정을 구체적으로 이해할 수 있다. 러셀에 따르면, 플라톤은 자신이 깊이 사랑하고 존경한 소크라테스가 민주주의 때문에 사형당했다고 생각했다. 그런 점에서 플라톤이 이상국가를 구상하는 데 아테네 민주주의의 대척점에 있었던 스파르타의 국가 통치 철학을 참조했다는 사실이 전혀 놀랍지 않다고 보았다.

러셀의 분석에 따르면 스파르타의 통치 체제는 두 명의 왕이 지배하는 이원 왕정 체제를 기본으로 원로회의와 민회, 5인 감독관이 최고 권력을 견제하는 형태를 취하고 있었다. 이와 같은 이원화 시스템을 통해 스파르타가 일관되게 강조한 국가 통치 방향은 전쟁에서 승리하는 것이었다. 러셀은 스파르타 국가가 오늘날 나치가 승리했더라면 이룩했을 법한 국가의 축소판처럼 보인다고 말했다. 스파르타인의 주요 목표는 무적의 전사 종족 육성이었으며, 그들은 이와 같은 목표 달성에 성공했다고 보았다.

플라톤이 선하고 정의로운 철인이 지배하는 강력한 국가 체제를 바란 이유를 이런 맥락에서 이해할 수 있다. 플라톤은 스파르타에 패한 아테네의 시민으로서 자신이 사는 국가가 강력한 힘을 갖기를 바랐을 것이다. 그는 당시 정치 체제였던 과두 정체, 민주 정체, 참주 정체가 모두 부도덕한 권력 형태라고 생각했다.[45] 그가 생각하는 가장 강력한 정치 체제는 철인 정치였다. 철인 정치 체제에서는 지혜를 갖춘 이상적인 지배자가 국가를 통치한다. 그렇다면 그곳이 전체주의적인 색채를 띨 것임을 어렵지 않게 짐작할 수 있다.

플라톤이 구상한 국가의 전체주의적인 색채는 다양한 측면에서 드러난다. 인간은 남자로 국한하며, 여자와 어린이는 공유 대상이다. 여자는 모두 남자의 공동 아내가 될 것이므로 아무도 자신만의 아내를 둘 수 없다. 결혼과 출산과 양육은 국가에 의해 모두 공동으로 이루어진다. 신랑과 신부는 정기적인 집단 연회에서 추첨에 따라 맺어진다. 국가는 가장 좋은 혈통을 가진 남자가 가장 훌륭한 자식을 많이 낳게 조절할 수 있다. 교육과정은 연령대에 따라 엄격하게 구별된다. 17살에서 20살까지는 체육을, 20살에서 30살까지는 수학을, 30살에서 35살까지는 이데아 이론을 배우면서 이상적인 통치자가 되기 위한 준비를 한다.[46]

《법률》에서는 국가의 규제와 통제가 더 철저하게 묘사된다. 검열관은 젊은이의 가정을 언제든지 방문할 수 있다. 남색이·금지되고, 50살 이하의 사람에게는 국외 여행 금지 조처가 내려진다. 종교는 모든 사람의 의무이다. 종교가 없는 사람은 종교가 필요한 이유를 찾을 때까지 5년간 교정소에 감금되어야 한다. 교정할 수 없다는 판단을 받은 사람은 사형에 처한다.[47]

플라톤이 이와 같은 국가를 통해 이루려고 한 것은 무엇이었을까? 러셀은 다음과 같이 말했다.

국가는 대체로 같은 인구를 가진 나라와 맞선 전쟁에서 승리함으로써 특

| 국가의, 국가에 의한, 국가를 위한 교육 |

정한 소수 사람들을 위한 생계를 보장하려 한다. 플라톤의 국가에서는 엄격성으로 말미암아 분명히 예술 작품을 창작하지도 학문을 체계적으로 확립하지도 못한다. 다른 점과 마찬가지로 이런 점에서도 스파르타와 유사하다. 온갖 미사여구를 갖다 붙인다고 해도 전쟁 기술과 충분한 식량이 성취하게 될 전부이다.[48]

러셀은 이와 같은 자신의 대답이 "단조롭고 지루하다"라고 했다. 이런 표현은 언뜻 냉소적으로 보인다. 그러나 이와 같은 러셀의 평가가 플라톤의 국가론과 교육철학에 대한 완전한 부정을 뜻한다고 볼 수 없다. 러셀 자신의 평가처럼, 플라톤이 《국가》와 《법률》에 그려 놓은 이상국가는 말 그대로 이상향 같은 국가가 아니라 현실 속에 세우기 위해 계획된 국가였다. 그리고 그와 같은 국가 건립은 그저 공상에 그치거나 불가능한 일이 아니었다.

러셀에 따르면 스파르타는 오늘날 우리가 보면 당연히 실천할 수 없다고 생각했던 몇 가지를 비롯해 이상국가에 필요한 여러 가지 조건을 실제로 갖추었다고 한다. 또 플라톤이 시칠리아와 이탈리아 남부를 방문할 무렵 도시 국가들은 법률을 제정할 때 관례에 따라 현자를 고용했다고 한다. 아테네를 위한 법률을 제정한 전설의 입법가 솔론처럼 플라톤은 지혜로운 철학자가 뛰어난 법률을 만들어 국가를 통치하기를 바랐고 그럴 수 있다고 여겼다.

그렇다고 해서 플라톤의 관점을 지나치게 관용적으로 보아서는 안 될 것이다. 플라톤이 인간을 세 가지 계급으로 나눠 이들 사이에 권력관계를 부여하고, 이들이 각자 타고난 몫을 다하고 다른 계급의 일에 간섭하지 않으면 국가가 정의롭게 된다고 본 점은 우리가 지향해야 하는 보편적인 가치에 부합하지 않는다. 러셀이 적실하게 지적한 것처럼, 플라톤의 정의는 권력과 특권의 불평등한 분배를 가능하게 한다는 점에서 문제적이다. 불평등 문제는 여전히 오늘날 대다수 문명국가가 완전히 해결하지 못하는 난제 중 난제에 속한다.

러셀은 플라톤이 후세 사람들이 속아 넘어갈 정도로 편협한 제안을 치장하는 기술이 뛰어났다고 생각했다. 러셀은 플라톤이 마치 현대의 영국이나 미국에서 전체주의를 지지하는 사람처럼 보였다. 나는 러셀의 이러한 비판적인 태도를 플라톤이 《국가》와 《법률》에 그려 보인 교육철학이나 교육 사상을 살필 때 반드시 유념해야 할 관점이라고 생각한다. 때로 정치적으로 음험해 보이는 의도와 목표를 숨긴 채 그것을 가장 우아하면서도 효과적으로 구현할 수 있는 수단이자 통로가 교육일 수 있기 때문이다.

| 국가의, 국가에 의한, 국가를 위한 교육 |

모순의 근대인
마르틴 루터

개혁주의자가 된 젊은 수도사

1517년 10월 31일은 기독교의 모든 성인을 기념하는 축일인 만성절이었다. 온 거리에 축제의 흥겨움이 가득 넘쳤던 이 날, 33살의 젊은 수도사 마르틴 루터가 독일 비텐베르크 궁성 교회 출입문에 〈95개 조 반박문〉을 게시했다. 자신의 서명을 직접 새긴 게시문에는 면죄부 제도의 폐해를 고발하는 내용이 담겨 있었다.[49]

당시 레오 10세가 이끌던 로마 교황청과 마인츠 대주교 알브레히트 등 종교 권력자들은 신도에게 재물을 착취하기 위해 면죄부라는 기발한 아이디어를 고안했다. 종교 권력자들은 막대한 돈이 필요했다. 교황 레오 10세는 성 베드로 대성당을 수리하는 데 큰돈이 있어야 했다. 그리고 1514년 8월 18일 추기경 회의에서 대주교로 임명된 알브레히트는 '추인비'와 '자발적인 화해비' 등으로 불리는 거액의 뇌물을 챙겨 교황청에 넘기지 않으면 안 되었다. 당대의 탁월한 금융가 야코프 푸거에게 갚아야 하는 고리대금도 있었다.

1515년 3월 31일 면죄부 판매에 관한 교황의 교서가 공식적으로 발행되었다. 교서에는 전체 판매액 중 절반은 교황의 금고에, 나머지는 알브레히트의 금고에 넣기로 한 약속이 담겨 있었다. 면죄부 판매는 1517년 초부터 시작해 2년여 동안 이어졌다. 그사이 독일 막시밀리안 황제가 면죄부 판매 대금 분배에 끼어들어 수익금을 삼등분하는 상황이 펼쳐졌다. 이로 인해 알브레히트에게 돌아가는 몫은 이전보다 더 적어졌다.

면죄부 판매는 신의 뜻을 정면으로 거스르는 행위였다. 신앙심 강한 젊은 수도사 루터는 이미 〈95개 조 반박문〉을 게시하기 1년여 전부터 설교를 통해 면죄부 판매의 부당함을 지적하고 있었다. 프랑스 전기 작가 뤼시앵 페브르(Lucien Febvre)는 《마르틴 루터, 한 인간의 운명(Martin Lutero Un destino)》에서 〈95개 조 반박문〉이 그런 흐름 속에서 출현했다고 보았다. 그는 루터의 행위를, 권력자를 향한 전쟁 선포가 아니라 신의 이름으로 규율에 따르게 하려는 경고로 해석했다.

교황 레오 10세는 루터의 종교적인 문제 제기에 정치적인 방식으로 대응했다. 루터를 직접 심문하기 위해 로마 소환 명령을 내렸다. 루터는 신변의 위협을 직감했다. 작센주 선제후(選帝侯) 프리드리히 3세가 그를 보호했다. 그 뒤 루터는 1519년 라이프치히에서 열린 공개 논쟁에 참석해 가톨릭 측 신학자 요한 에크와 논쟁을 벌였다. 그때까지 루터는 자기 뜻을 굽히지 않았다.

1520년 루터는《독일 기독교 귀족에게 보내는 편지(An den christlichen Adel deutscher Nation)》,《바빌론의 포로가 된 교회(De Captiviate Babylonica Ecclesiae)》,《그리스도인의 자유에 대해(De Libertate Christiana)》등에서 부패한 독일 교회를 비판하고 새로운 시대 현실에 어울리는 교회를 건설하자고 목소리를 높였다. 그는 곧 독일 하층 민중의 영웅이자 정신적 지도자로 떠올랐다. 그해 10월 루터는 60일 안에 참회할 것을 명령한 교황의 조서를 군중 앞에서 불태우면서 개혁 의지를 다졌다. 로마 교황과 황제를 제외한 독일 전체가 그를 따랐다.

1521년 4월 17일부터 4월 26일까지 보름스에서 종교 회의가 열렸다. 로마 제국 황제 카를 5세가 교황의 거듭된 요청에 따라 연 회의였다. 이 회의의 목적은 루터와 같이 로마 가톨릭의 명령을 따르지 않는 이들을 징벌하는 데 있었다. 그러나 회의에 참석한 루터는 자신의 주장을 철회하지 않았다.

교황과 황제는 루터에게서 제국의 법률로 보호받을 권리를 박탈했다. 일종의 공민권 박탈형이었다. 교황과 황제는 주변 사람들이 루터를 돕는 것을 금지하는 칙령을 함께 내림으로써 완벽하게 고사시키려고 했다. 1521년 5월 4일 절박한 생존 위기에 처한 루터는 선제후 프리드리히 3세의 치밀한 계획에 따라 바르트부르크성에 '보호 감금'되었다. 그는 그곳에서 1년여 동안 신약 성경을 독일어로 번역하는 역사적인 과업에 착수했다. 그렇게 해서 탄생한 독일어 성경은 핍박받고 방황하던 독일 민중에게 강력한 사상적 무기가 되었다.

루터의 공교육 기획

1524년 6월 독일 슈바르츠발트 남부에서 농민들이 봉기했다. 바텐, 프랑켄, 작센 등지로 번진 혁명의 불길이 15만 명의 농민을 불러 모았다. 거대한 농민 혁명의 중심에 한때 열렬한 루터 지지자였던 토마스 뮌처(Thomas Munzer)가 있었다. 뮌처는 농민군이 수립한 '영구의회'에서 의장으로 선출되었다. 농민군은 도시와 장원, 성과 수도원을 공격했다. 귀족의 토지와 재물을 빼앗고 악독한 귀족 영주를 처단했다.

루터는 농민들이 들고일어나는 모습을 가만히 두고 볼 수 없었다. 면죄부 판매에 반발해 로마 교황과 독일 황제에 맞서려 했던 34살의 젊은 수도사는 나이를 조금씩 먹으면서 독일 사회의 복잡 미묘한 현실에 눈을 뜬 보수주의자가 되어 있었다. 뮌처가 이끄는 농민들 눈에 루터는 개혁을 방해하고 억압하는 완고한 노인처럼 보였다. 농민 혁명군의 지도자가 된 뮌처가 '프라하 선언'을 통해 교회와 봉건 영주에 대항할 것을 천명하자 루터는 이렇게 말했다. "미친개를 때려잡듯 그들(농민 개혁 운동가)을 모조리 목매달아 죽여야 한다."

한때 개혁의 선두에 섰던 전사가 권력층과 기득권 세력의 대변인이 되어 등장하는 사례는 희귀한 일이 아니다. 루터의 경우는 그가 인류 사상사나 문명사에서 특별한 자리를 차지하고 있다는 점에서 조금 더 충격적으로 다가온다. 훗날 프리드리히 엥겔스(Friedrich Engels)는 루터에 대해 "하층민의 운동뿐 아니라 시민 계급의 운동마저 제후에게 팔아넘겼다"라고 말했다. 엥겔스의 평가가 지나치다고 생각하지 않는다.

그렇다고 해서 루터에게서 촉발된 종교 혁명의 역사적 의의를 지레 깎아내릴 필요는 없을 것이다. 그가 쓴 〈95개 조 반박문〉은 독일 사회 전체에 개혁 분위기를 널리 퍼뜨리는 데 큰 공헌을 했다. 개혁의 바람이 사람들 사이에 널리 퍼지면서 사회 재편을 위한 뜨거운 힘이 만들어졌다. 농민 혁명군의 지도자였던 뮌처가 루터의 열렬한 지지자였다는 사실은 무척 시사적이다.

루터가 불을 붙인 개혁의 바람은 교육 분야에까지 불어 닥쳤다. 그 자신이 선봉에 섰다. 루터는 1525년 지역 도시들에 보내기 위해 학교 설립을 권고하는 글을 썼다. 모든 도시와 마을에 남녀 아이 모두가 교육받을 수 있는 학교가 세워져야 한다는 희망 사항을 적었다.[50] 국가 전체적으로 보통교육과 평등 교육을 위한 기본적인 물적 토대를 갖추기 위해 광범위한 차원에 걸쳐 학교를 설립하는 거대한 기획을 설파한 것이다. 루터는 1530년에 쓴 〈아동을 취학시켜야 하는 일에 관한 설교〉에서 아동 취학 의무화 사상을 주장하기도 했다.[51] 여기에는 모든 부모가 귀천과 빈부와 남녀 구별 없이 자녀를 학교에 보내야 하며, 정부는 그 국민에 대해 아이의 취학을 강제로 규정할 수 있다는 내용이 담겨 있었다.

이 글들에서 드러나는 루터의 교육 기획은 공교육(public education) 제도 확립이었다. 루터는 국가가 교육을 책임져야 한다는 점을 바탕으로 해서 학교가 공공 단체의 공적 경비에 의해 공적 제도로 운영되어야 한다고 생각했다. 그는 학교를 설립하고 유지하는 책임 주체가 교회가 아니라 국가(정부)라는 점을 분명히 밝혔다.

보통교육 사상은 "모든 국민에게 교육해야 한다"라는 구호로 대변된다. 보통교육은 대개 아동 의무 취학 시스템과 공교육 제도를 기본으로 이루어진다. 루터가 일련의 글에서 개진한 학교 공교육 시스템이 그것이다. 그래서 교육사나 교육철학 교과서 저자들은 이와 같은 보통 교육 사상의 출발점이 16세기 초 종교 개혁에 있었다고 기술한다.

교육사에서 의무 취학 시스템과 공교육 제도가 정식 법령의 형태로 본격화하기 시작한 때는 17세기 중반이었다. 최초 사례는 1642년 독일 고타 공국 영주 에른스트가 공포한 고타교육령이었다. 영국 청교도(칼뱅주의자)들이 미국 동부 보스턴에서 제정한 매사추세츠교육령도 고타교육령과 같은 해에 만들어졌다. 고타교육령은 당시 루터파 신교도로서 종교 개혁 정신을 바탕으로 교육론을 펼친 교육학자 볼프강 라트케(Wolfgang Ratke)와 요한 아모스 코메니우스(Iohannes Amos Comenius)의 교육 사상을 기반으로 한다. 고타교육령에는 의무취학제, 학급 편성, 학교 관리, 교육과정, 교수법 등이 체계적으로 조직되어 있다.

전문 16장 435조로 이루어진 고타교육령에서 가장 눈길을 끄는 내용은 아동 취학 의무화 규정(제2장)과 아동의 통학에 대한 부모의 책임에 관한 규정(제361~435조)이다. 교육사에서 고타교육령은 아동 취학 의무화 규정을 법제화한 최초의 사례로 평가된다.

매사추세츠교육령은 신앙의 기초 확립과 이를 위한 수단으로서 교육에 대한 국가 책임을 인식한 바탕 위에서 만들어졌다. 매사추세츠교육령은 현대적인 공교육 시스템의 원리를 보여 준다. 공립학교 제도화, 부모나 고용인이 자녀나 피고용인을 교육할 의무에 관한 내용, 지방자치단체의 학교 설치 의무화, 의무교육 감독권 인정, 모든 주민을 상대로 한 교육세 부과, 교육세와 일반 세금을 활용한 모든 아동의 무상 교육 실시 규정 등이 담겨 있다.

| 모순의 근대인, 마르틴 루터 |

"근대 사회의 창시자"

서양 중세를 과거의 어둠 속으로 밀어 넣은 종교 개혁은 루터의 〈95개 조 반박문〉이 시발점이었다. 〈95개 조 반박문〉은 사람들에게 그때까지 남아 있던 중세적인 질서와 가치를 근본에서부터 돌아보게 했다. 그런 점에서 한 세기 뒤 아동 의무 취학 시스템과 공교육 제도의 법제화(고타 교육령과 매사추세츠교육령)를 가져온 루터의 보통교육 사상이 교육사에서 중대한 전환점이 되었다고 평가해도 크게 어색하지 않을 것 같다.

한 가지 짚고 넘어가고 싶은 문제가 있다. 루터의 아동 취학 의무화 사상이나 교육의 국가 책임론은 어떤 배경과 목적에서 만들어졌을까? 루터는 아이가 신의 선물이라면서 그들의 인격을 존중하는 교육을 강조했다. 교육 훈련 때 매질과 같은 체벌을 반대하는 대신 아동이 자유롭고 자연스럽게 성장할 수 있는 교육을 촉구했다. 국가가 교육을 책임지는 의무 취학 시스템을 통해서는 구현하기 힘든 것들이다. 루터의 진짜 속뜻이 무엇이었을까?

뤼시엥 페브르는 루터가 1525년 이후 거의 독일어로만 글을 썼다고 했다. 당시 엘리트들이 쓰는 언어인 라틴어를 전혀 쓰지 않은 것이다. 1525년은 루터가 지역 도시에 학교 설립을 권고하는 내용의 글을 쓴 해였다. 페브르는 이 시기에 루터가 기독교 세계나 고향인 작센 지역이 아니라 독일 전체에 말을 건넸다고 보았다. 루터는 신이 국가에 직접 권한을 주었다고 생각해 점점 더 국가에 강력한 권한을 부여했다.

이와 같은 생각 뒤에는 루터의 독특한 국가관과 권력관이 자리 잡고 있다. 토마스 뮌처가 이끈 농민 혁명에서 격렬한 반대 목소리를 낸 루터는 1530년을 전후로 쓴 많은 글에서 "국가는 신이 만든 제도"라는 명제를 장황하게 논증했다고 한다. 전적으로 신의 의사에 근거해 최초로 적법하게 인정된 실체이자 제후들의 절대 권력을 갖는 주체가 국가뿐이라고 생각했다. 루터는 1525년에 이렇게 말했다. "우리의 교육은, 교황이 전혀 하지도 못했고 하려 하지도 않았던 것을 실현케 하는 권한과 권력을 세속의 지상권에 완전히 부여했다."[52]

루터에게는 모든 권력이 정당하다. 세상사를 판단하는 유일무이한 기준은 신이었다. 권력은 신의 의지로만 존재한다. 그러므로 최고의 권력인 국가는 정당하다. 최고 권력자가 가증스러운 폭군일지라도 가장 인자한 왕에게 하듯 그에게 복종해야 한다. 폭군의 명령과 행위는 신이 그대로 원하고 허락한 것들이다! 모든 제후는 신의 대리자이다. 루터에게 이들 폭군은 "작은 신들"이었다.

놀랍게도 루터는 "세상의 제후들은 신들이고 평민들은 사탄이다"라고 말했다. "백성이 폭군에게 단 한 가지라도 부당한 짓을 하기보다는 차라리 폭군이 백성에게 백 가지 부당한 짓을 하는 편이 더 낫다"라는 말도 남겼다. 루터에게 국가는 절대선이었다. 그런 국가가 책임지는 교육, 그런 교육을 통해 길러지는 아이들의 모습을 어떻게 상상해야 할까?

페브르는 루터를 근대 사회의 창시자 가운데 한 사람이라고 평가했다. 많은 사람이 루터를 근대 자유주의 사상의 비조로 여기는 까닭도 이와 관련될 것이다. 동시에 페브르는 루터를 게르만 사회와 독일 정신의 창시자 가운데 한 사람으로 보았다. 권력에 복종하고 권위에 순응하는 독일인의 어떤 기질을 그렇게 표현할 것이 아닐까? 그런 점에서 루터는 모순적인 인물이다. '해방자'인 동시에 '억압자'였으며, 전근

| 모순의 근대인, 마르틴 루터 |

대적인 '근대인'이었다.

1933년 권력을 잡은 아돌프 히틀러는 5마르크짜리 은화에 16세기 초 독일의 반항자 루터의 초상을 새겼다고 한다. 히틀러가 세운 전체주의 정당이었던 나치에는 국가라는 단어가 들어가 있다.[53] 루터를 교육사의 관점에서 바라보거나 그의 교육철학적인 면모를 살필 때 반드시 유념해야 할 사실이다.

2장

자연주의 교육과 루소의 《에밀》

사회 속 자연인은

어떻게 길러지는가

루소가 말하는 자연의 교육은 사람들이 흔히 오해하듯 결코 물리적인 자연을 염두에 둔 것이 아니었다. 교육의 시공간적 대상으로서 물리적인 자연이 《에밀》 전체에 거듭 등장하지만, 그것은 배경 역할을 할 뿐이다. 루소가 시종일관 강조한 것은 "변화되기 전의 성향"으로서 사람 안에 있는 자연(본성)이었다.

교육,
최대이자 최난의 문제

교사는 누구이며 학교는 어떤 곳인가? 교사는 교육자이다. 학교는 교육하는 곳이다. 이 자명한 질문과 대답을 이렇게 바꿔 보자. 교사와 학교는 어떤 교육을 해야 하는가? 어떤 교육이 훌륭하다고 말할 수 있을까?

학교와 교사가 담당하는 일을 이렇게 정리해 보자. 학교는 학생을 관리하거나 보호한다. 학교 집행관인 교사는 관리와 보호 대상으로서 학생을 잠재적인 불안 유발자나 미성숙한 존재처럼 대한다. 학교는 학생을 선별하고 분류해 부류 각각에 맞춰 교육한다. 그렇게 하는 것이 학생 각자의 능력과 적성을 기르는 데 효과적이라고 생각한다. 학교와 교사가 꿈꾸는 것은 학생 한 명 한 명이 한 사회를 지탱하는 질서와 시스템을 내면화해 공동체를 원활하게 유지하는 것이다.

이 모든 경우에 학생은 한 국가나 사회라는 거대한 기계의 부속품에 가까운 존재가 된다. 교사는 학교가 담당하는 이들 기능을 때론 종합적으로 때론 단편적으로 수용해 학생이 학교에 잘 적응할 수 있게 한

| 사회 속 자연인은 어떻게 길러지는가 |

다. 그때 학교와 교사가 제 몫을 다했다고 생각한다. 그렇다면 이렇게 되물을 수 있다. 학교와 교사가 훌륭하고 좋은 교육을 수행했는가?

학교가 담당하는 이른바 관리와 보호 기능의 허구성을 통해 이 질문 뒤에 숨은 진실을 알아보자. 감옥이나 정신 이상자 수용소에 관한 연구 결과가 하나의 사례[1]가 될 수 있다. 감옥이나 정신 이상자 수용소에서 교정하려는 사람들의 비정상적인 행동은 바로 그러한 환경 자체에서 더 조장된다고 한다. 비정상성을 푸는 해법은 간단하다. 비정상성을 유발하는 환경 자체를 해소하는 것.

어느 연구에 따르면 20년 이상 정신병원에 수용되어 있으면서 치료가 거의 불가능하다고 판정받은 정신 이상자들이 정상적인 환경에 놓인 지 불과 몇 달 만에 대부분 완치되었다고 한다. 또 다른 실험에서는 위험할 정도로 정신 이상 증세를 나타낸 사람들에게 자치 단체를 조직하게 하자 자기들끼리 특별한 사고 없이 내부 문제를 처리했다고 한다. 이러한 사실들은 어떤 진실을 담고 있을까?

잘 모르겠다. 다만 참으로 훌륭하고 좋은 교육은 현실 세계에서 쓸모 있는 것처럼 보이는 위와 같은 일들을 훌쩍 뛰어넘는 곳에 존재하지 않을까? 칸트는 《교육학》에서 "좋은 교육은 그것에서 세상의 모든 선이 생겨나는 바로 그것이다"라고 정의했다. 그는 너무나 분명한 어조로 '좋은 교육'과 '선'을 이야기했다. 무엇이 좋은 교육이고 선인가? 우리는 '좋은'과 '선'을 한두 마디로 정의하지 못한다. 칸트조차 교육이 "인간에게 부과될 수 있는 최대의 문제이자 최난(最難)의 문제"이며, "인간의 고안물로 가장 어려운 두 가지는 아마도 통치 기술과 교육 기술일 것"이라고 생각했다.

교육이라는 이름으로 이루어지는 인간 행위의 궁극적인 목표가 무엇일까?《에밀》을 만나기 전까지는 이 질문에 대해 깊이 생각해 본 적이 별로 없다. 학교에서 교육과정과 시수표에 따라 정해진 수업에 성실하게 들어가고, 나름대로 최선을 다해 학생을 지도해 별 탈 없이 졸업시키는 것이 교사의 본분이라고 생각했다. 학생들이 어떤 인간이 되어야 하고, 그들이 만들어 가는 사회가 어떤 곳이어야 하는지 그다지 고민하지 않았다.

이 책을 읽는 당신이 누군가를 가르치는 교사라면 다음과 같은 질문을 해 보기 바란다. 당신이 가르치는 사람이 장차 어떤 인간상을 갖추기를 바라는가? 학교 교사라면 준법정 문서인 〈초·중등학교 교육과정〉을 본 적이 있을 것이다. 우리나라 모든 초·중등학교에 공통으로 적용되는 국가 수준 교육과정이다. 아래는 현행 국가 교육과정에서 규정해 놓은 "추구하는 인간상"이다.

① 전인적 성장을 바탕으로 자아 정체성을 확립하고 자신의 진로와 삶을 개척하는 자주적인 사람.
② 기초 능력의 바탕 위에 다양한 발상과 도전으로 새로운 것을 창출하는 창의적인 사람.
③ 문화적 소양과 다원적 가치에 대한 이해를 바탕으로 인류 문화를 향유하고 발전시키는 교양 있는 사람.
④ 공동체 의식을 가지고 세계와 소통하는 민주 시민으로서 배려와 나눔을 실천하는 더불어 사는 사람.

| 사회 속 자연인은 어떻게 길러지는가 |

①~④의 핵심은 자주적인 사람, 창의적인 사람, 교양 있는 사람, 민주 시민으로서 더불어 사는 사람이다. 이 가운데 당신이 평소 강조하는 인간상이 들어 있는가? 그러한 인간상을 구현하기 위해 평소 교실에서 어떠한 교육활동을 펼쳐야 하는지 고민하고 있는가?

나는 교육기본법에서 규정한 교육 이념과 교육 목적, 평소 품고 있는 신념에 따라 '민주 시민으로서 더불어 사는 사람'을 양성하는 데 교육의 초점을 둔다. 그런데 실제 현실에서는 '이게 교육인가' 하고 회의할 때가 많다. 일반계 고등학교에서 대학 입시 대비 문제 풀이 수업할 때 특히 그랬다.

내가 교육활동의 방향을 고민하고 교실 수업을 계획하면서 중점을 둔 사항은 사지선다형 문항에서 정답을 정확하게 골라내는 요령과 그것을 학생들이 알아듣기 쉽게 전달하는 방법이었다. 그것을 온전한 의미의 교육이라고 말할 수 있을까? 맹목적인 문제 풀기 '기계'를 만드는 그런 교육은 아름다운 교육 목표라고 생각하는 민주 시민 양성과 어떤 연관성도 갖고 있지 않았다.

"참으로 이상한 일이다"

장 자크 루소(1712~1778)는 달랐다. 루소가 《에밀》[2]에서 교육에 관해 던진 질문은 근본적이었다. 고전 필독서 목록이나 교육학 교과서에서나 보던 《에밀》을 처음 손에 쥐고 첫 문장을 읽은 기억이 여전히 새롭다. 루소는 독자에게 교육의 중요성을 단도직입적으로 환기하고 싶었던 모양이다.

참으로 이상한 일이다.[3] 모든 것은 조물주에 의해 선하게 창조되었음에
도 인간의 손길만 닿으면 타락하게 된다. 식물이나 동물은 물론 기후마저도
뒤흔들어 놓아 모든 것이 변형되고 뒤죽박죽으로 바뀐다. 이러한 경향은 같
은 인간에 대해서도 그대로 적용된다. 인간은 자신의 취향에 따라 같은 인
간을, 마치 가축이나 정원의 나무처럼 왜곡하고 변형한다. 이로 인해 인간
의 본성은 질식할 수밖에 없다.[4]

루소는 《에밀》들머리를 "참으로 이상한 일이다"라는 문장으로 시작
한다. 무엇이 그토록 이상했을까? 책 들머리에 등장하는 표현치고는
조금 낯설어 보이는 "참으로 이상한 일"을 통해 환기하려고 한 것이 무
엇이었을까? 루소는 기본적으로 인간을 선하게 창조된 존재로 보았
다. 그가 걱정한 것은 인간의 선한 본성[5]에 개입하는 타락한 교육이었
다. 이어지는 문단 첫 번째 문장에서 "그러므로 인간의 교육은 어려서
부터 제대로 이루어져야 한다"라고 말한 것은 너무나 자연스럽다.

루소는 교육이 적당한 시기를 놓치면 사람의 영혼이 세상의 편견에
물들어 뒤틀리게 된다고 생각했다. 식물이 재배 과정을 거치며 성장하
는 것처럼 사람은 교육받으면서 성장한다. 이 자명하고 당연한 문장을
우리는 얼마나 자주 잊고 사는가? 교육의 중요성과 교육이 인간에게
미치는 영향력이 얼마나 큰지를 이보다 더 간명하게 표현한 문장은 없
을 것이다.

루소가 《에밀》을 쓴 해는 50살 때인 1762년이었다. 《에밀》이 세상에

나오고 27년이 지난 뒤인 1789년 봉건 체제를 무너뜨리는 프랑스대혁명이 일어났다. 루소의 사유와 저서는 프랑스대혁명이 일어나는 데 마중물 같은 역할을 담당했다. 《사회계약론(Du Contract Social ou Principes du droit politique)》은 《에밀》과 같은 해에 출판된 루소의 대표적인 후기 저작이었다. 러셀은 이 책이 프랑스대혁명 지도자들에게 "성경"이 되었다고 평가했다. 윌리엄 보이드 역시 《사회계약론》이 프랑스대혁명에 큰 영향을 주었다고 보았다. 보이드는 《사회계약론》이 《인간 불평등 기원론(Discours sur l'origine et les fondements de l'inegalite parmi les hommes)》과 함께 평범한 사람들을 광적인 혁명가로 만들었으며, 프랑스대혁명의 주동자들에게 정부에 관한 아이디어를 제공했다고 생각했다.

루소가 산 18세기는 어떤 시대였을까? 《에밀》이 출판된 뒤 150여 년이 인류 역사상 가장 중대한 시기였다고 본 보이드의 시선을 따라가 보자. 루소가 저술 활동에 몰두한 18세기 중반 유럽은 정신적으로 동요하고 있었다. 신과 인간에 관한 모든 기정사실을 의심하는 철학적 회의주의가 삶 곳곳에 스며들어 있었다. 보이드는 이 시대를 두고 "겉으로 보기에 기존의 제도들은 세상 끝나는 날까지 계속 유지될 것처럼 보였다"라고 규정했다. 새로운 국가와 인간상을 통해 근대 문명을 태동시킨 르네상스 정신이 여전히 살아 있었으나, 봉건적인 사회 조건으로 말미암아 사회 혁신의 충동과 시도가 지지부진했다. 18세기에는 유럽 전역에서 교육이 쇠퇴하고 있었다. 17세기 말부터 만연한 사치 풍조와 허례허식으로 물들기 시작한 공동체의 삶이 교육을 허망한 일로 만들어 버렸다. 보이드는 "활발한 사변과 무기력한 실제의 대조"라는

17세기 유럽 교육 전반의 특징이 18세기에 더욱 두드러졌다고 말했다.

교육이 이루어지는 풍경을 보자. 일반 시민 대다수가 전혀 교육받지 못했다. 남자든 여자든 교사는 모두 무식했다. 학교를 운영하는 일은 대부분 다른 장사에서 벌어들이는 빠듯한 생활비를 보충하는 수단 정도로 여겨졌다. 학생들은 학과 공부를 교사 살림집에서 하거나 가게에서 가정일이나 장사할 때 짬짬이 했다.

교육사가 카를 라우메르(Karl Georg von Raumer)는 이 시대 아이들에게는 어린 시절이 가장 슬픈 시기였다고 말했다.[6] 라우메르의 말을 더 들어 보자. 수업이 어려웠고, 교사들은 아이들에게 너무나 가혹했다. 아이들은 머릿속에 문법을 욱여넣어야 했다. 교사들은 하나같이 성경 〈시편〉 제119장을 학생들에게 암기시키기 위해 체벌을 동원했다. 총 176절로 이루어진 이 장은 〈시편〉에서뿐 아니라 성경 전체를 통틀어 가장 길었다.

교실은 언제나 침울한 분위기에 휩싸여 있었다. 학교와 교사, 어른은 아이들이 공부에 재미를 느껴야 한다거나, 읽기와 쓰기 외에 눈길을 돌릴 만한 것이 있어야 한다는 생각을 전혀 하지 않았다. 사치 풍조가 극에 달한 루이 14세 시대 아이들은 이발사가 말아 올린 상류층의 곱슬머리를 강요받았다. 머리에 파우더와 포마드를 덧칠하고, 레이스 달린 코트와 무릎까지 내려오는 반바지를 입었으며, 비단 스타킹을 신었다. 당시 아이들은 '어른의 축소판'이나 '작은 어른'처럼 여겨졌다.

교육 역시 마찬가지였다. 아이들은 어른들이 배우고 알아야 하는 것을 똑같이 배우고 알아야 했다. 아주 이른 시기부터 라틴어와 그리스어를 공부했다. 교실 수업은 어른들이 형식적인 문법을 배우는 것처럼 고전을 통해 배우는 방식으로 진행되었다. 아이들이 문법을 어려워하거나 싫어하고 고전을 쉽게 이해하지 못한다는 사실을 어른들은 절대로 고려하지 않았다. 당시 사람들은 대부분 아이의 좋고 싫음보다 중세 이래로 이어져 온 전통적인 교육에 지나치게 의존했다.

'구교육(舊敎育)'이나 '통상적인 교육'으로 불린 당대 교육은 아이와 개인과 현재보다 학교와 사회와 미래를 우선시했다. 보이드는 이와 같은 구교육 체제를, 르네상스 시대까지 거슬러 올라가는 교육 전통 위에서 미동도 하지 않던 교사 집단과, 그 교사들의 배경이 되고 그들의 억압적 교육 방법을 은총의 방법으로 둔갑시킨 교회가 지탱했다고 생각했다.

변화의 기운이 없지 않았다. 중세 시대부터 교사의 제한 없는 체벌, 동료 학생이기도 했던 감독생의 정탐과 감시와 밀고로 학생을 모욕하는 방식으로 유지되던 학교 규율 체제가 18세기 동안 약해졌다.[7] 사람들 사이에 체벌이 노예적이고 품위를 떨어뜨리는 특성을 가졌다는 인식이 커지면서 매를 드는 행위는 점점 지탄받았다. 17세기 초반에는 감독생 제도가 사라졌다.

사람들은 점차 아동기가 노예적 시기가 아니며 굴욕을 당해서는 안 된다는 관념을 갖기 시작했다. 1769년 어느 콜레주[8]의 학칙에는 이런 문장이 들어 있었다. "체벌은 영혼을 훼손할 뿐 아무것도 교정하지 못한다." 루소는 그토록 질긴 구래의 관습들이 하나씩 사라져 가는 시대 분위기를 무기 삼아 이렇게 외쳤다. "어린이를 어린이로 대하라!" 보이드는 그런 루소를 두고 "홀로 '세계 전체'를 마주하고 싸웠"다고 평가했다.

칸트에서
히틀러까지

《에밀》을 읽으면서 루소가 책 곳곳에 새겨 넣었을 법한 인간과 교육에 관한 근본적인 질문을 떠올렸다. 인간은 어떤 존재이며 왜 교육받아야 하는가? 좋은 교육은 무엇이며 어떻게 이루어져야 하는가? 루소가 그 안에서 확신과 열의에 찬 목소리로 개진한 교육론이 타당한지와 무관하게 《에밀》은 사람들에게 교육에 대한 큰 관심을 불러왔다.

루소는 이미 당대 최고의 화제 작가였다. 프랑스 상류층 여성들은 1761년에 발표된 서간체 장편소설 《신 엘로이즈(Julie, ou la nouvelle Heloise)》의 첫 번째 사본을 읽을 기회를 얻으려고 며칠 동안이나 간절히 기다렸다고 한다. 《에밀》은 발간 직후부터 독자들로부터 뜨거운 반응을 얻었다. 발간되자마자 여러 나라 언어로 번역되어 퍼져 나가면서 커다란 반향을 불러일으켰다.

인근의 유럽 국가 부모들은 자녀를 《에밀》의 주인공 에밀이나 소피처럼 기르기 위해 노력했다. 상류 사회 사교계의 일부 여성들은 아이를 자기 손으로 직접 키웠다. 일기에 자녀 관찰 기록을 남기는 부모들도 나타났다. 그때까지 귀족이나 상류층 집안에서는 유모나 가정교사가 아이를 대신 양육하거나 교육하는 것이 일반적이었다. 《에밀》은 교육에 특별한 관심을 기울이지 않는 정치가들에게도 영향을 미쳤다. 그들은 《에밀》을 읽으며 교육에 대한 근본적인 고민이 사회 개혁에 필수적이라는 사실을 서서히 깨달았다.

루소는 《에밀》 덕분에 교육과 사회 변화에 관심 있는 후학들에게 두

ㅣ사회 속 자연인은 어떻게 길러지는가ㅣ

루 영향을 미쳤다. 가장 대표적인 사람이 칸트였다. 칸트는 루소와 띠동갑이었다. 칸트가 1724년, 루소가 1712년에 태어났다. 두 사람은 같은 시대를 산 당대인이었으며, 그만큼 상호 영향 관계가 직접적이고 강렬했다.

칸트는 루소의 가장 위대한 제자였다. 보이드는 일반 사상에 관한 이러한 평가에 의심의 여지가 조금 있을지 모르겠지만 교육 문제에 관한 한은 추호도 의심의 여지가 없다고 단언했다. 보이드의 표현을 그대로 빌리면 "칸트에게 《에밀》은 계시처럼 다가왔다."

칸트 역시 루소처럼 인간의 선한 본성을 전제로 하는 교육론을 썼다. 그 결과물이 《교육학》일 것이다. 이 책은 1776년 독일 쾨니히스베르크대학교에서 의무 강좌로 부과받은 교육학 강의에 바탕을 두고 탄생했다. 버트런드 러셀은 칸트가 교육학을 강의할 즈음 루소가 퍼뜨린 마법에 사로잡혀 있었다고 해석했다. 칸트는 교육학을 강의하면서 자주 《에밀》에 담긴 견해를 빌려 왔으며, 《교육학》에 루소의 견해를 직접 인용해 놓기도 했다.[9]

칸트와 루소 사이에는 재미있는 일화도 남아 있다. 칸트는 루소 초상화를 평생 자신이 사는 조그만 오두막에 걸어 놓았다고 한다. 칸트는 잠자리에서 일어나 산책하고 차 마시는 시간 등을 정확히 지키며 규칙적으로 생활하는 것으로 유명했다. 동네 사람들은 그가 산책하면서 문 앞을 지나가는 시간에 맞춰 시계를 맞추었다. 어느 날 칸트가 일주일 동안 산책 시간을 지키지 않은 적이 있었는데, 루소의 《에밀》을 읽고 있었기 때문이라고 한다. 어떤 글에서는 칸트가 일생에 딱 두 번 산책 시간을 어긴 적이 있었다고 전한다. 1789년 프랑스대혁명 소식을 들으러 갔을 때와 《에밀》을 읽고 있을 때였다고 한다.

루소는 《에밀》에서 당시의 일반적인 교육철학과 다른 교육론을 개진했다. 그래서였을까? 유럽 예술사에 관한 거작 《문학과 예술의 사회사(Sozialgeschichte der Kunst und Literatur)》를 쓴 아르놀트 하우저 (Arnold hauser)는 루소를 "민중의 한 사람으로서 말한 최초의 인물"이었다고 평했다.[10] 하우저는 "그의 선배들이 개량주의자, 사회 개혁가, 박애주의자였다면 그는 최초의 진정한 혁명가"라며 극찬했다.

러셀은 루소가 사상사에서 차지하는 위치를 '시조'와 '창시자' 같은 단어들을 활용해 정의했다. 러셀에 따르면 루소는 "낭만주의 운동의 시조", "인간의 감정에서 인간성에 위배되는 사실을 추론한 사상 체계의 창시자", "전통적인 절대 군주제에 대립하는 유사 민주주의적 독재 정치를 옹호한 정치철학을 고안한 사상가"였다.[11] 결과적으로 루소는 이후 사상사가 펼쳐지는 데 광범위한 영향을 미쳤다. 러셀은 《서양철학사》에서 루소 이후 개혁가로 자처한 사람들이 두 부류로 나뉘었다고 보았는데, 그중 한 부류가 루소를 추종했다고 주장했다. 대표적인 인물이 히틀러였다. 나머지 한 부류는 영국의 존 로크(John Locke)를 추종했다. 루스벨트와 처칠이 로크의 후예였다.

윌리엄 보이드의 촌평을 보면 루소에 대한 사람들의 시선이 꽤 복잡다단했음을 알 수 있다. 보이드는 1911년 《에밀》을 포함한 루소의 저작을 대상으로 해서 루소의 교육 이론에 관한 박사 학위 논문을 발표했다. 이 논문은 뒤에 《루소의 교육 이론》이라는 제목의 단행본으로 출판되었다. 이 책의 서문에서 보이드는 "초연하게 정서적 중립을 유지하면서 루소에 관한 글을 쓴다는 것은 거의 불가능에 가깝다"라고 말했다. 그는 루소를 사람들에게 사랑과 증오라는 양극단의 강렬한 감정의 대상이 되었을 정도로 좋고 나쁨이 갈리는 사람으로 보았다. 또한 자신이 기억하기에 루소의 생애나 사상에 관해 쓴 저술 중 좋은 쪽으로든 나쁜 쪽으로든 편견을 드러내지 않은 글이 없다고 할 정도라고 했다. 자신 역시 다른 저술가들이 취하지 못한 정서적 중립을 고수하고 있다고 말할 자신이 없으며, 또 그렇게 할 마음도 없다고 고백했다.

보이드는 루소에 대해 "루소라는 사람의 고귀함에 대한 신뢰, 그리고 그의 사상의 위대성에 대한 확고한 믿음"이라고 극찬했다. 《에밀》에 대해서는 "교육의 근본에 관한 가장 심오한 근대 이후의 논의"라면서 근대 이후에 나온 작품 중 "플라톤의 《국가》에 비견할 만한 가치를 지닌 유일한 작품"이라고 추켜세웠다. 루소와 《에밀》에 대한 보이드의 평은 최상급처럼 보인다. 루소의 저작들로 박사 학위 논문을 써서 루소의 교육 이론에 관한 한 최고의 전문가가 되었으니 보이드의 격찬은 일면 당연하게 보인다. 다만 우리는 루소와 《에밀》이 사람들에게 왜 그렇게 뜨거운 반응을 불러일으켰는지 평범한 초심자의 시선을 통해 알아보자. 거기에는 루소가 《에밀》에서 이야기한 교육론이 당시의 보편적인 교육 방식과 크게 달랐다는 점만으로는 설명하기 힘든 다른 독특한 측면이 숨어 있다. 루소의 생애와 《에밀》의 탄생을 둘러싼 흥미진진한 이야기들에서 그 특별함을 찾아보자.

유일무이한
초상화

　　　　　　　　　　　루소는 자전적인 책《고백(Le con-
fessions)》의 서문에서 "여기 있는 그대로 완전히 자연 그대로 충실하게
묘사한, 앞으로도 유일무이하게 남을 인간의 초상화가 있다"라고 썼
다. 나는 지금 루소가 그렇게 그려 놓은 초상화를 분해해 다시 수십 개
의 문장으로 묘사하려고 한다. 수백 쪽에 걸쳐 고백한 이야기들을 모
두 훑을 필요는 없다. 루소가 사랑하고 흠모했던 여자들과 아내 테레
즈의 이야기들이 그 유일무이한 초상화의 특징을 잘 보여 줄 것이다.

　　루소는 평생 수많은 여자를 만나고 사귀고 사랑했다. 고통(Goton)은
어린 루소가 최초로 이성에 대한 사랑의 감정을 느낀 여자였다. 고통
양을 만나면 가슴이 두근거려 숨이 막힐 지경이었다면서 그녀와 오
래 함께 있으면 살 수 없을 것이라고 고백했다. 고통 양과 헤어지게
되자 "나 자신이 얼마나 가혹한 공허 속에 빠져 있다고 느꼈는지 모른
다"라며 슬퍼했다.

　　10대 시절 루소는 바질 부인, 바랑 부인, 베르첼리스 백작 부인, 브레
유 후작 부인, 라르나주 부인에게 연모의 감정을 느꼈다. 모두 기혼자
였다. 그러나 성적 관능에 눈을 뜨기 시작한 10대 중반의 루소에게 여
성들의 결혼 여부는 별다른 문제가 되지 않았다.

　　루소는 무척 예민한 감수성의 소유자이자 감성주의자처럼 보인다.
그의 여성 편력 이면에는 어린 시절 겪은 각별한 경험이 자리 잡고 있
었던 것 같다. 아버지는 루소가 어렸을 때 루소를 낳다가 죽은 아내를
이야기하며 눈물을 글썽이곤 했다. 아버지는 아내와 사별하고 40년이

　　　　　　　　|사회 속 자연인은 어떻게 길러지는가|

지났는데도 둘째 부인 품에서 첫 아내의 이름을 불렀다고 한다. 미모와 지성과 재능을 두루 갖춘 루소의 어머니는 뭇 남성의 유혹을 물리치고 남편을 향한 뜨거운 사랑을 한순간도 놓지 않았다. 루소는 자서전에서 이 이야기를 전하면서 하늘이 그들에게 내려 준 모든 재능 가운데 자신에게 다정다감한 마음만을 남겨 주었다고 말했다.

루소는 감수성이 자연의 소산이자 체질의 산물이라고 생각했다. 그러한 감수성을 발전시키는 데 외적 상황이 필요하다고 보았는데, 루소는 여자들과 함께 지내는 것이 그런 외적 상황이라고 생각한 것 같다. 그중에서도 바랑 부인은 루소에게 가장 오랫동안 깊은 영향을 주었다. 루소는 16살에 28살인 바랑 부인을 처음 만났다. 바랑 부인을 바라보는 루소의 시선은 미묘했다. 첫 만남 직후 바랑 부인에 대한 감정을 다음과 같이 적었다.

적어도 사람들은 자기가 사랑하는 대상에게서 사랑받고 있는지 알고 싶어 하지 않을까? 나는 그녀에게 그런 질문을 할 생각을 평생 동안 단 한 번도 하지 않았다. 자기 자신을 사랑하는지 자문하는 것과 마찬가지이기 때문이다. 그녀도 나에 대해 더는 알려고 하지 않았다. 이 매력적인 여인에 대한 나의 감정에는 확실히 독특한 무언가가 있었다.[12]

루소는 바랑 부인을 사랑하는 까닭이 자신이 바랑 부인을 사랑하도록 태어났기 때문이라고 말했다. 바랑 부인을 생각할 때마다 한결같이 기쁜 마음이 들었다고 했다. 루소는 바랑 부인을 마망(엄마)으로 불렀고, 바랑 부인은 루소를 프티(아가)라고 했다. 바랑 부인은 루소에게

"세상에서 가장 다정다감한 어머니였으며, 결코 자신의 즐거움이 아닌 나의 행복을 좇"는 사람이었다.

루소의 어머니는 그를 낳으면서 세상을 떠났다. 루소는 "내가 태어난 것은 내 여러 불행들 가운데 최초의 불행"이었다며 깊은 슬픔을 토로했다. 루소가 바랑 부인을 비롯한 여러 부인에게 특별한 감정을 느낀 원인이 그 "최초의 불행"이 준 상실감 때문은 아니었을까. 다정다감한 감수성을 지닌 루소에게는 어린 시절 어머니의 부재에서 느낀 외로움과 슬픔을 보상해 줄 사람과 시간이 절실히 필요했을 것이다. 10대 시절 이래 바랑 부인과 함께 보낸 시간이 특히 그랬을 것이다.

루소의 아내 테레즈 르바쇠르(Therese Levasseur) 역시 루소에게 평생 진실한 사랑과 따뜻한 위로를 안겨 준 여자였다. 루소는 33살이던 1745년 파리 생캉탱 호텔에 머물렀다. 이탈리아 베네치아에서 2년 동안 머문 뒤로 바랑 부인과의 관계가 미묘하게 나빠진 때였다. 호텔 주인은 오를레앙 출신의 여자였다. 호텔 주인은 세탁 일을 맡기기 위해 같은 고향 출신의 젊은 아가씨 한 명을 썼다. 아버지가 오를레앙 조폐국 관리였고 어머니가 상인이었던, 23살의 테레즈였다.

당시 테레즈는 부모를 먹여 살리는 가장처럼 살고 있었다. 아버지는 일자리를 잃었고 어머니 역시 사업에 실패한 상태였다. 루소는 식탁에 나온 테레즈를 처음 보고 그녀의 겸손한 태도와 강렬하면서도 부드러운 시선에 강한 인상을 받았다. 그날 호텔 식탁에 모여 앉은 사람들이 테레즈를 짓궂게 놀렸다. 루소는 정숙한 품행과 언사로 그들을 나무랐다. 테레즈는 자신의 고마운 마음을 생기 넘치는 시선에 담아 루소에게 전했다.

|사회 속 자연인은 어떻게 길러지는가|

테레즈와 루소는 여러모로 기질이 비슷했다. 테레즈는 내성적이었다. 루소 역시 그랬다. 테레즈는 루소의 내면에서 신사와 같은 남자를 보았다. 루소는 테레즈에게서 감수성이 예민하고 소박하지만 멋을 부리지 않는 성향을 알아보았다. 루소는 테레즈와 자신의 그런 시선을 두고 이렇게 말했다. "잘못 생각하지 않았다." 33살 루소에게는 엄마(바랑 부인) 같은 사람이 필요했다. 당시 그는 바랑 부인과 더는 함께 살 수 없는 처지에 있었다. 그때 테레즈는 "전부(全部) 아니면 전무(全無)일 뿐 중간이란 없었"던 루소의 부족함을 기꺼이 채워 준 사람이었다.

루소는 전혀 다른 방향에서 테레즈에게 부족함을 느꼈다. 테레즈의 정신이었다. 루소는 그녀가 자연이 만들어 놓은 상태 그대로의 정신을 갖고 있었다고 했다. 그런 정신을 고양하기 위해 힘썼으나 어떤 노력도 헛수고로 끝나고 말았다. 테레즈는 그럭저럭 쓰기는 했지만 읽기는 전혀 하지 못했다. 한 달 넘게 시계 보는 법을 가르치려고 했으나 실패했다. 테레즈는 돈을 알거나 셈하지 못했고 물건 가격도 잘 몰랐다. 가끔 엉뚱한 말을 쓰기도 했는데, 루소는 그런 말들을 모아 사전을 만들기도 했다. 그러나 그렇게 우둔하고 어리석은 사람도 어려운 경우에 처하면 훌륭한 조언자가 되어 주었다면서 테레즈에 대한 신뢰를 끝까지 놓지 않았다.

처음 테레즈에게 강렬한 사랑의 감정을 느꼈을 때 루소는 이렇게 말했다. "나는 그녀에게 내가 그녀를 버리는 일도 없겠지만, 결코 그녀와 결혼하지도 않을 것임을 미리 밝혀 두었다." 루소는 이 약속을 거의 지켰다. 테레즈와 결혼하지 않고 사실혼 관계를 유지하면서 살다가 죽기 10년 전인 1768년 8월 30일 증인 앞에서 정식으로 결혼식을 올렸다.

루소는 왜 자식들을
보육원에 버렸을까

　　　　　　　　　　　루소 초상화의 마지막 획을 테레
즈가 루소와의 사이에서 낳은 5명의 아이 이야기로 시작하자. 평생 루
소의 기억 속에 남아 있었을 이 이야기의 배경과 발단은 어둡고 슬프
며, 결말은 충격적이다. 루소는 5명이나 되는 자신의 아기들을 모두 보
육원으로 보냈다. 훗날 루소는 이 이야기를 여러 경로를 통해 사람들
앞에서 솔직하게 털어놓는다. 처음에는 가난과 무능력을 이유로 들다
가 나중에는 묘한 논리를 끌어들인다.

　루소가 아이들을 보육원에 유기한 일은 평생 지우지 못할 짐이자 마
음의 상처로 남았을 것이다. 루소는《고백》에서 아이들을 버린 이야기
를 건조하게, 어찌 보면 자연스러운 일처럼 서술한다. 남들 앞에서 자
랑하기 힘든 일이라 일부러 그렇게 했는지 모른다. 루소는 양심의 가
책을 눈곱만큼도 받지 않고 아기를 보육원에 맡겼다고 했다. 유일한
거리낌은 아내 테레즈가 받게 될 가책이었다. 루소는 이를 막기 위해
노력했다. 아이를 보육원에 맡기는 것이 명예를 지킬 유일한 수단이라
며, 이를 테레즈가 받아들이도록 설득했다.

　루소가 전하는 이야기에 따르면 당시 사람들은 불운을 당한 사람이
나 바람을 피운 남편, 다른 남자에게 유혹당한 아내와 이들이 몰래 하
는 출산 이야기를 자주 화제에 올렸다. 그중 보육원에 아기를 가장 많
이 보낸 사람이 가장 큰 박수를 받았다고 한다. 루소는 그런 이야기에
마음이 끌렸다면서 "이 나라의 방식이니, 이곳에 살고 있는 이상 그 방
식을 따르는 것이 좋다.' 이것이 내가 찾던 궁여지책이었다"라며 아기

　　　　　　　　　| 사회 속 자연인은 어떻게 길러지는가 |

유기에 대한 핑곗거리를 찾았다.

　루소는 첫째 아이를 다음과 같은 과정을 거쳐 버렸다. 먼저 테레즈를 용의주도한 산파에게 보내 아기를 낳게 한다. 산파를 통해 미리 이름 카드를 준비해 놓는다. 아기가 태어나면 이름 카드를 배내옷에 부착해 보육원으로 보낸다. 이렇게 해서 첫째 아이는 루소가 34살이던 1746년 겨울에 태어나 보육원에 버려졌다. 루소는 1748년에 태어난 둘째 아이도 똑같은 방식으로 버렸다.

　루소의 셋째 아이는 둘째를 보육원에 버린 지 3년째 되는 1751년에 태어났다. 당시 루소는 인간의 의무에 관한 철학적 문제를 탐구하고 있었다. 테레즈가 임신하자 이를 "한 사건"이라고 표현하면서 자연과 정의, 이성의 법칙과 종교의 법칙에 따라 아기들의 운명을 검토했다. 그러고는 "잘못했을 수는 있지만 무정해질 수는 없었다"라면서 다음과 같은 괴이한 논리를 펼쳤다.

　나는 내 아이들을 직접 기를 수 없어서 공교육에 맡김으로써 그 아이들이 건달이나 재산을 노리는 구혼자보다는 노동자와 농민이 되도록 만든다면 시민이자 아버지로서의 사명을 다하는 것이라고 생각했다. 또한 나는 스스로를 플라톤 공화국의 일원이라고 생각했다. 그 이후로도 여러 번 마음속에 싹튼 후회가 내가 잘못했음을 가르쳐 주었다. 하지만 나의 이성은 나에게 그와 같은 경고를 하지 않았기 때문에, 내가 아이들을 그들 아버지의 운명으로부터 지켜 주었고, 내가 아이들을 버릴 수밖에 없었을 때 그들을 위협했던 운명으로부터 보호해 주게 된 것에 대해 자주 하늘에 감사했다.[13]

누구라도 이해하기 힘든 논리와 핑계였으나 이미 아기 둘을 보육원에 보낸 루소에게 셋째, 넷째, 다섯째를 보육원에 보내는 일은 식은 죽먹기보다 쉬웠다. 루소는 아기들을 보육원에 맡기기로 한 합의가 너무나 적절하고 이치에 맞으며 합법적이라고 생각했다. 그 일을 대놓고 떠벌리지 않은 까닭은 아기 어머니인 테레즈에 대한 배려 때문이었을 뿐이다.

루소는 이런 이야기를 하면서 자기 잘못이 컸다고 시인한다. 그러면서도 그것이 실수에서 비롯된 일이었다고 해명하는 태도는 이해하기 힘들다. 루소는 의무에 게을렀다고 했지만, 그 일을 하면서 다른 사람을 해치려는 마음이 조금도 없었다고 했다. 이런 태도는 괴이한 논리를 들이대면서까지 자식들을 보육원에 보낸 자기 행동을 정당화한 행위에 견줘 볼 때 모순적이라 아니할 수 없다.

이와 같은 모순 어법은 자기 경험과 감정을 솔직하게 고백하려고 했던 루소가 당연히 따를 수밖에 없었던 표현 방식처럼 보인다. 루소는 아기 이야기를 마치는 대목에서 이렇게 썼다. "진실해야 할 사람은 나이고 공정해야 할 사람은 독자이다. 나는 독자에게 그 이상 다른 아무것도 요구하지 않을 것이다." 루소가 남긴 이 문장을 읽으며 그를 마냥 비난만 할 수는 없었다. 5명이나 되는 자식을 보육원에 보내는 루소 부부의 망연자실한 표정이 떠올랐기 때문이다.

《에밀》의 탄생과
운명

이제 《에밀》의 탄생 전후로 펼쳐진 이야기를 따라가 보자. 루소는 《에밀》 곳곳에서 세속적인 인간 욕망이 뒤범벅된 당대 사회와 교육 시스템을 날 선 목소리로 비판했다. 아이러니하게도 《고백》에는 처음 《에밀》을 쓰면서 전업 작가처럼 살아가는 생활인으로서 가졌을 법한 세속적인 욕망과 기대가 솔직하게 기록되어 있다.

루소는 《신 엘로이즈》를 끝낸 직후인 1759년부터 《에밀》을 집필하기 시작했다. 당시 《신 엘로이즈》는 귀족 부인들이 앞다퉈 구해 읽으려 할 정도로 화제를 모았다. 루소는 이 책으로 상당한 인세 수입을 거두어 바닥을 드러낸 자신의 재정 상태를 다소 회복했다. 루소가 《에밀》을 구상하면서 경제적인 문제와 관련해 머릿속에 품었을 어떤 생각들을 짐작해 볼 수 있는 대목이다.

실제 루소는 《에밀》의 집필 작업이 어느 정도 진척되자 속히 출간해 경제적인 도움을 얻고자 했다. 책 출간으로 벌어들일 수 있는 예상 수입이 적어도 그때 보유하고 있던 자산의 두 배 정도 될 것이라면서 저축 계획을 세우기까지 했다. 여기에다 종신 연금을 마련하고 악보 필사하는 일을 함께하면 더는 글을 쓰지 않고도 생계를 이어갈 수 있다고 내다봤다.

루소는 당시 후원자였던 뤽상부르 원수 부부가 자신들의 저택 근처에 제공한 조그만 집에서 《에밀》을 본격적으로 집필했다. 아내 테레즈와 함께 살던 집이 보수 공사에 들어가자 뤽상부르 원수 부부가 특별히 마련해 준 공간이었다. 그 집은 몽모랑시에 있는 공원 한가운데 세운 저택의 별채였다. '작은 성'이라는 이름으로 불린 그 집은 작고 소박했지만, 전체적으로 무척 세련되었으며 특히 집 주변의 풍경이 아름다웠다. 루소는 '작은 성' 1층에 있는 무도회장과 당구장, 주방을 지나 바로 위층으로 올라가면 있는 "가장 작고 소박한 거처"에서《에밀》을 썼다.

그 거처는 청결하면서 호감이 갔다. 그곳의 가구는 하얀색과 푸른색이었다. 나는 이 깊고 감미로운 고독 속에서 숲과 물에 둘러싸여 온갖 새들이 지저귀는 소리를 듣고 오렌지 꽃향기를 맡으며《에밀》의 5권을 쉼 없는 황홀 속에서 써 내려갔다. 이 책의 상당히 생기발랄한 색채의 상당 부분은 내가 글을 썼던 지방의 강렬한 인상에서 빌려왔다.[14]

루소의 내면은 아름다운 자연이 주는 여유와 고양된 정신에서 느끼는 충만감으로 가득 찼다. 루소는 아내와 단둘이서 카페오레를 맛있게 먹었으며, 산책길에는 그가 동료라고 부른 고양이 한 마리와 개 한 마리가 따랐다. 루소는 어떤 권태도 느끼지 않았다.《에밀》은 루소가 그렇게 여유 있는 시공간 속에서 최고의 행복감을 만끽하면서 지상낙원이라고 묘사한 아름다운 자연을 배경 삼아 탄생했다.

그러나《에밀》은 출간 직후 거대한 소용돌이에 휩싸이면서 운명적인 여정 속으로 빨려 들어간다. 먼저 정부 당국으로부터 집중적인 감시와 견제를 받았다. 루소는 망명길에 올랐다. 보이드는 당시 상황을 두고 루소가 "홀로 '세계 전체'를 마주하고 싸웠"다고 했다. 그 모든 상황을 예견했음에도 불구하고 루소는 기꺼이 당대 교육을 혁파하는 선구자가 되어 돌파하려고 했는지도 모른다. 그런데 《에밀》을 출간하기까지 펼쳐진 상황들을 보면 꼭 그렇지만도 않은 것 같다.

《에밀》이 금서로 지정된 까닭은 제4부의 일부인 〈사부아 보좌 신부[15]의 신앙 고백〉에 담긴 종교성 문제 때문이었다. 파리 가톨릭교회와 제네바 개신교는 〈사부아 보좌 신부의 신앙 고백〉이 이신론(理神論, deism)[16]을 지지하는 내용을 통해 신을 모독하고 있다고 보았다.

루소는 《에밀》을 출간하기 전 원고에 실린 〈사부아 보좌 신부의 신앙 고백〉이 정부 당국의 검열에 걸릴 것을 예상했다. 이를 해결하려고 뤽상부르 부인과 검열 문제에 관해 긴밀하게 상의했다. 루소는 당국으로부터 출간 허가를 받는 것이 불가능하다고 보았다. 청원이든 다른 어떤 방식이든 출간을 허가받기 위해 할 수 있는 일들을 모두 탐탁잖게 여겼다.

뤽상부르 부인은 현 정부 아래서 검열에 문제가 생기는 일이 없을 것이라고 루소를 안심시켰다. 그리고 〈사부아 보좌 신부의 신앙 고백〉이 사람들에게 동의를 얻을 만한 작품이며, 궁정의 동의도 얻을 만하다는 것을 증명하는 내용의 편지를 말제르브라는 정부 당국 행정관에게 쓰게 한 뒤 루소에게 보냈다. 루소는 행정관이 책 출간을 승인했으므로 《에밀》이 그 자체로 합법적이라며 출간 문제에 더는 이의를 제기하지 않았다. 그러면서도 혹시나 하는 불안감 때문에 프랑스에서는 절대 출간하지 않겠다는 조건을 분명히 밝힌 뒤 뤽상부르 부인에게 출간 책임을 맡기고 원고를 넘겼다.

꽤 오랜 시간이 지나 루소는 파리에서 출판업자 뒤셴과 《에밀》 출간

계약이 체결되고, 이를 바탕으로 네덜란드 암스테르담 서적상 네올므와 계약이 성사되었다는 사실을 알았다. 뤽상부르 부인은 뒤셴과 체결한 계약서 사본을 루소에게 보냈다. 루소는 앞서 검열에 따른 문제를 처리하는 데 관여한 행정관 말제르브 앞에서 서류에 서명하고 뒤셴에게 원고료 6,000프랑을 받았다. 그중 절반은 현금이었다.

루소는 일단 원고를 넘기고 계약서까지 받아 들자 마음이 놓였다.《에밀》출간과 관련한 모든 절차와 과정이 규정에 맞았다. 정부 행정관이 출간에 동의하고 그와 관련한 법적 처리 과정을 보호하고 있었다. 적어도 루소는 그렇게 확신했다. 심지어《에밀》이 정부 부처로부터 좋은 평가를 받을 만하며, 실제 그런 평가를 받고 있다고까지 생각했다. 루소는 스스로 "그런 좋은 일을 한 내 용기가 만족스러웠다"라고 자찬하면서 자신을 걱정하는 소심한 친구들을 비웃었다.

어느 날 루소는 뒤클로라는 친구에게 〈사부아 보좌 신부의 신앙 고백〉을 읽어 주었다. 뒤클로가 물었다. "아니, 시민 양반, 그것이 파리에서 인쇄하는 책의 일부란 말입니까?" 루소는 "그렇습니다. 왕의 지시로 루브르에서도 인쇄할 만한 책이지요"라고 대답했다. 뒤클로가 재차 "내 생각도 그렇습니다. 하지만 나에게 그 구절을 읽어 주었다고는 누구에게도 말하지 않았으면 좋겠군요"라고 말했다. 루소는 뒤클로의 "충격적인 의사 표현 방식"에 깜짝 놀랐지만, 겁을 먹지는 않았다.

그런데 계약이 체결되고 꽤 시간이 흘렀는데도 인쇄 작업이 더디게 진행되자 태도가 달라졌다. 루소는《에밀》이 "최후이자 최고의 작품"이라고 자부하면서 출간 과정 전체에 큰 관심을 기울였다. 그는 출간 작업이 어떻게 진행되고 있는지 계속 궁금해했다. 그러던 어느 날 책

| 사회 속 자연인은 어떻게 길러지는가 |

인쇄 작업이 중단된 사실을 알았다.

루소는 상상의 '유령'을 만들었다. '정부 당국이 책 발간을 금지하고 인쇄 작업을 중단시켰다!' 출간 작업에 관여하고 있던 사람들에게 불안한 마음을 담은 편지를 계속 써 보냈으나 답장이 아예 오지 않을 때가 많았다. 불안한 마음을 진정할 수 없었던 루소는 예수회 사람들[17]이 작품을 가로채 간행을 막고 있다고까지 상상했다. 당시 불안과 피해망상에 시달리는 루소의 모습은 마치 정신착란증에 걸린 환자와도 같았다.

1762년 5월 27일 드디어 네덜란드와 파리에서 《에밀》이 출간되었다. 루소는 출간 즈음의 분위기를 다음과 같이 묘사했다.

> 이 책은 열띤 환호 속에서 출간된 나의 모든 저서들과는 달리 전혀 호응을 얻지 못한 채 출간되었다. 이 작품처럼 개별적으로는 너무나 엄청난 찬사를 받았으면서도 공적으로는 보잘것없을 정도로 칭찬을 받지 못한 경우는 없었다. 이 작품에 대해 가장 잘 평가할 수 있는 사람들이 나에게 한 말과 편지로 내가 확신한 사실은 그것이 내 작품들 중 가장 중요한 동시에 최고의 저서라는 것이다.[18]

그런데 이상한 일들이 벌어졌다. 사람들은 루소가 "가장 중요한 동시에 최고의 저서"라고 평가한 《에밀》을 조심스러워했다. 한 부인은 편지에 《에밀》을 쓴 저자를 위해 동상을 세우고 그에게 전 인류의 존경을 바칠 만하다고 하면서도 마지막 구절에 자신의 편지를 돌려 달라고 썼다. 편지가 공개됨으로써 당국의 사상 검열에 걸려들지 모르는 상황에 대한 부담을 그렇게 표현한 것이다.

철학자 디드로와 함께 《백과전서(Encyclopedie, ou dictionnaire rai-sonne des sciences, des arts et des metiers)》를 편찬하는 데 주도적인 역할을 맡았던 수학자이자 철학자인 장 르 롱 달랑베르(Jean-Baptiste Le Rond d'Alembert)는, 《에밀》이 루소의 탁월함을 결정짓고 루소를 모든 문인 중 최고 위치에 올려놓을 것이라고 편지에 썼다. 그런데 달랑베르는 그때까지 루소에게 쓴 모든 편지에 서명한 것과 달리 이 편지에는 서명하지 않았다. 그 역시 당국의 검열에 따른 파장을 두려워하고 있었던 것이다. 모두가 불길한 전조였으나, 루소는 그것들을 감싸고 있던 암운을 제대로 감지하지 못했다.

발간 뒤 일주일이 지난 1762년 6월 3일부터 파국이 본격화되었다. 루소의 표현처럼 "악마의 음모"는 신속하게 실행되었다. 6월 3일 당국이 《에밀》을 압수하고, 6월 7일 소르본대학교 신학부에서 《에밀》을 검찰에 고발했다. 6월 9일에는 고등법원에서 루소와 《에밀》에 유죄 논고를 내렸다. 바로 그날 궁정과 고등법원에서 결정한 조치 계획이 담긴 서류가 궁정 대신과 후원자 뤽상부르 부인의 손을 거쳐 루소에게 전달되었다. 서류에는 정부에서 루소를 엄격하게 기소하는 한편 구속영장을 발부할 예정이라는 내용이 담겨 있었다.

루소는 고심 끝에 스위스로 망명하기로 결정했다. 6월 9일 오후 4시, 17년 동안 단 하루도 헤어지지 않은 아내 테레즈와 눈물로 이별한 뒤 길을 나섰다. 뤽상부르 원수가 선물한 이륜마차와 역참에서 운영하는 역마차를 이용했다. 한 역참에서 우연히 구속영장 집행관들을 마주쳤으나 무사히 지나쳤다. 루소는 역마차 마부들에게 "심부름을 다니는 막돼먹은 놈" 취급받으며 움직인 지 닷새만인 6월 14일에 스위스 이베르동에 도착했다.

그 사이 《에밀》이 6월 10일 파리에서 불태워졌다. 6월 19일에는 제네바에서 《에밀》과, 《에밀》보다 두 달 앞서 출간된 《사회계약론》이 분서(焚書)되었다. 루소에게는 체포령이 떨어졌다. 7월 10일 루소는 스위스 지방 정부 명령에 따라 이베르동에서 추방되었다. 루소의 망명 생활은 독일, 영국으로 옮겨 가며 계속 이어졌다. 파리에는 묘한 분위기가 퍼지고 있었다. 사람들이 어떤 주제로든 글을 발표할 때마다 루소를 모욕하는 데 소홀하면 경찰에게 골치 아픈 취급을 받을까 봐 걱정하기 시작한 것이다. 당시 파리의 분위기를 전해 들은 루소는 다음과 같이 적었다.

> 두 차례에 걸친 체포영장이 신호탄이 되어 나를 향한 저주의 함성이 전 유럽에서 유례를 찾아볼 수 없을 정도로 격렬하게 터져 나왔다. 모든 잡지들과 신문들, 모든 팸플릿들이 더없이 견디기 힘든 경종을 울렸다. 아주 다정하고 예의 바르며 관대한 국민으로 불행한 사람들에게 예의와 존경을 잃지 않는다고 그토록 자부하던 프랑스인들조차도 자신들이 내세우던 미덕을 휴짓조각처럼 팽개치더니 그 횟수와 격렬함만으로도 이루 말할 수 없는 모욕을 퍼부으며 앞다투어 나를 괴롭혔다.[19]

파리 시민들은 《에밀》을 쓴 자가 "광견병에 걸린 자"라고 조롱했다. 루소를 "불경한 자, 무신론자, 미치광이, 맹수, 늑대"라고 불렀다. 정부에 쫓기고 반대자들에게 조롱받는 루소는 만인이 혐오하고 두려워하는 공공의 적 같은 존재가 되었다.

장 자크 루소
선생님

　　　　　　　　　　나는 당시 파리 사람들에게 집단
적인 조롱과 모욕의 대상이 된 루소와《에밀》이 교육사에서 인간 교육
혁명을 향한 대장정의 신호탄을 쏘아 올렸다는 사실이 믿기지 않는다.
혹시 그와 같은 필화 사건 덕분에《에밀》이 루소의 수많은 저작 가운데
최고작이자 교육에 관한 주저가 된 것은 아닐까 하는 생각마저 든다.

　루소는《에밀》을 쓰기 전부터 그 탄생의 씨앗을 품기까지 상당한 우
여곡절을 거쳤다. 보이드는 루소의 교육 사상이《에밀》을 쓰기 25년
전쯤 몽테뉴와 로크의 작품들을 읽으면서 대강 윤곽이 잡혔다고 보
았다. 교육에 관한 책을 쓰겠다는 생각을 처음 품은 것은 28살이던
1740년 무렵이었다. 당시 루소는 바랑 부인의 친구 데방 부인의 소개
로 리옹 법원장 마블리의 두 아들을 돌보는 가정교사[20]가 되었다. 루
소는 가정교사를 1년쯤 하고 갑자기 그만두었는데, 그 직전에 자신의
교육관과 마블리의 장남을 위한 장래 교육 계획 등을 담은 정교한 교
육 지침서를 집필했다. 그렇게 해서 나온《생트 마리 씨의 교육에 대한
연구(Projet pour l'education de M. de Sainte-Marie)》는 루소가 교육을 주
제로 맨 처음 내놓은 저작이었다. 보이드는 이 지침서가 없었다면《에
밀》이 존재하지 않았을 것이라면서 그 의의를 강조했다.

　루소가 교육이라는 케케묵은 주제로 800쪽이 넘는《에밀》을 써서

일정한 수입을 얻으려고 했다는 사실은 이해하기 쉽지 않다. 이에 관한 의문을 풀기 위해서는 《에밀》 출간 전후로 펼쳐진 당대의 사회·문화적인 배경을 알아 둘 필요가 있다. 보이드에 따르면 《에밀》이 나오기 전 50여 년 동안 교육과 관련한 모든 일에 대해 사람들의 관심이 폭발적으로 증가했다. 이는 18세기의 특색이었던 것 같다. 수많은 작가가 의견서와 회고록에서 당시 진지한 사상가들이라면 누구나 교육 문제에 관심이 있었다고 기록했다. 아이 양육 방법이나 통상적인 학교 제도에 대한 비판 등이 중심 주제였다.

보이드는 교육이 당시 사회에서 공적인 관심사가 되었다는 점을 가장 확실하게 알려 주는 지표가 교육에 관한 책들이었다고 보았다. 페늘롱의 《소녀 교육론》과 《텔레마크의 모험》, 롤랭의 《학습론》, 존 로크의 《교육론(Some Thoughts Concerning Education)》, 랑베르 부인의 《아들을 둔 어머니를 위한 조언》과 《딸을 둔 어머니의 조언》 등이었다. 이와 같은 다양한 교육서의 등장은 교육에 관심을 두고 교육 문제를 다루는 책을 기꺼이 읽고자 한 사람들이 무척 많았음을 의미한다. 《에밀》은 그런 우호적인(?) 배경 속에서 조금씩 싹을 틔우고 있었다.

루소는 《에밀》을 집필하기 전 귀족 부인들과 교류하면서 교육에 관한 관심을 꾸준히 드러냈다. 《에밀》을 쓰던 1759년에 한 귀족 부인에게 보낸 편지를 보면 교육을 바라보는 루소의 시선이 단지 일회적이지 않았음을 알 수 있다.

교육의 문제에 관해서라면 저는, 글을 쓰고 싶은 마음이 간절할 정도로 좋은 생각을 몇 가지 품고 있습니다. 단 약간의 도움이 필요한데, 저는 직접 아이를 관찰한 적이 없어서 이 분야에 대한 정보가 필요합니다. 부인, 부인께서는 어머니이시며, 독실한 분이시고, 게다가 지혜를 사랑하시는 분입니다. 부인께서는 아드님을 키워 오셨습니다. 제가 궁금해하는 문제들이 당신께는 그다지 어려운 문제가 아닐 것입니다.[21]

루소는 생활인이나 교사로서 그다지 탁월한 능력자는 아니었던 것 같다. 10대 후반부터 법원 수습 서기, 시계 조각사 도제, 하인, 사제 비서, 음악 교사, 지적(地籍) 조사서 서기, 청지기 등 다양한 직업을 전전하며 생계를 유지하려고 노력했으나 별로 빛을 발하지는 못했다. 늘 생활이 쪼들렸고 귀족이나 사제, 귀족 부인에게 도움과 후원을 받는 "빈대" 같은 시간을 보낼 때가 많았다.

루소가 교육에 관련한 일을 처음 하게 되었을 때는 28살인 1740년 4월이었다. 앞에서 말한 마블리 씨의 두 아들을 가르치는 가정교사 일이었다. 그즈음 루소는 여러 직업을 전전하면서 자신에게 가장 적합한 직업이 무엇인지 고민을 자주 했다. 때마침 존 로크의 《교육론》이 프랑스어로 번역되었다. 루소는 그 책을 읽고 큰 영향을 받았다고 한다. 가정교사 일은 자기 일생에서 가장 중요한 직업으로 삼고자 심사숙고해 결정한 것이었다. 당시 루소는 자신이 가정교사로서 필요한 지식을 거의 갖추고 있으며 그런 재능이 있다고 생각했다. 그만큼 자신감이나 열정이 컸다. 루소는 부푼 가슴을 안고 마블리 씨의 집으로 갔다.

'장 자크 루소 선생님'이 펼친 활약상은 신통치 않았다. 보이드는 루소가 철저하게 실패했다고 평가했다. 루소 스스로 "마블리 씨 집에서 보낸 1년 동안은 나 스스로 각성할 수 있는 시간이 되었다"라고 고백했다. 잔뜩 풀이 죽은 루소는 자신을 근본적으로 다시 돌아보는 시간을 가졌다.

루소가 가르친 마블리의 자녀들은 10살이 채 안 된 어린 학생이었다. 첫째는 8살이나 9살쯤 된 생트마리였다. 생트마리는 귀여운 얼굴에 상당히 총명하고 발랄했다. 덤벙거리는 데가 있어 웃음을 주고 장난기가 가득했지만 비교적 즐겁게 짓궂은 편이었다. 둘째는 콩디야크였다. 콩디야크는 거의 바보 같고 정신이 없으며 노새처럼 고집이 센 아이였다. 루소가 보기에 무엇인가를 배울 생각을 거의 하지 않았다.

루소는 두 아이 사이에서 인내심과 냉정함 중 그 무엇도 제대로 발휘하지 못한 채 처절하게 실패했다. 루소가 웬만한 일조차 제대로 처리하지 못하게 되자 아이들 행실도 점차 나빠졌다. 루소는 자신이 인내심은 부족하지 않았지만 꾸준하지 못했고, 특히 신중함이 부족했다고 자평했다. 아이들을 대하는 데 감정과 논리, 성질이라는 세 가지 수단밖에 사용할 줄 몰랐다면서 "그 수단들은 아이들에게는 항상 무익하고 종종 해롭기까지 했다"라고 혹평했다.

모든 일이 순조롭고 내가 수고를 아끼지 않은 배려와 노력이 결실을 거두는 것을 보는 동안에는 나는 천사와도 같았다. 하지만 일이 잘 풀리지 않을 때는 악마같이 돌변했다. 학생들이 내 말을 이해하지 못하면 화가 나서 얼토당토않은 언동을 했고 그들이 못되게 굴면 그들을 죽일 것만 같았다. 그것은 그들을 박식하고 현명하게 만드는 방법이 아니었다.[22]

감수성의
사나이

월리엄 보이드는 《에밀》을 "교육의
이론과 실제에 끼친 영향으로 판단한다면 인류 역사 전체를 통틀어 가
장 중요한 교육적 저작"이라고 극찬했다. 그런 유례없는 평가를 받는
책의 저자가 이렇게 형편없는 아마추어 교사처럼 살았다는 게 믿기지
않는다. 우리가 알지 못하거나 지나치는 문제가 루소에게 있었을까?

보이드는 병적일 정도로 내성적인 루소의 성격을 거론했다. 실제 루
소는 아이들 앞에서 감정을 참지 못하고 폭발하곤 했다. 위 인용문을
통해서도 알 수 있는 것처럼 천사와 악마 사이를 오갔다. 아이들을 대
하거나 가르칠 때 지나치게 변덕스럽고 자기중심적인 태도를 보였을
가능성이 높다.

대개 교사는 가르치는 내용을 학생이 제대로 이해하지 못하면 그 내
용이나 방식이 학생 수준에 맞거나 적절한지 돌아본다. 루소도 겉으로
는 그렇게 했다. 《고백》을 보면 자신이 어떤 잘못을 저질렀다는 사실을
알고 있었으며, 그에 따라 무엇을 했는지 솔직하게 고백하고 있다. 그
때마다 루소는 아이들의 성향을 연구했고 그것을 매우 잘 파악했다
고 자부했다. 단 한 번도 아이들의 속임수에 넘어갔다고 생각하지 않
았다.

그런데 곧이어 이렇게 말한다. "잘못된 것을 보고도 고칠 줄 모른다
면 무슨 소용이 있겠는가. 나는 모든 것을 알아차리고도 아무것도 막
지 못하고 아무것도 성공하지 못했다. 그리고 내가 한 모든 일들이야
말로 해서는 안 될 짓이었다." 루소는 "해서는 안 될 짓"이 무엇이었는

109

지 더는 털어놓지 않았다. 루소의 이런 고백 속에 사실의 이면에 숨은 다른 진실이 담겨 있지는 않을 것이다. 보이드는 루소가 스스로 어떤 내용을 가르치고 있는지 잊었으며 학생들의 관심에 마음을 쏟아붓지 못했다고 했다. 그것이 장 자크 루소가 교사로서 최초에 직면한 문제였다.

루소가 그렇게 된 데에는 지나치게 예민한 타고난 감수성이 자리 잡고 있었던 듯하다. 앞에서 루소가 감수성에 대해 특별한 시선을 갖고 있었다는 것을 살펴보았다. 루소는 느끼는 것이 빨랐지만 생각하는 것은 느렸다. 대화할 때, 혼자 있을 때, 일할 때 모두 마찬가지였다. 루소에게는 대단히 열정적인 기질과 활력 넘치는 정열이 있었는가 하면, 천천히 나타나고 분명치 않으며 나중에 드러나는 생각들이 있었다. 그는 전체적으로 '생각하는 사람'보다 '느끼는 사람' 쪽에 가까웠다.

러셀은 《서양철학사》에서 루소가 가슴, 당시 용어로 감수성에 크게 의존했다는 특별한 주장을 펼쳤다. 한 발 더 나가 루소 특유의 감수성이 그 자신의 윤리학에서 일상의 모든 덕을 대신했다고 썼다. 안타깝게도 그 감수성이 "쾌락보다는 오히려 더 큰 고통을 안겨" 주었는데도 말이다. 루소 또한 "번개보다 민첩한 나의 감정이 나의 마음을 가득 차게 했"지만 "그 감정은 나를 밝혀 주는 대신에 나를 흥분시키고 눈이 멀게 만"들었다고 했다.

루소는 스스로 화를 잘 내고 어리석다고 했다. 냉정해져야 생각할 수 있다고 했다. 나는 이와 같은 모습을 보면서 교육에 관한 이론과 실제가 늘 일치하지만은 않는 문제를 떠올렸다. 루소의 고백이 액면 그대로 진실이라고 전제할 때, 그는 자신이 저지른 잘못과 아이들 문제가 무엇인지 알았으면서도 실제 현실에 이를 적용하여 실천하지 못했다. 교사의 성격이나 태도가 교육에 미치는 영향의 문제를 숙고할 때 함께 이야기해볼 만한 사례가 아닐까 싶다. 이런 점들이 감수성의 사나이였던 인간 루소의 사례가 주는 교훈일 것이다.

주의할 점이 있다. 루소를 감정과 열정에 빠진 감수성의 사나이로 본다고 해서 '느끼는 사람'으로만 볼 필요는 없다. 일부 사람들이 루소를 이상주의자라고 생각하는 것과 반대로 루소는 자기 교육 이론이 현실 세계에서 이루어지는 실제와 효과를 상당히 염두에 둔 냉철한 현실주의자였다.

그렇게 볼 근거는 차고 넘친다. 루소는 머리말에서 "사려 깊은 한 훌륭한 어머니의 마음을 기쁘게 해주기 위해"《에밀》을 쓰기 시작했다고 밝혔다. 또《에밀》이 사람들에게 훌륭한 교육 방법에 관한 제안이 되기를 바랐다. 로크가 쓴《교육론》을 떠올리면서, "나의 테마(인간 형성의 기술-글쓴이)는 존 로크의 책이 나온 이래 전혀 새로운 것이지만, 나의 책이 나온 뒤에도 그것이 여전히 새로운 것이어서는 곤란하다는 점을 크게 걱정하고 있다"라고 말할 정도로《에밀》에서 제안한 교육이 현실에서 실천되기를 바랐다.

루소는《에밀》을 쓰면서 자신이 제안하는 "인간 형성의 기술", 곧 교육이 갖는 실현 가능성을 상당히 고려했다. 그는 어떤 계획에서나 고려해야 할 점이 두 가지 있다고 보았다. 첫째, 계획이 절대적으로 좋아야 한다. 둘째, 계획을 실행하는 일이 쉬워야 한다. 이를 위해《에밀》에서 제안한 교육이 인간에게 적합하고, 인간의 마음에 꼭 들어맞아야 하며, 특정한 상황이나 현실 속에서 주어지는 몇 가지 관계의 영향 아

|사회 속 자연인은 어떻게 길러지는가|

래 있을 수 있다고 했다.

어떤 교육 방법은 스위스에서는 실행할 수 있지만 프랑스에서는 실행할
수가 없다. 또 어떤 교육은 시민 사이에서만 실행될 수 있으며 또 다른 교육
은 귀족 사이에서만 실행될 수 있다. 쉽게 실행될 수 있는지 어떤지는 여러
가지 사정에 의해 좌우되며, 어떤 나라 어떤 신분에 맞는지는 그 방법을 일
일이 적용해 보지 않고서는 알 수가 없다. (중략) 만약 원한다면 각자가 자기
가 대상으로 삼는 나라나 신분에 대해 그러한 점을 염두에 두고 생각하면
될 것이다.[23]

《에밀》은 좋은 교육의 목표와 방향을 보여 주는 책이지 이상적인 교
육을 그린 책이 아니다. 보이드 역시 루소가 《에밀》을 통해 기술하려고
한 것은 이상적인 교육 체제가 아니라 당시의 사회적 조건에서 인간이
최대한으로 자연(본성)에 가까이 갈 수 있는 교육 방법이었다고 보았
다. 루소가 《에밀》을 쓰면서 내내 직면한 문제는 한 사람이 자연에서
멀어지지 않으면서도 사회 속에서 무난하게 적응하며 살 수 있는 교육
을 실현할 수 있겠는가 하는 것이었다. 보이드는 《에밀》에서 루소가 이
질문에 '가능하다'라고 대답한다면서, 그 구체적인 해답이 "사회 속에
서 살아가는 자연인 에밀"이라고 판단했다. 루소는 허구의 학생 에밀
을 "사회 속에서 살아가는 자연인"으로 만들기 위해 여러 가지 문제를
고민했다.

장 자크 루소,
에밀을 가르치다

한 작가의 경험과 생애는 그가 남긴 말이나 텍스트, 사상에 어떤 식으로든 흔적을 남기기 마련이다. 루소의 경우는 더욱 그렇다. 보이드는 루소 생애에 관한 내용이 루소의 교육 이론을 이해하는 데 많은 시사를 준다고 해석했다. 방대한 분량의 《고백》을 통해서도 알 수 있는 것처럼, 작가 중에서도 두드러지게 개인적인 일을 썼다는 점, 자기 이론을 세우는 데 필요한 내용을 개인적인 경험으로부터 끌어냈다는 사실이 그 근거들이다. 이는 지금부터 본격적으로 읽으려고 하는 《에밀》에도 그대로 적용된다.

보이드는 《에밀》의 가정교사 장 자크가 50살에 접어든 루소이고, 그런 루소가 10살과 15살과 20살 먹은 또 다른 루소를 가르치고 있다고 보았다. 《에밀》에서 루소는 루소를 가르친다! 루소가 자신을 이상적이고 훌륭한 교사의 자격이나 조건을 모두 갖춘 사람으로 자부했다고 지레짐작하지 말기 바란다. 루소는 좋은 교사의 자격에 관해 특별히 구체적인 사항을 언급하지 않았다. 자신이 교사이며, 스스로 그 자격을 모두 갖추었다고 가정했을 뿐이다.[24]

루소는 초·중등학교나 대학교처럼 제도권이 제공하는 교육을 거의 경험하지 못했다. 그가 배운 것들은, 루소의 표현을 빌리면 배우겠다는 노력을 의식하지 않고 대부분 우연한 방식으로 얻은 것들이었다. 어린 시절 루소는 혼자 책을 읽은 뒤 그 내용을 두고 아버지와 이야기를 나누거나 정원을 가꾸고 들에 나가 일하면서 노는 방식으로 무엇인가를 배웠다. 그렇게 하다 보니 열서너 살에 이르기까지 배우고 싶지

| 사회 속 자연인은 어떻게 길러지는가 |

않은 것을 억지로 배우거나 하지 않아도 되었다. 아마도 이런 경험이 《에밀》에서 교사가 할 일로 일종의 반복 숙달 수업인 '통상적인 수업'이 아니라, 아이에게 최대한 자유로운 활동을 허용하는 '경험 수업'을 강조하는 방식으로 나타났을 것이다.

조물주가 선하게 창조한 인간이 인위적인 교육을 받으면서 타락하게 된다고 천명한 《에밀》의 도입부는 자유로운 활동과 경험을 통해 가르치고 배우는 것에 대한 루소의 관심을 강하게 암시한다. 그것은 《에밀》과 함께 루소 사상의 핵심이 담긴 책으로 평가받는 《사회계약론》제1부 제1장의 "인간은 자유로운 존재로 태어나지만, 어디에서나 쇠사슬에 묶여 있다"라는 대목과 일맥상통한다. 루소는 자연의 이름으로 모든 인위적인 것, 위선적인 것을 배격했다. 구래의 전통과 관습을 부정하고 기존의 제도와 질서를 가차 없이 비판했다. 하우저가 루소를 "최초의 진정한 혁명가"라며 과장 섞인 평가를 한 이유를 이러한 맥락에서 이해할 수 있다. 당시는 문명의 진보와 인간의 이성에 열광하던 시기였다. 계몽이 지상 최대의 명제였다. 이런 시대 분위기에서 원시와 야만, 자연을 읊조린 루소는 이단아처럼 취급되었다.

루소는 1755년 출간한 《인간 불평등 기원론》에서 불평등이 인간 능력의 발달과 정신의 진보에 따라 성장하고 강화된다고 보았다. 불평등은 소유권과 법률의 제정에 따라 합법의 틀 안에서 안정 상태를 유지한다. 《인간 불평등 기원론》의 마지막 문장은 다음과 같다.

자연법을 어떻게 규정하든, 어린애가 노인에게 명령하고, 바보가 현명한 사람을 이끌며, 대다수의 사람들이 굶주리고 살아가는 데 꼭 필요한 최소한의 것마저 갖추지 못하는 판국인데 한 줌의 사람들에게서는 사치품이 넘쳐 난다는 것은 명백히 자연의 법칙에 위배되기 때문이다.[25]

"자연의 법칙"에 따라 살아가는 사람을 '자연인'이라고 하자. 이때 자연인은 말뜻 그대로 원시와 야만의 상태로 살아가는 사람일까? 보이드는《인간 불평등 기원론》의 자연인을 비사회적 존재, 또는 천부적으로 부여받았을 법한 본성이나 그것을 넘어서는 재능, 후천적으로 획득했을 법한 인위적 능력이 모두 소거된 존재라고 전제한다. 이와 달리《에밀》의 자연인은 문명인 사이에서 자기 위치를 차지할 수 있도록 교육받은 인간, 국가나 사회 속에 거주하는 자연인으로 정의된다.

이런 정의는 어딘가 이상하다. 교육받고 국가나 사회 안에서 살아가는, 진실한 본성(자연)을 잃지 않은 한 명의 야만인을 상상해 보자. 그는 문명인인가 자연인인가? 사실 이런 질문은 별로 유용하지 않다. 문명인과 자연인 중에서 굳이 어느 한쪽만 선택할 필요가 없으며, 그래서도 안 되기 때문이다. 인간 본연의 선한 본성이나 천성적으로 타고나는 바람직한 성향을 유지하면서도 자연스러운 사회인으로 살아가는 사람은 우리 모두가 바라는 인간상이다.

학생들을 자연 및 인간 생활의 사실과 동떨어진 추상으로 끌고 가는 저 학교 교육과는 달리, 에밀의 교육은 감각 경험에서 사고로 천천히 이행하는 교육이며, 따라서 진리의 궁극적인 호소처가 되는, 감각에 의해서 주어진 사실들로부터 결코 멀어지지 않는 교육이다. (중략) 그러므로 에밀의 교육은, 에밀을 진정한 개인으로 만들면서도 동시에 개별성이 갖는 공통의 결함

|사회 속 자연인은 어떻게 길러지는가|

으로부터도 그를 보호하는, 그런 교육이다.[26]

　흔히 루소의 교육 사상을 한마디로 표현할 때《에밀》에서 에밀이 받는 교육에 초점을 맞추어 '자연주의 교육'이라고 부른다. 그런데 자연주의의 '자연'이라는 말 때문에 오해가 생긴다. 자연주의 교육은 아이를 자연으로 들어가게 하는 교육인가, 아이를 자연 상태 그대로 놔두는 교육인가? 아닌 게 아니라《에밀》에서 에밀과 그의 선생님은 누구에게도 간섭받지 않는 한적한 전원 속에 있을 때가 많다. 청년기 이전(0~12살)의 에밀은 야만인이나 미개인에 가까운, 말 그대로의 자연인처럼 묘사된다.

　그러나 보이드가 적실하게 구별해 놓은 것처럼《에밀》에서 묘사되는 자연인은 온전하게 성숙하기 이전 시기 동안만 사회와 무관한 존재이다. 인간으로서 자기 본성을 완성하기 위해 사회적 삶에 입문해야 할 시기가 도래하면 본성(자연)의 올바른 발달과 실행을 위해서 사회적 형식이 꼭 필요하다. 진짜 자연인은 좋은 이웃, 성실한 시민으로서 살아간다. 보이드는 이를 "사회를 떠나서는 인간은 인간이 될 수 없는 것이다"로 바꾸어 표현했다.

　우리는 교육을 개인의 관점에서 보는가 국가나 사회의 관점에서 보는가에 따라 교육에 두 가지 방향과 이상이 있다는 사실을 잘 알고 있다. 한쪽 극단에 사회와 무관하게 완전히 자유로운 개인을 기르는 교육이 있다. 반대쪽 끝에는 개인을 국가와 사회의 분자처럼 기르는 일에 몰두하는 교육이 존재한다.《에밀》은 이와 같은 양극단의 한쪽을 지향하면서, 동시에 반대쪽을 향해 나아가는 모순의 교육철학을 보여 준다.

사회 속 자연인은
어떻게 길러지는가

루소는 에밀이 자연(본성)의 자유로움을 잃지 않으면서도 사회 속에서 자유롭게 살아갈 수 있는 존재, 곧 사회 속의 자연인이 되기를 바랐다. "인간의 인간이 아니라 자연의 인간"이다. 그런 점에서 루소 교육철학의 핵심을 "자연으로 돌아가라"에서 찾으면서 루소가《에밀》을 통해 극단의 자연주의나 개인주의 교육을 설파했다고 이해하는 것은 적절하지 않다. 이는 루소의 생각과 크게 어긋난다.

루소는《에밀》의 서문 첫 문장에서 "사려 깊은 한 훌륭한 어머니의 마음을 기쁘게 해주기 위해" 쓰기 시작했다고 집필 목적을 분명히 밝혔다. 루소가 염두에 두었을 "사려 깊은 한 훌륭한 어머니"가 자녀를 극단의 개인주의자나 사회주의자로 기르고 싶어 하지는 않았을 것이다. 루소가 자연의 교육을 통해 원했던 인간상은 벌거벗은 야만인이 아니라, 모든 타락한 제도와 그에 따른 부당한 통제와 구속에서 자유로운 영혼이었다.

> 자연의 인간을 길러내기를 원한다고 해서 그를 미개인으로 만들어 숲속으로 쫓아 보내서는 안 된다. 중요한 것은 사회적 통념에 끌려다니지 말아야 한다는 것, 그리고 스스로 보고 느낀 것 외에 어떠한 권위에 의해서도 지배당하지 말아야 한다는 것이다. 그러한 상태를 유지할 수만 있다면 그는 일상에서 마주하게 되는 수많은 대상들로부터 다양한 관념을 획득할 것이 분명하다. 자연적인 정신의 발달은 결코 퇴행하지 않는다.[27]

사회적 통념에 끌려다니지 않으면서 어떤 권위에 의해서도 지배당하지 않는 자연의 인간은 고도의 지성과 용기로 무장한 지적인 시민에 가깝다.

루소가 《에밀》에서 자연인인 동시에 사회인을 기르는 교육을 구상했다고 말할 수 있는 까닭은 아버지의 의무를 설명한 대목에서도 찾을 수 있다. 루소는 《에밀》 제1부 '유아기의 교육'에서 아이를 낳아 기르는 아버지가 짊어져야 할 세 가지 책임을 말한다. 아버지는 아이를 인류에 대해서는 인간으로, 사회에 대해서는 사회인으로, 국가에 대해서는 국민으로 만들어야 한다. 루소는 세 가지 책임을 수행할 능력이 있으면서 수행하지 않거나 어중간하게 수행하는 사람을 죄인이라고 비판한다. 그가 바란 교육은 아이가 인간 본성을 유지하면서도 사회와 국가 속에서 당당하게 살 수 있게 만드는 일이었다.

루소가 사회 속 자연인을 기르기 위해 《에밀》에 펼쳐 놓은 교육 계획은 아동의 나이에 따라 크게 5단계로 구분된다. 이 5단계는 그대로 《에밀》의 전체 체제를 구성한다. 제1부는 교육에 관한 총론과 교육의 목표, 출생부터 5살까지의 유아기 교육을 다루었다. 제2부는 5~12살의 아동기 교육을 살폈다. 제3부는 12~15살의 소년기 교육에 관한 내용을, 제4부는 15~20살의 청년기 교육에 관한 내용을 담았다. 마지막 제5부는 성년에 이른 에밀이 배우자를 찾아가는 과정을 그렸다. 제5부에 《에밀》의 문학적 성격이 특히 두드러지게 나타난다.

사회 속 자연인을 위한 루소의 단계별 교육 구상에서 이른바 "자연으로 돌아가라"의 정신이 가장 강하게 강조되는 단계는 유아기이다. 루소는 이 단계에서 아이에게 가해지는 모든 인위적인 속박과 규제를 질타한다. 그는 말한다. '자연을 관찰하고 그 길을 따라가라. 자연은 아이를 훈련한다. 아이를 시골로 보내라. 자연은 가장 훌륭한 교사다.'

여기서 아이를 자연으로 보내라는 것을 방임으로 이해해서는 안 된다. 루소는 다음과 같이, 아이가 자연의 길을 따르게 하기 위해 지켜야 할 원칙 몇 가지를 제시했다. 이것들은 방임과 거리가 멀다.

첫 번째 원칙. 본래 아이는 힘이 없다. 자연의 요구에 부응하기조차도 벅차다. 그러므로 자연으로부터 받은 모든 힘을 사용할 수 있도록 배려해야 한다. 그래도 그 힘을 남용할 줄 모른다.

두 번째 원칙. 지적으로든 체력적으로든 아이에게 부족한 것은 보충해 주어야 한다.

세 번째 원칙. 아이를 도울 때는 현실적으로 필요한 것에 국한하되, 엉뚱한 환상이나 까닭 없는 욕망에 호응해서는 안 된다. 환상은 자연적인 것이 아니므로 발동을 제한하면 고통도 생기지 않는다.

네 번째 원칙. 아이의 표정과 행동에 각별히 신경을 써야 한다. 아이의 욕구가 자연스러운 것인지 억측의 결과인지를 잘 판별해야 한다.[28]

루소가 말하는 자연의 교육은 사람들이 흔히 오해하듯 결코 물리적인 자연을 염두에 둔 것이 아니었다. 교육의 시공간적 대상으로서 물리적인 자연이《에밀》전체에 거듭 등장하지만, 그것은 배경 역할을 할 뿐이다. 루소가 시종일관 강조한 것은 "변화되기 전의 성향"으로서 사람 안에 있는 자연(본성)이었다.

《에밀》에서 자연의 교육을 따르자며 강조한 교육철학은 당대 사람들에게 거센 반발을 불러일으켰다. 구속하고 제약하고 통제했던 당시의 관습적인 교육과 정면으로 배치되는 루소의 교육철학과 이를 효과적으로 드러내는 특유의 어법 때문이었을 것이다. 그것은 사람들의 상식을 거스르는 모순과 역설이었다.

통찰에는 역설이 필요한 법이라고 생각한 루소는 모순과 역설의 표현법을 《에밀》 곳곳에서 사용했다. 루소는 아이를 "예외적인 인간, 곧 자연인"으로 기르기 위한 훈련에서 가장 중요한 것이 그에게 어떤 일도 행해지지 않도록 방지하는 일이라고 했다. 가장 숭고한 미덕은 '소극적인 것'이라며, 아무에게도 해를 끼치지 않는 사람이 타인에게 큰 선행을 베푼다고 보았다. 아동기(5~12살)에 이른 아이를 가르치는 교사가 빠지기 쉬운 지나친 간섭과 개입을 경계하는 대목에서였다.

루소는 교육 전체에서 가장 중요하고 유익한 규칙으로 '시간을 낭비하라'를 들었다. 이를 통해 서둘러 가르치지 말라는 교훈을 강조했다. 시간 낭비에 관한 역설은 교육을 서두르지 말라는 메시지로 이어진다. 루소는 훌륭한 교육의 중요한 원칙 가운데 하나가 모든 것을 가능한 한 늦추는 것이라고 말했다. 자녀를 빨리 가르치고 싶은가? 루소는 그런 부모를 향해 느긋하게 대응하는 것이 가장 빨리 가르치는 길이라고 조언했다.

루소는 아이 자신의 본성에 따른 분별력과 도덕적 감수성을 신뢰했다. 인간은 누구나 자기 운명의 주인이다. 루소가 이 상투적인 격언을 말하면서 단지 수사적 효과를 내기 위한 표현 의도만 떠올리고 있었다고 생각하지 않는다. 그는 진심으로 아이 스스로 자유롭게 판단하고 행동하면서 자기 운명의 주인이 되기를 바랐다. 예를 들어 루소는 훈계 없이 지도하고 아무것도 하지 않으면서 모든 것을 하는 기술을 강조하면서 스파르타인의 교육법을 들었다. 스파르타인은 아이를 어진 인물로 키우기 위해 악동으로 만들었다고 한다. 스파르타인이 행한 이 역설적인 교육 사례는 가르치는 사람이 아니라 아이의 도덕적 판단을 중시한 루소 특유의 교육철학을 유감없이 보여 준다.

교사의 잘못된 처신을 날카롭게 지적하는 대목에서도 루소 특유의 역설적인 가르침을 발견한다. 루소는 이렇게 말한다. "당신(교사)의 명예는 당신에게 있는 것이 아니라 당신의 제자에게 있음을 명심하라." 그러면서 교사가 학생을 어린애 취급한다든가, 교사가 자기 권위를 세우기 위해 모든 면에서 학생과 구분하는 행동을 하지 않도록 조심하라고 조언한다. 대신 학생의 영혼을 고무시키는 데 힘을 쏟으라고 말한다.

교사가 유념할 것은 학생이 자기와 동등한 인간일 뿐이라는 사실을 알고 그렇게 실행하는 일이다. 그럴 때 학생의 수준이 교사처럼 향상된다. 그런데 우리는 교사가 그렇게 학생을 자기와 동등하게 대하는데도 학생의 수준이 교사가 기대하는 수준에 미치지 못하는 경우를 너무나 자주 본다. 루소는 이렇게 단언한다. 학생이 당신의 수준에 못 미친다면 거리낌 없이 당신이 내려가라.

"인간이면서 동시에 시민인 존재"

지금까지 문명사회에서 살아가는 '미개인'[29]을 기르는《에밀》의 독특한 자연주의 교육철학에 관해 이야기했다. 이쯤에서 짚고 넘어가야 할 문제가 있다. 제도권 교육으로서 공교육에 관한 루소의 시선이다. 결론부터 말하면 루소는 당대 공교육 시스템을 그다지 신뢰하지 않았다. 당시 공교육을 대표하던 콜레주가 공공 교육 기관이 아니라면서 "저 가소로운 시설"이라고 조소했다. 루소는 교육 기관을 자처하는 어떤 기관도 믿지 않았다. 겉으로는 사회적 인간을 지향하는 교육을 하는 것 같지만 실제로는 이기적인 인간만을 양산하는 데 적합할 뿐이라는 이유에서였다.

루소는 가정교육이나 자연 교육을 더 강조했다. 이를 위해 교사가 아이의 기질이나 성향을 관찰하고 성장 과정을 꼼꼼히 지켜보면서 자연인으로서의 인간을 알아야 한다고 생각했다. 루소는 아이 자신이 누구이고, 어떻게 사는 것이 행복한 삶인지에 대해 교사가 전혀 가르치지 않는다고 꼬집었다. 교사가 가르치는 것들은 쓸모없었다. 그 때문에 아이들은 지식은 가득하지만, 지각이 없는 노예나 폭군처럼 자라났다. 그런 교육과정을 바라보면서 루소는 사회와 제도에 물들지 않은 진정한 자유인으로서의 자연인을 꿈꾸지 않았을까.

루소가 보기에 아이들의 무능과 오만과 악덕은 사람들의 잘못된 교육이나 태도에서 비롯되었다. 그런 어처구니없는 일을 가장 앞장서서 수행하는 곳이 학교와 같은 공교육 기관이었다. 루소는 당대 학교를 학생들에게 경쟁심만 부추기는 타락한 공간으로 생각했다.

불확실한 미래를 위해 현재를 희생하는 교육을 참고 견뎌야만 한다면 그것은 참으로 어리석은 일이다. 설령 그 교육이 합당한 목적을 지니고 있다 하더라도 억압과 굴종으로, 마치 노예나 죄수처럼 속박한다는 것은 있을 수 없는 일이다. 얼마나 많은 아이들이 아버지나 가정교사의 욕심 사나운 지혜의 희생물이 되어 사라져 갔는지 당신들은 아는가?[30]

루소가 "불확실한 미래를 위해 현재를 희생하는 교육"에 관해 퍼붓는 통렬한 비판은 마치 250여 년이 지난 지금 한국의 학교 시스템을 두고 하는 말 같다. 우리가 익히 알고 있는 것처럼, 오늘날 많은 아이가 보이지 않는 미래를 담보로 현재를 끊임없이 유예하는 교육 시스템 아래서 신음하고 있다.

루소는 한 사람을 인간으로 만들 것인가, 시민으로 만들 것인가에 따라 서로 다른 두 가지 교육이 펼쳐진다고 보았다. 공공 교육과 가정 교육이 그것이다. 전자는 공적 교육 내지 국민 교육으로, 후자는 개인 교육으로 바꿔 부를 수 있다. 루소에게 시민은 "자신을 하나의 개체적 존재로 생각하지 않고 공동체의 일부분으로 생각해 공공의 생활만을 의식"하는 사람이다. 그러면서 적국 카르타고의 포로가 되자 자신이 주인(카르타고)의 재산이 되어 버렸다며 로마 원로원의 명령을 따르지 않던 로마 장군 레굴루스, 300인 회의의 일원이 되기 위해 출마했다가 낙선하자 스파르타에 자신보다 뛰어난 사람이 300명이나 있다면서 기쁨에 넘쳐 되돌아갔다는 스파르타 사람 페다레토스를 모범적인 시민의 예로 들었다.

루소는 왜 단순화의 위험을 무릅쓰면서 교육을 이분법적인 차원에서 분류했을까? 여기에는 이익의 문제가 깔려 있었던 것 같다. 보이드의 분석을 빌리면, 루소는 교육을 그 두 편 모두에서 시작할 수 없고 어느 한 편을 선택해 시작해야 한다고 보았다. 자신의 이익과 타인의 이

| 사회 속 자연인은 어떻게 길러지는가 |

익이 너무나 자주 갈등을 일으키는 사회에서 양자를 동시에 염두에 두고 아이를 교육하는 일은 반드시 혼란에 빠질 수밖에 없다. 그 결과 인간을 자연스럽게 만드는 일에 실패한 채 개인 교육이든 국민 교육이든 어느 쪽의 교육도 성취할 수 없게 된다는 것이다. 이 요령부득의 문제와 관련해 루소가 찾은 해법은 무엇이었을까?

완벽한 인간다움을 위한 개인 교육은 완벽한 인간은 사회적 존재라는 사실을 무시할 수 없다. 그리고 인간 본성에 관한 관점 그 자체에 선행하는 것으로 간주되었던 국민 교육은 인간을 다루지 않을 수 없되, 군중으로서가 아닌 각각의 개체들로서 다루지 않을 수 없는 것이다. 결국 루소에게 개인 교육과 국민 교육이라는 이상의 차이는 대체로 강조점의 차이라고 할 수 있다. 개인 교육의 목적은 인간이면서 동시에 시민인 존재를 만들어 내는 것이고, 국민 교육 역시 시민이자 동시에 인간인 존재를 만들어 내는 것이다.[31]

루소는 교육을 통해 '완성된 개인'과 '훌륭한 사회인' 모두를 성취해야 한다고 보았다. 그것이 궁극적으로 지향한 교육의 목표였다. 루소는 교육이 개인의 이익과 공공의 이익 모두를 실현하는 수단이 되기를 바랐다. 여기서 우리는 사회인을 기르는 공교육이 반드시 부닥칠 수밖에 없는 개인관의 문제를 만난다.

개인,
더는 나눌 수 없는 존재

"인간이면서 동시에 시민인 존재."
나는 '인간'과 '시민'에서 각각 '나와 우리', '개인과 공동체' 같은 대응
쌍을 떠올려 본다. 이렇게 보면 루소의 교육철학이 추구하는 "인간이
면서 동시에 시민인 존재"라는 인간상은 더할 나위 없이 바람직해 보
인다. 특히 '나'가 살아 있는 '우리', '공동체' 안에서 존중받는 '개인'이
야말로 한국 교육이 추구하는 민주 시민에 가장 가까워 보인다.

〈초·중등학교 교육과정〉에서 제시하는 "추구하는 인간상" 첫 번째
는 "전인적 성장을 바탕으로 자아 정체성을 확립하고 자신의 진로와
삶을 개척하는 자주적인 사람"이다. 이 자주인이 되기 위해 학생은 "자
기 관리 역량"을 길러야 한다. 자기 관리 역량은 자아 정체성과 자신감
을 가지고 자기 주도적으로 살아갈 수 있는 능력과 관련된다. 그러나
이 자기 관리나 역량이라는 말은 조금 불편하다. 자기 관리나 역량의
최종 목표가 '나'를 수단화하거나 대상화하지 않을까 싶어서다. 자기
관리 역량이라는 표현 속의 '나'에는 사회적으로 쓸모 있을 때 인정받
거나 존중받는 존재라는 전제가 숨어 있는 것 같다.

자기 관리 역량에 관한 교육과정상의 진술문은 자아 정체성, 자신감,
삶과 진로에 필요한 기초 능력, 자기 주도적 삶으로 이루어져 있다. 이
모두가 자주적인 사람이 되자는 논리를 함축하는 말들이다. 자주(自主)
란 남의 보호나 간섭을 받지 않고 자기 일을 스스로 꾸려갈 수 있는 역
량이다. 이를 위해 학생은 자신을 스스로 관리해야 한다. 이는 마치 자
아 정체성과 자신감을 일정한 통제선 안에 두고 그 범위 안에서만 자

신을 살피라는 말처럼 들린다. 그런 정체성이나 자신감 속에 '나'가 온전히 살아 있다고 말하기는 힘들다.

이는 최근 전 세계적으로 유행하고 있는 역량 중심 교육의 근본 철학을 고려할 때 충분히 제기될 수 있는 의문이다. 역량 교육의 출발점은 개인이다. 적어도 개인에 관한 한 우리는 사람들 사이에 이루어지는 관계나 사회 속에 존재하는 나를 떠올리기 어렵다. 한발 더 나아가 나의 문제를 우리라는 차원으로 확대해 거시적이고 종합적으로 살피기도 어렵다.

루소가《에밀》에서 제안한 내용을 통해 이에 대한 해법의 시사점을 찾을 수 있다. 이때《에밀》전체를 관통하는 핵심 개념 중 하나인 '자연'이 유용한 실마리를 제공한다. 루소는 자연의 의미가 막연하므로 그 의미를 확실히 할 필요가 있다면서 이를 정의하려고 한다.《에밀》전체에서 '자연'은 다음 문장에서 최초로 등장한다. "이 교육의 근원은 자연과 인간과 사물이다." 루소는 이 문장 바로 뒤에서 "우리의 능력과 기관의 내적 성장은 자연의 교육"이라고 기술했다. 언뜻 이들 문장 속의 자연은 모두 'nature'처럼 다가온다.

그런데 루소 당대에는 자연이라는 말의 의미 범주가 상당히 넓었으며, 무엇보다 혁명적이고 급진적인 사고와 연결되어 있었다. '자연 상태'라는 개념이 있다. 이는 역사 이전의 처음이 아니라 시간상 처음인 듯이 가장한 가설적 상태를 가리키는 말로써 당대 사회철학자들이 쓴 전문 용어였다고 한다. 이때 자연은 사회에서 중요한 요소가 없다고 가정한 상태이기도 하다. 예컨대 토머스 홉스에게는 신체의 안전을 지키는 공권력이 없는 상태가 자연이었으며, 존 로크에게는 자연이 신체와 사유 재산을 지켜 주는 법 체제가 없는 상태였다.

루소는 모든 인간적 속성이 소거된 상태를 자연 상태로 정의했다. 그때 인간은 본질적으로 동물과 다를 바 없다. 자연 상태의 인간(그를 자연인이라고 부르자)은 자신 말고 다른 인격체를 고려할 필요가 없다. 이런 상태의 자연인은 인간들 사이의 관계와 사회성을 손쉽게 부정할 수 있다. 여기서 반전이 일어난다. 자연인은 그 부정의 상태에서 사회와 문명, 인간관계를 스스로 낯설게 만들어 그것들을 돌아볼 수 있는 상태로 나아갈 수 있다. 평소 우리는 타인의 시선을 의식하면서 자신을 돌아보거나, 타인과 맺는 관계나 공동체 안에서 차지하는 위치를 통해 자기 정체성을 규정한다. 이런 사실을 고려하면 루소의 자연 개념이 얼마나 전복적인 개념인지 금방 깨닫게 된다.

우리는 루소의 자연인으로부터 완전히 자유롭고 평등한 인간 이미지, 존재 그 자체로 의미가 있는 인간상을 상상할 수 있다. 루소는 《에밀》에서 "인간은 태어나면서부터 국왕도, 귀족도, 궁정인도, 부자도 아니다. 모두 벌거숭이 가난한 인간으로서 태어난다"라고 언명했다. "자연 상태에서는 사실상의 평등, 현실적으로 불멸의 평등이 있다"라면서 "인간과 인간 사이의 차이가 한편을 다른 편에 종속시킬 만큼 큰 경우는 있을 수 없기 때문"이라고 했다.

루소식의 자연 중심 교육을 어떻게 받아들이고 실천의 단서로 활용할 수 있는 지점이 어디에 있는지 살펴보는 것으로 이 장을 마치려고 한다. 앞에서 《에밀》에 깔린 이분법적이고 모순적인 교육관을 살펴보았다. 자연에 의한 교육과 인간에 의한 교육, 가정교육과 공공 교육, 개인 교육과 국민 교육 등이다. 루소는 그중 자연 교육이 교육의 목표가

|사회 속 자연인은 어떻게 길러지는가|

되어야 한다고 보았으며, 그 교육이 인간의 교육을 이끌어야 한다고 했다.

　루소의 아이디어에 기대 말하면 나는 아이들이 그 자체로 존중받는 교실을 원한다. 아이들이 일방적으로 사회에 귀속되지 않는 개인으로 자라기를, 아이들 각자가 지닌 본성(자연)이 사회의 필요나 요구로 훼손당하지 않기를 바란다. 개인(個人, individual)은 굳어진(固) 사람(人)이므로 더는 나눌 수(divide) 없는 존재(in-)이다. 그런 점에서 진정한 개인이야말로 루소가 그린 자연인이자 시민의 전제라고 볼 수 있다.

　개인이 있고 시민이 있는 법이다. 그 반대는 없다. 그러므로 루소가 가리키는 교육의 방향은 그르지 않다. 그런데 인간은 자연의 존재인 동시에 사회의 존재이다. 그 자체로 이중적이고 모순적인 존재이다. 루소가 말한 대로 자연의 교육을 따르기만 할 수는 없다. 그것이 무엇이든 본성에 충실한 아이들로 이루어진 세상은 매우 위험하다. 반대로 아이들 각자의 본성을 도외시하는 과도한 사회화 교육 역시 마찬가지이다.

　이렇게 말해 놓고 보니 내가 꿈꾸는 이상적인 교육은 자연의 교육과 인간의 교육 사이를 끊임없이 오가는, 보이드의 표현을 빌리자면 "사회 속에 거주하는 자연인, 사회적 인간이 되면서도 자연인이기를 그만두지 않는 '매우 희귀한 인간'을 찾는 노력" 같다. "매우 희귀한 인간"은 모순적이지만, 우리는 나날이 그런 사람을 보길 원한다. 당신이 교사라면 평생 온전히 실현하는 일이 무척 어려운 그 과제를 루소가 《에밀》에서 어떻게 풀어 가고 있는지 꼼꼼하게 살펴보기 바란다.

교육의 아버지
하인리히 페스탈로치

'검은 피리' 집에서 태어난 사람

요한 하인리히 페스탈로치(1746~ 1827) 전기[32]를 읽었다. 페스탈로치
가 태어난 집을 일컫는 '검은 피리'라는 옥호(屋號)와 그가 관 앞에서 한
연설 이야기가 가장 인상에 남았다. '검은 피리'의 검은색이 그의 파란
만장하고 질풍노도 같은 생애를 상징하는 운명적인 전조처럼 다가왔
다. 노인 페스탈로치가 시신을 담는 관 앞에 서서 연설하는 풍경은 상
상하면 상상할수록 기괴했다.

페스탈로치는 5살 때 아버지를 잃었다. 아버지 나이는 33살이었다.
그 뒤 30살의 젊은 어머니가 꾸려 가는 집안에서 곤궁한 유년 시절을
보냈다. 1780년 페스탈로치는 1774년부터 꾸려온 첫 번째 빈민 노동
학교를 폐쇄했다. 원래 이 학교는 농민 운동에 투신했다가 실패를 맛

본 뒤 교육을 천직이라고 여기고 야심 차게 만든 곳이었다. 학교가 폐쇄되자 농장과 부동산이 채권자에게 넘어갔다. 페스탈로치에게 남은 것은 집 한 채와 밭 몇백 평뿐이었다. 페스탈로치는 이 시절 자신을 "뭇 새들에게 대낮에 조롱을 받는 올빼미"였다고 묘사했다.

페스탈로치의 운명은 생애 말년에 이르면서 더욱 기구해졌다. 세력 다툼을 벌인 제자들 사이에 끼어 모욕적인 일을 당하는 등 참담한 시간을 보냈다. 교육 개혁가로서의 명성이 온 유럽에 널리 퍼진 황금기 이후에 벌어진 일들이었다. 문제의 장소는 1805년부터 페스탈로치가 운영한 이벨당 기숙 학교였다. 당시 이 학교는 이웃 나라 군주들과 지식인들의 교육 순례지 같은 대접을 받을 정도로 명성이 급부상해 유럽 전역에 상당한 영향력을 행사하고 있었다.

이벨당 학교에서 벌어진 갈등은 페스탈로치의 두 수제자 니데러와 슈미트에게서 비롯되었다. 이벨당의 대표 교사 같은 대우를 받던 니데러는 패기만만한 야심가였던 것 같다. 니데러는 페스탈로치의 명성과 이벨당 학교의 영향력을 활용해 자신만의 영역을 개척하려고 했다. 슈미트는 가난한 양치기 소년이었다가 페스탈로치의 은덕으로 교사가 되었다. 슈미트는 니데러와 달리 페스탈로치를 아버지처럼 모시면서 스승의 교육 이념을 그대로 이어받아 학교를 유럽 제일의 교육 본산으로 발전시키는 일에 몰두했다.

페스탈로치는 학교 패권을 놓고 격렬하게 다투는 두 사람 사이에 끼어 난처해졌다. 한때는 니데러 편을 들었다가 다른 때는 슈미트 편을 드는 등 우유부단한 모습을 보였다. 그 뒤 슈미트가 점차 독점적으로 학교 운영권을 행사하려고 하면서 도박 같은 무리수를 두었다. 페스탈로치는 충격으로 병석에 누웠다. 한편 니데러는 학교 양도와 관련한 손해배상 소송을 제기했다. 결국 페스탈로치는 극심한 환멸감을 느껴 학교를 떠나 새로운 빈민 학교를 세웠다. 그 과정에서 학교 실권을 쥐고 있던 슈미트와도 큰 싸움을 벌였다. 다음과 같은 일화에서는 우리가 일반적으로 알고 있는 '교육의 아버지 페스탈로치'의 이미지와 크게 다른 '인간 페스탈로치'의 모습이 보인다.

페스탈로치는 전에 빈민 학원을 새로이 세우고 싶다면서 실권과 돈주머니를 쥐고 있는 제자 슈미트에게 평생의 소원을 들어줄 것을 애원했다. 그러나 슈미트는 들어주지 않았다. 그러자 페스탈로치는 슈미트에게 덤벼들고, 슈미트는 피해서 달아나고 하면서 둘이는 테이블의 둘레를 여러 번 맴돌았다. 슈미트가 말을 안 듣자 페스탈로치는 자기 구두를 벗어서 슈미트에게 내던졌다. 고희가 넘은 사랑의 교사의 화신과 젊은 현실적인 '정치가'와의 싸움을 우리는 여기에서 볼 수 있으며, 또 이런 싸움은 영원히 계속되며, 또 계속되어야 할 것이다. 미래지향적인 교육적 세계관과 현실 정착적인 정치적 세계관과의 싸움이기에 말이다.[33]

그로부터 10년 전인 1808년 페스탈로치는 관 앞에서 연설했다. 이벨당 학교가 전성기를 구가하던 때였다. 신년 강연을 위해 연단에 선 페스탈로치는 바로 옆에 관을 갖다 놓고 통곡하며 연설을 시작했다. 페스탈로치는 학교에 있는 모든 사람이 사랑 안에서 단결할 것을 호소했다. 이듬해(1809) 신년 연설에서 이 해의 관 앞 연설에 대해 이렇게 언급했다. "그때 나는 죽을 것만 같았고, 이 시간까지 살아 넘기지 못할 것으로 알았습니다. 죽음 이상의 것을 나는 믿었고 두려워했습니다." 당시 페스탈로치가 얼마나 절박한 심정에 빠져 있었는지 알 수 있는 대목이다.

관 앞 연설은 페스탈로치가 겪은 특별한 경험에서 비롯되었다. 1807년 12월 어느 날 저녁이었다. 페스탈로치는 외딴 산길에서 빈 술통을 싣고 오던 마차에 깔렸는데 천만다행으로 크게 다친 곳이 하나도 없었다. 이 경험을 계기로 페스탈로치는 삶과 죽음, 신의 은혜 등을 떠올리며 "나의 사업은 신에 의해서 나에게 주어진 것입니다"라고 연설했다. 63살 때 일어난 일이었다.

황금 시절을 누리던 이벨당 학교는 이후 수제자들 간 갈등과 이에 따른 파란 속에서 점차 쇠락의 길을 걸었다. 페스탈로치가 테이블을 돌고 구두를 던지며 슈미트와 유치한 싸움까지 벌인 끝에 세운 클란디 빈민 학교는 1년 만에 이벨당 학교에 병합되었다. 그 사이 이벨당시 당국이 이벨당 학교의 모든 실권을 행사하던 슈미트를 추방하려고 했다.[34] 페스탈로치는 과거의 아픈 기억을 잊고 제자를 위해 격렬하게 저항했다.

1825년 이른 봄 79살의 페스탈로치는 이벨당을 떠나 옛집이 있는 노이호프로 갔다. 한때 영화로웠던 장소를 떠나는 날의 풍경은 무척 쓸쓸했다. 페스탈로치가 지팡이를 짚고 이른 봄날의 잔설을 밟으며 앞장섰고 그 뒤를 4명의 거지와 모든 것을 잃은 슈미트가 따랐다. 페스탈로치는 노이호프의 옛집에서 2년을 더 살다가 81살에 눈을 감았다. 무덤 앞 비문에는 다음과 같은 명문이 새겨져 있다.

여기에 편히 쉬다. 하인리히 페스탈로치. 1746년 1월 12일 취리히에서 태어나 1827년 2월 17일 부르그에서 죽다. 노이호프에서는 빈민의 구호자. 《린하르트와 게르트루트》[35]에서는 민중의 목자. 슈탄스에서는 고아의 아버지. 부르크도르프와 뮌헨부흐제에서는 새로운 민중 학교의 창립자. 이벨당에서는 인류의 교사. 인간, 기독자, 시민. 모든 것을 남을 위해 바치고 자기에게는 아무것도 남기지 않았다. 축복 있을지어다! 그의 이름 위에![36]

초라한 '교육의 아버지'

페스탈로치는 다작가이자, 여러 곳에서 다양한 주제로 자주 연설한 웅변가였다. 교육적 목적으로 지은 우화만 300편이 넘는다. 페스탈로치는 《은자의 황혼(Die Abendstunde eines Einsiedlers)》이라는 서정적인 제목의 책을 1780년 36살에 썼다. 영감과 통찰을 주는 아름다운 189개의 구절을 담고 있는 이 책은 일종의 교육 격언집으로, 페스탈로치가 남긴 수많은 저작 중 가장 널리 알려져 있으면서 오늘날까지 많은 사람에게 읽히고 있다. 페스탈로치는 이 책을 구약성서의 〈시편〉에 해당하는 것으로 생각하기도 했다고 한다.

페스탈로치는 살아 있을 때부터 전집 출간이 이루어졌을 정도로 유럽 전역의 교육계에 남긴 영향력이 컸다. 73살이었던 1819년에 전집 간행이 시작되었다.[37] 서거 100주년을 기념하기 위해 1927년부터 간행 작업이 시작된 전집도 있었다. '저작 전집'이라고 불린 이 전집은 1977년까지 50년 동안 29권으로 이루어진 거질로 완성되었다. 1946년에는 페스탈로치 탄생 200주년을 기념해 '서한 전집' 편찬 작업이 이루어졌다. 이 전집은 25년 만인 1971년에 13권으로 완간되었다. 오늘날 학문적으로 고증된 페스탈로치 전집은 이들 두 전집(저작 전집 29권과 서한 전집 13권)을 합한 42권짜리를 가리킨다.

지금 한국에서 페스탈로치를 본격적으로(?) 읽고 싶은 일반 독자나 연구자, 특히 교사가 볼만한 책은 얼추 헤아려 보아도 채 10권을 넘지 않는다. 오래된 책들은 이미 절판 상태이지만 페스탈로치를 주인공으로 하는 비성인용 책들은 차고 넘친다. 어린이나 청소년이 어린 시절 한때 스치듯 만나는 전기 속 위인 정도로만 취급되는 것이다.

우리나라 사람들이 페스탈로치를 처음부터 홀대한 것 같지는 않다. 페스탈로치라는 이름이 우리나라에 처음 알려진 것은 대한제국 시절이었다. 지금으로부터 115년 전인 1904년 박은식이 쓴 〈학규신론〉을 통해서였다.[38] 박은식은 이 글에서 페스탈로치 특유의 '직관 교수법'을 간단한 예와 함께 소개했다. 일제의 강제 합병 직전인 1909년《대한흥학보》제3호에 실린 〈페수다롯지전〉과《소년》제2권 제7호에 실린 〈근세교육혁신대가 페쓰탈로씨선생 처세훈〉도 우리나라에 페스탈로치를 소개한 초창기 글이다. 이 글들은 우리나라에 페스탈로치의 생애를 비교적 구체적으로 이야기한 최초의 기록물이었다.

초창기 소개 글 중 가장 눈길을 끄는 것은《동아일보》정리부(교정부) 소속 기자 정언생이 1921년 5월 13일부터 6월 30일까지 총 36회에 걸쳐 〈태서교육의 역사적 관찰〉이라는 제목으로 쓴 연재 기사이다. 정언생의 연재에는 소크라테스, 플라톤, 코메니우스, 로크, 루소, 헤르바르트, 프뢰벨, 스펜서 등 거의 모든 서구 교육 사상가가 망라되어 있었다. 페스탈로치는 23회째 글에 소개되었다.

일제강점기 시작 전후로 우리나라에 소개된 페스탈로치의 교육 이

넘은 백범 김구, 도산 안창호, 남강 이승훈 등 독립운동가의 가슴속으로 면면히 흘러들었다. 훗날 국어학자로 널리 이름을 알리는 외솔 최현배가 일본 히로시마고등사범학교를 거쳐 교토대학교 철학과에 입학한 뒤 교육학을 연구하면서 페스탈로치의 교육 사상을 학사 학위 논문으로 제출한 점도 눈길을 끈다.

하지만 그때 이후 우리나라에서 페스탈로치를 본격적으로 연구하고 실천적으로 계승하려는 노력은 별로 보이지 않는다. 페스탈로치의 원전이나 전집, 연구 문헌조차 제대로 정리되어 있지 않은 것 같다. '사랑의 교육자'이자 '교육의 아버지', '인류의 교사'이자 '교사의 스승'이라는 화려한 이름으로 추앙받는 위인치고는 대접이 너무 초라하고 소홀하다고 말해도 지나치지 않다.

흔히 사람들은 교육자로서 페스탈로치의 이름 앞에 '아버지'라는 비유적 호칭어를 함께 붙여 쓴다. "빈민 교육에 헌신한 교육의 아버지", "인류의 희망을 밝힌 교육의 아버지", "세계 큰 인물 교육의 아버지"[39]처럼 "교육의 아버지" 같은 말들이 일종의 관용적 표현처럼 통용된다. "사랑의 교육자"나 "교성(敎聖)" 같은 말도 쓰인다. 페스탈로치 교육철학의 핵심이 어디에 있으며, 교육에 대한 그의 태도가 얼마나 깊고 넓은지를 말해 주는 증표들일 것이다.

페스탈로치 1살, 칸트 22살, 루소 34살

교육의 아버지에게도 아버지가 있었다. 페스탈로치의 스승 계보도를 따라 정신적 성장 경로를 추적해 보자. 윌리엄 보이드가《서양 교육사》에서 피력한 관점에 의하면 페스탈로치의 직계 스승을 장 자크 루소와

임마누엘 칸트에게서 찾을 수 있다. 페스탈로치가 태어나 1살이 되었을 때(1746) 칸트는 22살, 루소는 34살이었다. 그들은 한 시대에 서로 멀리 떨어져 있지 않은 공간에서 같은 공기를 마시며 살았던 동시대인이었다.

페스탈로치는 처음 진로 희망이 전문직(목사)이 되는 것이었다. 그러다 루소와《에밀》을 만나면서 인생 항로를 크게 바꾼다.《에밀》은 페스탈로치가 22살 때인 1762년에 간행되었다. 20대 초반의 혈기 왕성하고 감수성 예민한 젊은이에게 이상적인 교육의 큰 그림을 담고 있는 이 책의 감각적인 문체가 크게 다가왔을 것이다. 언젠가 페스탈로치는 막 출판된《에밀》을 감동적으로 읽은 경험을 〈백조의 노래〉에서 다음과 같이 묘사했다.

루소의 그 환상적인 책을 읽었을 때 나는 내 속에 들어 있는 이상주의적 경향이 참을 수 없는 열망으로 용솟음치는 것을 느꼈다. 집에서, 학교에서 내가 받은 교육을 루소가 에밀에게 시키려고 한 교육과 비교해 볼 때, 나는 내가 받은 그 모든 교육이 비참할 정도로 보잘것없는 것이었음을 뼈저리게 느꼈다.[40]

루소는 교육자로서 페스탈로치의 운명에 가장 깊이 들어가 있던 사람이었다. 페스탈로치는 원래 신학과 법률을 연구하는 일에 관심이 있었다가 진보적인 학생 운동에 가담하면서 농촌을 중심으로 하는 사회 변혁 운동에 투신했다. 그 과정에 루소와《에밀》이 지대한 영향을 끼쳤다.

페스탈로치가 스위스 제네바에서 대학 생활하고 있을 때 루소가 제네바에 도착했다. 루소는 기독교 구교에 속한 파리 가톨릭교회가 《에밀》에 대해 반기독교적이라는 선고를 내리고 정부 당국에서 체포령을 내렸기 때문에 망명길에 나설 수밖에 없었다. 루소는 개신교 쪽이었던 제네바 교회로부터도 신을 모독했다는 선고를 받고 스위스 정부로부터 추방령을 받았다. 이에 진보적인 대학생과 양심적인 시민, 지식인이 정부 조치에 항의해 궐기했다. 정부는 시위 군중을 군대를 동원해 진압했다. 이때 페스탈로치의 친구 뮐러가 《농민 문답》이라는 소책자를 만들어 배포하면서 정부의 무력 간섭을 강하게 비판했다. 페스탈로치도 이 사건에 연루되어 3일간 구류 처분을 당했다. 이후 페스탈로치는 반정부 운동에 가담하면 시민권을 박탈당하고 국외로 추방된다는 법에 따라 유죄를 선고받고 자신의 평생 과업인 교육 운동을 펼치게 될 농촌으로 향한다.

페스탈로치와 칸트의 인연도 예사롭지 않다. 보이드의 표현을 빌리면 페스탈로치는 "칸트 자신보다 더 훌륭한 칸트주의자였다." 그러나 페스탈로치는 칸트의 책을 한 줄도 읽지 않았을 것이라고 한다. 다만 칸트가 그랬던 것처럼 페스탈로치 역시 《에밀》에서 큰 감동을 받았다. 페스탈로치는 학문적인 면에서 칸트의 영향을 받은 사람들과 많은 이야기를 주고받았다. 보이드는 페스탈로치가 사회적 이상이나 인간의 정신 작용에 관한 일반적인 관점 차원에서 칸트와 매우 유사한 시각을 가졌다고 보았다.

페스탈로치의 스승 계보도를 루소와 칸트에게서 찾는다고 해서 그의 대가다운 풍모가 깎인다고 생각하지 않는다. 페스탈로치를 루소와 칸트의 (심정적인?) 제자로 간주한다고 해서 그의 '아버지'로서의 위상을 의심할 필요도 없을 것이다. 페스탈로치는 그만의 독특한 언어로 자신의 교육철학을 설파했다.

페스탈로치의 빈민 교육

페스탈로치 교육철학의 핵심은 인간 존재에 대한 굳건한 믿음이다. 페스탈로치는 《페스탈로치가 어머니들에게 보내는 편지(Letters on Early Education; J. P. Greaves, Esq.)》에서 인간(어린이)의 본성 안에 "인간 창조의 무한 지혜의 목적"이 깃들어 있다고 보았다. 교육은 그런 본성을 갈고 닦는 일이다. 페스탈로치에 따르면 교육은 훈계하거나 교정하고, 상을 내리거나 벌을 주고, 목적이 통일되지 않고 실천에 위엄이 따르지 않는 금지와 명령을 일삼는 일이 아니다. 그것은 "동일한 원리에 근거한 일련의 조치의 표현, 즉 인간을 정신적 존재로서 참으로 위엄 있게 높이는 일"이다. 여기서 '동일한 원리'는 인간 본성 불변의 법칙에 대한 지식에 순응하는 것을 가리킨다. 그것은 인간이 계층이나 지위의 고하를 막론하고 자신을 인간답게 만드는 보편적인 본성이 있음을 전제한다.

　페스탈로치에게 본성은 어떤 의미가 있을까? 《은자의 황혼》 전편을 보면 '자연의 길', '자연 교육' 등이 강조되어 있다. 페스탈로치는 자연의 길이 교육의 원천이며 인간 본성을 채우는 밑바탕이라고 보았다. 자연이 인간 본성을 채우는 기본 재료라고 했으므로 '본성=자연'이라는 등식을 끄집어낼 수 있다. 그렇다면 페스탈로치가 말하는 '본성'은 기본적으로 루소의 '자연'에 가까운 개념처럼 이해된다.

페스탈로치는 자연, 곧 인간 본성을 신뢰하는 교육을 인류의 목적이자 사명으로까지 확장했다. 모든 인간(인류)의 보편성을 본성의 평등성에서 찾았다. 그래서 《은자의 황혼》에 "모든 인류는 그 본성이 같으므로 그들의 본성을 만족시키는 길도 하나다"라는 생각을 피력했다. 페스탈로치는 그 '길'을 찾아가는 방법도 이미 사람의 본성 안에 있다고 생각했을 것이다.

페스탈로치는 인간에게 축복을 주는 힘과 그 힘을 이루는 기본 소질이 인간 본성 깊은 곳에 있다고 보았다. 《은자의 황혼》에 새겨 넣은 다음과 같은 문장이 일반 교육이자 보편 교육으로서 자연 교육이 추구하는 목표와 방법을 가장 간명하게 정의한다. "인간의 본성 안에 있는 여러 힘을 순수한 인간의 지혜로까지 두루 높여 길러 주는 것, 이것이 가장 미천의 계층의 사람들에게도 교육의 일반 목표가 되어야 한다."

페스탈로치는 앞선 시대의 대가들과 확실히 달랐다. 플라톤은 《국가》와 《법률》에서 교육이 국가 체제를 유지하는 데 도움을 주는 수단이라고 간주했다. 플라톤이 상상한 이상국가는 공산주의식 시스템을 바탕으로 구성되었고, 시종일관 골몰한 교육은 효율적인 국가 통치를 위한 차등적인 엘리트 교육이었다. 루소는 《에밀》에서 에밀이 최대한 자신의 타고난 본성에 충실한 자연인으로 성장할 수 있도록 개인적인 교육에 초점을 맞추었다.

페스탈로치는 하층 계급, 특히 빈민 계급에 관심을 두고 국민 대중을 사회적인 차원에서 교육하는 데 주목했다. 교육사 교과서의 저자들은 이와 같은 페스탈로치의 교육을 '빈민 교육'이라고 부른다. 페스탈로치는 말년에 이르기까지 모두 세 번에 걸쳐 빈민 학교를 경영했다.

30대 때였던 1744년부터 1780년까지 노이호프 빈민 학교를 꾸려갔다. 40대 시절인 1798년부터 1799년까지는 슈탄스보육원을 운영했다. 페스탈로치는 인생의 황혼기인 70대 때에도 2년 동안(1818~1819) 클란디 빈민 학교에서 빈민 교육을 시행했다.

페스탈로치가 빈민 학교에 자연스럽게 눈길을 돌릴 수 있었던 데에는 18세기 전후 스위스에 널리 퍼져 있던 관행이 크게 작용했다. 당시 스위스 농부들 사이에는 고아를 데려다 농사일을 시키는 관행이 퍼져 있었다고 한다.[41] 페스탈로치는 이런 관행을 적극적으로 받아들여 아이들을 가르치기 시작했다. 처음에 20명 정도의 부랑아를 데리고 있으면서, 보이드의 표현을 빌리면 "자급자족을 하는 기술학교"처럼 운영했다.

빈민 학교가 아이들이 직접 몸을 쓰고 노동하는 자급자족 활동이나 노작 교육에 힘쓴 것은 지극히 자연스러웠다. 페스탈로치는 아이들이 여름에 들에 나가 농사일하고 겨울에 실내에서 베틀 일하는 틈틈이 읽기와 쓰기, 셈하기를 하게 할 생각이었다. 그는 이렇게 고백했다. "몇 해고 몇 해고 거지들 틈에서 거지처럼 살면서 그들을 인간으로 살 수 있도록 가르치려고 했다."

빈민 교육은 곧 일반적이고 보편적인 인간 교육이었다고 말할 수 있을 정도로 빈민 학교의 교육철학에는 페스탈로치가 평생에 걸쳐 추구한 인간 교육에 대한 믿음이 담겨 있었다. 페스탈로치는《은자의 황혼》에서 인간 본성의 가능성을 중요하게 생각하고 있었다. 책의 첫머리는 다음과 같은 유명한 문장으로 시작한다. "인간은 옥좌 위에 앉아 있으나 초가의 그늘에 누워 있으나 본바탕으로는 평등하다." 인간 본성의 평등을 향한 페스탈로치의 굳건한 믿음이 느껴진다.

페스탈로치는 빈민 학교가 실패로 끝나자 거의 20년 동안 저술 활동에 몰두했다. 페스탈로치의 교육론을 가장 잘 보여 준다고 이야기하는 《은자의 황혼》(1780), 루소의 《에밀》에 필적하는 것으로 평가받는 교육소설 《린하르트와 게르트루트(Lienhard und Gertrud)》(1781~1787) 제1~4권이 이 시기에 탄생했다.

페스탈로치는 《린하르트와 게르트루트》의 마지막 4권을 펴낸 1787년 이후 10년간 펜을 내려놓고 침묵의 시간을 보냈다. 이미 《은자의 황혼》과 《린하르트와 게르트루트》 등으로 유럽 전역에 명성을 날린 뒤였다. 그런 점에서 이 긴 침묵의 시간은 이례적이다. 페스탈로치 연구자들은 이 시기를 '침묵의 10년'이라고 일컬으면서 다양한 차원에서 그 배경을 살폈다. 대체로 역사적인 프랑스대혁명(1789) 전후의 정치적인 격변과 불안한 시대 흐름 속에서 페스탈로치가 자신의 교육철학을 더 깊고 탄탄하게 다지기 위해서였던 것으로 이해되고 있다.

민주주의 교육의 아버지?

펜은 침묵을 지켰지만 교육에 대한 페스탈로치의 열정은 뜨겁게 타오르고 있었다. 페스탈로치는 53살이던 1798년 슈탄스보육원 원장으로 위촉받았다. 당시 슈탄스는 스위스의 구체제인 연방 체제를 신봉하면서 새 정부인 스위스공화국의 헌법을 승인하려 하지 않은 보수적인 지역들의 중심지였다. 공화국의 집정 내각은 프랑스군을 파견해 주민을 진압하는 과정에서 수많은 사상자와 고아들을 발생시켰는데, 특히 수백 명[42]에 달하는 고아들을 돌보는 일이 시급했다. 그때 집정 내각에서 교육 분야를 담당하고 있던 슈타퍼 장관이 페스탈로치에게 보육원 운영을 제안했다. 우여곡절 끝에 페스탈로치는 여자 수도원을 임시로 고쳐 세운 학교(보육원)에 관리자로 임명되어 혈혈단신으로 부임했다.

페스탈로치는 슈탄스 시절의 생각과 경험을 〈슈탄스보육원에서〉라는 장문의 편지글에 남겨 놓았다. 이 글에는 국민 도야를 목표로 하는 국민 교육에 대한 페스탈로치 특유의 교육철학과 빈민을 대상으로 하는 공교육과 가정교육의 중요성이 잘 담겨 있었다. 페스탈로치가 평생 가장 강조하고 궁극적인 목표로 삼은 것은 인간 교육이었다. 페스탈로치는 인간 교육에 필요한 정신을 본받지 못하는 학교 교육, 가정 관계의 생활 위에 세워지지 않은 학교 교육이 한 민족을 위축시키는 인위적인 수단에 불과하다고 혹평했다.[43] 이에 반해 "난롯가에서의 가정교육"이 교육 발전의 요체인 모든 학교 개혁과 지적 교육의 완성을 위한 교육 방법의 개선보다 더 본질적이라고 생각했다.

능력 있는 아이들을 골라 교사로 키우고자 우리는 온 정성을 쏟기도 했습니다. 이 같은 노력에 의해 덕을 본 학교도 많습니다. 축하해 마지않을 일입니다. 그러나 우리가 가장 중시해 온 것, 우리 학교를 비롯해 모든 학교의 첫째가는 의무라고 생각해 온 것은 이것이 아니었습니다. 실은 아이들의 마음속에 정서를, 정서 속에 지성을 키워 장차 이들이 성인이 되면 이것이 심정의 기조가 되고 그들 능력에의 불굴의 도전도 되어 그들의 가정이 진리의 정신에 지배되는 것이었습니다. 요약하면 진정으로 다음 세대의 복지를 생각할진대 우리는 지상의 목적을 모성의 교육에 두어야 한다는 것입니다.[44]

모성의 교육, 곧 가정교육의 중요성에 대한 페스탈로치의 외침은 가정교육이 전멸하다시피 한 오늘날 시사하는 바가 크다. 페스탈로치는 학교 교육이 가정교육의 장점을 본받아야 하며, 학교 교육은 가정교육을 모방함으로써 인류에게 이바지할 수 있다고 역설했다.

슈탄스보육원은 1799년 프랑스군이 진주하면서 출범 6개월 만에 문을 닫았다. 고아들은 뿔뿔이 흩어지고 페스탈로치는 쫓기듯 산속 온천으로 들어가 짧게나마 몸을 추슬렀다. 얼마 뒤에는 슈타퍼 장관의 주선으로 부르크도르프의 서민 초등학교에서 교사로 일하게 되었다. 당시 서민 초등학교는 지역 사회에서 시민권이 없는 하층 계급 출신 학생들이 다니던 학교였다.

페스탈로치는 슈탄스보육원에서와 마찬가지로 부르크도르프에서 자발적이고 기초를 중시하는 학습을 시행했다. 기독교 교리 문답이나 찬송가 같은 기존 서민 초등학교들의 고리타분한 교육활동을 버리는 대신 학생이 석판에 마음대로 그림을 그리거나 자기 말을 따라 제창하게 하는 등의 단순한 교육을 펼쳤다. 사람들은 페스탈로치의 이런 교육 방식이 낯설었다. 결국 페스탈로치는 자신에게 반대하는 교장과 학부모들의 선동으로 서민 초등학교에서 내쫓기는 수모를 당한다.

페스탈로치는 부르크도르프 서민 초등학교에서 쫓겨나 서민 초등학교와 중학교 등지로 옮겨 다니며 1년 넘게 교사 생활을 했다. 그러면서 여유와 기력을 되찾게 되자 새 학교를 세워 4년여 동안 열성적으로 꾸려나갔다. 그 새 학교에는 페스탈로치에게 맨 먼저 "아빠 페스탈로치"라고 인사하고 싶어 아침 일찍 와서 기다리는 어린이가 있었다고 한다. 한 학부모는 페스탈로치가 세운 학교를 두고 "이것은 학교가 아니고 가정이다"라고 말했다. 아이들에게 존재하는 자연스러운 본성과 가능성의 힘을 믿고 그들을 따뜻한 사랑으로 가르치는 교육철학이 그대로 드러나는 일화들이다.

페스탈로치는 가정이 도덕과 국가의 학교라고 생각했다. 기독교적인 가부장제의 도덕관이 스며들어 있을 법한 이런 관점에 힘입어 페스탈로치는 노년에 이르기까지 빈민의 자녀나 고아, 거지 아이를 돌보는 일을 멈추지 않을 수 있었을 것이다.

페스탈로치는 평생 끝없이 새로운 일을 시도했다가 실패하면서도 그것을 두려워하지 않고 다시 일어나 또 다른 일을 도모했다. 페스탈로치가 세운 부르크도르프, 뮌헨부흐제, 이벨당, 클란디 같은 초등학교들은 국민 교육의 전당이 되어 유럽 각국의 계몽 군주와 교육자가 앞다투어 찾는 순례지로 자리 잡았다. 학교 안에는 각국에서 온 수많은 유학생과 부유층 자녀가 활보하고 다녔다.

이것을 페스탈로치가 공공연히 귀족 교육이나 특권 교육을 시행했음을 보여주는 증거로 오해해서는 안 된다. 페스탈로치가 평생에 걸쳐 이루고자 한 교육의 이상은 평등과 보편의 교육이었다. 18세기 중·후반의 교육가들이 별로 눈여겨보지 않던 빈민 교육과 아동 교육에 평생 헌신한 이유가 여기에 있었다. 그리고 바로 이런 점 때문에 평등하고 보편적인 인간주의 교육을 강조한 페스탈로치의 교육은 진정한 사회 개혁을 위한 혁신적인 교육이 될 수 있었다. 그런 점에서 페스탈로치를 이후 본격화하는 새로운 교육, 더욱 근대적인 민주주의 교육의 진정한 아버지였다고 평가할 수 있다.

3장 민주주의 교육과 듀이의 《민주주의와 교육》

상식을 뛰어넘는

상식의 교육철학

듀이가《민주주의와 교육》에 진술한 교육철학의 핵심 목표는 어떻게 하면 민주주의를 성장시킬 수 있는가였다. 그의 생각은 명확했다. 서문에서 밝힌 것처럼 민주주의의 성장은 과학의 실험적 방법, 생물학의 진화 이론, 산업의 재조직과 관련된다.

현대 교육학의
아버지

존 듀이(1859~1952)는 미국의 위대
한 철학자이자 '현대 교육학의 아버지'처럼 추앙받는 인물이다. 버트
런드 러셀은 1950년 노벨 평화상 수상작 3편 중 하나인 《서양철학사》
에서 존 듀이가 "일반적으로 미국을 이끄는 살아 있는 철학자로서 인
정받는 인물"이라면서 "나는 이러한 평가에 두말없이 동의한다"[1]라고
썼다.

듀이는 독일 관념 철학에 관한 논문을 써서 19세기 후반 미국 지성
계에 진입한 뒤 곧장 당대의 가장 '핫한' 지식인 대열에 합류했다. 듀이
는 철학뿐 아니라 교육, 정치 이론, 미학 분야에도 지대한 영향을 미쳤
다. 그중 오늘날 우리가 알고 있는 존 듀이의 명성이 가장 넓고 크게 퍼
진 분야가 교육이었다. 미국 교육사학자인 로렌스 크레민(Lawrence A.
Cremin)에 따르면 《학교와 사회(The School and Society)》(1899)는 듀이
가 사망한 1959년까지 12개 언어로 번역되었다.[2]

사람들은 20세기 초 미국에서 출현해 세계 여러 나라로 퍼져나간

| 상식을 뛰어넘는 상식의 교육철학 |

진보주의 교육 운동(progressive educational movement)의 비조가 듀이
라고 생각한다. 1918년 듀이 제자를 중심으로 그 지지자들이 세운 진
보주의교육협회(PEA, Progressive Education Association)는 이후 30여
년간 미국 교육 개혁 운동의 기조를 제공했다. 흔히 듀이의 교육철학
이나 교육 이론을 아동 중심, 경험, 흥미 등으로 표현한다. 이것들은 듀
이의 교육론이라고 알려진 진보주의 교육이나 민주주의 교육과 더불
어 현대 교육학 교과에서 매우 중요한 항목으로 기술된다.

　듀이가 서구에서만 "살아 있는 철학자" 대접을 받는 것은 아니다. 듀
이의 교육 저작 중 가장 영향력 있는 작품으로 평가되는《학교와 사
회》는 미국에서 간행된 지 2년 만인 1901년에 일본어로 번역되었다.
1919년 듀이는 미시간대학교[3] 재직 시절 제자였다가 은행 간부가 된
오노 에이지로(小野英二郎)의 초청으로 일본을 방문해[4] 2월 25일~3월
21일 총 8회에 걸쳐 도쿄제국대학교에서 강의했다.[5]

　듀이는 비교적 이른 시기부터 우리나라에 소개되었다. 듀이가 국내
에 처음 알려진 것은 일제강점기였던 1926년 일본 유학생 조재호를
통해서였다.[6] 조재호는 유학생 잡지《교육연구》에 실은 〈현대 교육 사
조의 특질〉에 듀이 저서를 인용했다. 조재호의 글은 듀이에 관한 단편
적인 소개문 수준이었다. 듀이의 진보주의 교육 사상을 우리나라에 체
계적으로 소개한 최초의 글은 미국 컬럼비아대학교에 유학 중이던 오
천석이 1930년 유학생 잡지《우라키(The Rocky)》에 게재한 〈미국의 교
육계〉라는 제목의 논문이었다.

　1945년 해방 후 우리나라 교육계에는 미군정에서 발탁한 오천석을
중심으로 '새 교육 운동'이 펼쳐졌다. 새 교육 운동은 듀이로 대변되는

미국식 진보주의 교육과 민주주의 교육 이념을 주요 기조로 했다. 듀이가 주창한 아동 중심 교육은 1950년대 이후 한국 공교육 현장에 지속적인 영향을 미쳤다. 2010년대 전후로 출현한 혁신학교에서 중시하는 아동(학생) 중심, 실제 삶과의 연관성, 민주주의 공동체 등은 모두 '듀이표 교육철학'이라고 불릴 만한 것이다.

듀이의 책은
성경이다?

《민주주의와 교육》(교육과학사)의 번역자인 이홍우 서울대학교 명예교수는 '역자 해설'에서 "만약 현대 철학을 플라톤의 주석(註釋)이라고 한다면, 현대 교육학은 《민주주의와 교육》의 주석"이라고 정의한다. 현대 교육학의 아버지답게 듀이가 쓴 저작들은 교육자들에게 고전 필독서처럼 여겨진다. 여느 유명한 교육학자들이 이름과 교육 사상으로만 알려져 있거나 대표 저작이 제목으로만 회자하는 경향을 보이는 것과 달리, 듀이의 교육 저작들은 전 세계적으로 여러 개 언어로 번역되어 널리 읽힌다.

한국의 교사 지망생이나 현장 교사는 듀이의 교육 저작을 한 번쯤은 밟고 넘어야 할 산처럼 생각하는 듯하다. 어느 듀이 연구자는 "기독교 신자들이 옆에 끼고 다니며 책장이 닳도록 읽고 있는 성경처럼, 교육에 대한 듀이의 저작들은 교사들과 교육학도들이 지니고 다니면서 틈 날 때마다, 아니 시간을 내서라도 끊임없이 읽을 가치가 있다"[7]라고 말했다.

교사 지망생이나 현장 교사치고 서가에 듀이 작품이 한 권도 꽂혀 있지 않은 사람은 별로 없을 것이다. 내가 이 글에서 다루는《민주주의 와 교육》(교육과학사)은 2018년 3월 30일, 개정·증보판 제10쇄 발행본 이다. 개정·증보판 제1쇄 발행일은 2007년 5월 25일로 찍혀 있다. 이 책 초판 제1쇄는 32년 전인 1987년 1월 20일에 나왔다. 초판 마지막 쇄는 2006년 2월 15일 자로 나온 제19쇄였다. 초판과 개정·증보판 각 각의 전체 쇄 수와 이들 사이 년도를 고려할 때 585쪽이나 되는 거작 을 거의 매년 한 쇄[8]씩 인쇄했다고 볼 수 있다.

조금 의아한 사실은 이와 같은 듀이의 자자한 명성이나 역사적인 의 의에 비해 그의 저작을 실제로 꼼꼼히 읽었거나 생애를 자세히 알고 있는 사람이 과연 얼마나 될지 궁금하다.《민주주의와 교육》이 30년 동안 꾸준히 팔려나갔지만, 이 책을 처음부터 끝까지 읽은 독자는 많 지 않을 것이다.

몇 가지 이유가 있다. 무엇보다 분량이 방대하다.《민주주의와 교 육》은 전체 지면이 600쪽에 가까워서 평범한 독자가 읽는 데 부담을 느낄 수밖에 없다. 듀이의 글에서 보이는 특유의 난해하거나 모호한 문체도 접근을 어렵게 한다. 나는《민주주의와 교육》을 읽으면서 눈 이 흐릿해지는 순간을 자주 경험했다. 번역 문장 자체가 난삽한 데서 말미암았을 가능성이 없지 않을 것이다. 그런데 번역문이 그렇게 나 오는 까닭은 복잡한 구조의 문장들로 이루어진 원문 때문일 때가 많 다. 듀이 글을 읽으면서 정신을 바짝 차리지 않으면 글의 흐름을 금방 놓치게 된다.

나만의 편협하고 주관적인 판단에 따른 것이 아니다. 듀이의 동시대인으로서 미국 심리학의 창시자로 알려진 윌리엄 제임스(William James)는 듀이의 글을 두고 "화가 치민다. 저주하고픈 마음이 들 정도이다"라고 혹평했다. 미국 역사학자 리처드 호프스태터(Richard Hofstadter)는 1964년 퓰리처상 수상작 《미국의 반지성주의(Anti-Intellectualism in American Life)》에서 듀이의 문체는 "멀리 있는 적군의 포성을 연상시킨다. 다가가기 힘든 먼 곳에서 뭔가 불길한 일이 벌어지고 있는 것 같은데, 무슨 일인지는 확인하기 어려운 것이다"라고 불평했다. 듀이가 자신의 가장 중요한 교육 관련 저작에서 난해한 문장을 썼다고 생각한 것이다.

듀이에 관한 평가는 국내외를 막론하고 크게 갈리는 것 같다. 이 글에서는 세 가지에 초점을 맞췄다. 첫째, 듀이가 성장하고 활동한 19세기 후반 미국의 정치·사회적 분위기와 교육 시스템의 역사를 비교적 꼼꼼히 살폈다. 이를 위해 미국사와 미국 교육사 책 몇 권을 챙겨 읽었다.[9] 둘째, 듀이의 전기[10]를 세밀하게 살폈다. 듀이의 인간적인 면모를 드러냄으로써 그에게 드리워진 신비한 이미지를 탈색하고 싶었다. 셋째, 《민주주의와 교육》에 담긴 듀이의 (교육) 철학과 그 아래 숨은 함의를 밝혀 보려고 했다. 그 과정에서 듀이 철학을 "힘의 철학"이라고 규정하면서 비판한 러셀의 관점을 주된 디딤돌로 삼았다.

| 상식을 뛰어넘는 상식의 교육철학 |

교육은 미국인에게
종교였다

미국 교육을 생각하다 보면 버락 오바마 전 미국 대통령이 한국 교육 시스템이나 한국인의 높은 교육열을 본받아야 한다고 말한 몇몇 장면이 떠오르곤 한다. 오바마는 공개 석상에서 미국이 강한 국가를 유지하기 위해 한국 교육 시스템의 높은 경쟁력을 본받아야 한다고 여러 차례 역설했다. 미국이 한국 사람 상당수가 우려하는 학부모들의 교육열을 본받아야 한다고까지 말했다.

절대적이고 이상적인 교육 시스템은 없다. 각국의 교육 시스템을 비교해 이해할 때는 각각의 역사적인 발전 경로나 정치·사회·문화적인 배경을 종합적으로 고려해야 한다. 그래서 수년 전 한국 교육 시스템을 남다르게 평가한 오바마의 시선이 낯설게 다가왔다. 그가 말하고 싶었던 미국 교육의 실상이 무엇일까? 우리가 알지 못하는 미국 교육의 어두운 진실이 따로 있는 것일까?

미국은 건국 초기부터 자유와 평등 이념에 바탕을 둔 공교육 시스템을 최전선에서 이끌었다. 부의 무한 축적이나 자수성가의 이데올로기를 절대시하는 미국식 자본주의는 미국을 세계 최대의 경제 대국으로 만든 일등 공신이었다. 그 밑바탕에 건국 초창기부터 강조한 민주주의 교육 이념이 깔려 있다. 이런 점을 고려하면 미국 교육은 세계 교육사에서 특기할 만한 모범 사례라고 해도 지나치지 않다.

의무(무상) 보통학교 제도는 프로이센에서 처음으로 확립되었다.[11] 이를 가장 앞장서서 받아들인 나라가 미국이었다. 실제로 미국 역사를 보면[12] 교육에 대한 미국인의 남다른 열정을 발견할 수 있다. 호프스태터는 《미국의 반지성주의》에서 미국인이 교육에 대해 내보인 맹신에 가까운 시선을 잘 묘사하고 있다. 미국이라는 나라 전체가 대중 교육의 유효성에 대해 완고하고 진지하며 때로 애처롭기까지 한 믿음을 견지해 왔다고 보았다.[13]

교육은 미국인에게 종교였다. 건국 초기 법령 중에는 학교 제도를 뒷받침하기 위해 공유지의 일부를 학교용으로 할애하는 토지 조례가 있었다. 미국 정치 지도자들은 이구동성으로 교육의 중요성을 설파했다. 미국 건국의 아버지라고 평가받는 조지 워싱턴은 대통령 퇴임 연설에서 "지식을 널리 보급하기 위한 기관"을 설립하는 데 힘써 줄 것을 촉구했다. 1832년 젊은 링컨은 최초의 선거 연설에서 교육은 "우리가 국민으로서 관여할 수 있는 가장 중요한 문제"라며 교육에 관한 관심을 호소했다.[14]

교육, 특히 학교 교육은 미국 역사에서 이른바 '하나님의 나라'와 '아메리칸 드림'을 이루기 위한 가장 기초적인 수단의 하나였다. "유토피아를 꿈꾼 미국 교육 개혁 100년사"라는 부제가 달린 《학교 없는 교육 개혁(Tinkering toward Utopia: A Century of Public School Reform)》에서 데이비드 타이악(David Tyack)과 래리 큐반(Larry Cuban)은 미국 건국의 주역이었던 청교도적 공화주의자들이 1800년대 공립학교 운동의 배경 속에 미국을 하느님의 나라로 만들어야 한다는 이념을 뚜렷하게 새겨 놓았다고 보았다. 이 청교도주의자들은 새 시대, 새 국가의 시민을 육성하는 데 학교 교육을 의식적으로 활용했다. 학교 교육은 끊임없이 밀려드는 이민자를 미국인으로 만드는 가장 유용한 수단이었다. 이민자들 역시 학교 교육을 통해 진정한 미국인이 되려 했다.

| 상식을 뛰어넘는 상식의 교육철학 |

영국 식민지 시절 미국에는 뚜렷한 학교 교육 제도가 없었다. 독립 전쟁(1775~1783) 시기까지 마을이나 교회에서 운영하는 조그만 학교가 있었으나 가족과 지역 사회에 크게 의존하는 식민지 교육 시스템이었다. 좀 더 체계적인 공교육 아이디어가 본격적으로 터져 나오기 시작한 것은 미국 건국의 아버지 가운데 한 명이자 미국 독립선언서를 주도적으로 작성한 제3대 대통령 토머스 제퍼슨을 통해서였다. 제퍼슨은 민주 시민 교육과 공립학교 체제를 통해 미국 공교육의 기틀을 세우려고 했다. 공립학교는 두 가지 측면에서 민주적 기관의 특징을 보여 준다. 첫째, 공립학교는 올바른 정치 원칙을 아이들에게 가르쳐 그들이 시민의 덕망을 키울 수 있도록 교육한다. 둘째, 공립학교의 자율적인 운영이 지역 주민에게 자치 기회를 주고 민주주의 발달에 이바지한다.

공교육이 민주주의에 필수라는 제퍼슨의 관점은 다음과 같은 말에서 분명히 드러난다. "한 국가가 무지하면서도 자유롭기를 기대한다면, 그건 한 번도 존재하지 않았고 앞으로도 존재할 수 없는 국가를 기대하는 것입니다."[15]

공교육에 대한 제퍼슨의 바람은 1830년대 이후 호레이스 만(Horace Mann)을 통해 구체화했다. 호레이스 만은 미국에서 처음으로 생긴 공직인 (매사추세츠주) 교육감이 된 뒤 6년 동안 1,000개의 학교를 방문하면서 불평등에 기반을 둔 학교 시스템의 한계를 간파했다. 당시 학교는 지역 세금과 학부모가 내는 수업료로 운영됨에 따라 마을마다 천차만별이었다. 만은 주 정부가 학생보다 가축에 더 신경 쓴다면서 대중 집회를 열어 보통학교(common school)라고 부르는 새로운 학교 시스템을 제안하며 다녔다. 부유한 집과 가난한 집 아이를 구별하지 않는 무상 보통학교 시스템이었다. 그는 보통학교가 "모두를 동등하게 해 주는 장치"이자 "사회라는 기계의 위대한 평형 바퀴"가 될 것이라고 보았다. 주에서 제공하는 표준화한 교과 과정, 세금으로 충당되는 학교 운영 자금, 학생이 등을 받칠 수 있는 의자와 책상, 비교적 통일된 교과서,[16] 수업 시종을 알리는 종, 칠판, 교과서같이 오늘날 학교와 교실을 지배하는 물적 시스템을 도입하도록 권장했다.

19세기 미국 공교육사에서 눈길을 끄는 것은 어린이에 대한 개념의 변화이다. 당시 존스홉킨스대학교에서 실험심리학을 연구하던 스탠리 홀(Granville Stanley Hall)은 '청소년기(adolescence)'라는 새로운 용어를 만들어 냈다. 청소년기는 1830년대 이후 본격적으로 사용되었는데 10대와 성인 사이를 좀 더 뚜렷하게 구분하게 해 주었다.[17] 이와 동시에 학교 교육의 확대 필요성을 강조하는 데 정당성을 부여하는 구실을 했다.

청소년기 개념은 국가 주도 학교 교육을 10대 중후반으로까지 연장하는 데 정당한 구실로 작용했고 이제 인생에서 생산적 기운이 가장 넘쳐나는 기간을 제도화해, 아이들을 가두고 심리적 기법으로 치료하는 일이 가능해졌다. 이 과정에서 교육적 소양을 갖추지 못한 채 국가에 고용된 사람들이 아이들의 훈련에 대한 독점권을 받아 업무를 수행했다.[18]

| 상식을 뛰어넘는 상식의 교육철학 |

"이상향을 향한 땜질"

18세기 말이 되자 미국 공교육은 더욱 폭발적으로 확대되었다. 이미 1840년대에 이르러 산업혁명이 본격화하면서 공적 교육 기관에 대한 수요가 부쩍 늘어났다. 무상 중등교육이 대규모로 발전한 것은 1870년대부터였다. 1870년 이전에 미국의 13~14살 아이들이 교육을 더 받을지를 결정하는 일차적 요인은 계급이었다. 초등 이후의 무상 교육이 확립된 것은 1870년 이후 30년 사이에 벌어진 일이었다. 실제로 전체 공립학교 예산이 1870년 6,900만 달러에서 1890년 1억4,700만 달러로 2배 넘게 뛰었다. 1870년 760만 명이던 공립학교 등록 학생 수는 20년이 지난 1890년경에 1,270만 명으로 대폭 증가했다.

20세기 초에는 거의 모든 아이가 초등학교에 다녔고 20세기 중반 80퍼센트에 이르는 10대 청소년이 고등학교에 입학했다. 1890년에서 1930년까지 10년마다 미국의 고등학교 등록률은 두 배 이상씩 상승했다. 미국 공교육의 폭발적인 팽창에는 산업혁명에 따른 급속한 도시화와 이민자의 대량 유입 같은 요인이 작용하고 있었다. 예를 들어 1890년과 1930년 사이에 2,200만 명이 넘는 사람이 미국으로 갔는데, 그중 아이들이 300만 명이었다.[19]

19세기 말엽에는 취학 의무화 시스템이 각 주에 속속 도입되었다. 1890년 27개 주에서 취학을 의무화했고, 1918년에는 전국 모든 주에 의무교육에 관한 법이 제정되었다. 의무교육 종료 나이도 1900년에는 14.5살로 정해졌으나 1920년대에 이르러 평균 16.3살에 가까워졌다.

이제 미국은 영국식 식민지 교육이라는 종속 시스템에서 벗어나 보편적인 공립학교 교육 시스템을 도입한 지 근 한 세기 만에 전 세계에서 공교육을 선도하는 나라가 되었다.

외형적으로 학교 시스템이 크게 성장한 것처럼 보였지만 그 뒤에 숨은 문제가 적지 않았다. 당시 미국인들은 자신들의 세금으로 운영되는 무상 공립교육 시스템을 통해 모든 아이가 각자의 노력과 재능에 따라 꿈을 이룰 수 있다는 희망을 전파했고 이를 민주주의 국가의 상징으로 여겼다.[20] 그러나 전통적으로 노예 제도 폐지에 강하게 반대해 온 남부 지역에서는 20세기 중반까지 흑인 아이들이 진학할 수 있는 고등학교가 거의 없었다. 백인 학생과, 흑인을 포함한 비백인 학생의 고등학교 취학률이 거의 비슷해진 것은 1970년대에 들어서고 난 뒤였다.

미성년 아동 노동이나 강제적인 취학 의무화 시스템, 구태의연한 수업 방식도 큰 골칫거리였다. 1910년경 학교가 아니라 공장이나 작업장에서 일하는 아이들 숫자가 200만 명에 달했다. 진보적인 교육 개혁가들은 취학 의무화 법안을 통해 미성년 아동 노동 문제를 해결하려고 했다. 그에 따라 학교에 억지로 끌려온 학생들로 인한 문제가 불거졌다. 점점 더 많은 학생이 배우려는 열정이나 의욕을 잃어 갔다. 이런 상황을 더 악화시킨 것은 여전히 과거 방식을 답습하는 교실 수업이었다. 데이비드 타이악은 학생들이 칠판 앞으로 나와 발끝을 줄에 맞추고 손을 특정한 위치에 놓은 다음 교사에게 교과서를 낭독하는 방식이 당시 도시 학교의 표준적인 수업 방식이었다고 보고했다.[21]

공교육 혁신을 향한 꿈은 거창했지만, 현실은 지리멸렬했다. 무엇보다 교육이 현실에서 활용되는 방식이 모순적이었다. 타이악과 큐반은 미국인이 교육을 "세속적 종교"에 가까운 것으로 보았다고 말하면서 미국 교육 개혁의 역사가 "이상향을 향한 땜질(Tinkering toward Utopia)"이었다고 꼬집었다. 미국 교육 생태계는 자주 정치적 각축장이 되었으며, 사회 · 문화적으로 골치 아픈 문제들을 학교 교육을 통해 해결하려는 열망이 그 안에 넓게 퍼져 있었다. 그에 비해 교육 현장의 변화와 개혁은 지지부진했다. 사람들은 교육자를 '굼벵이'라며 조롱했고, 교육 개혁이 방향을 잃고 표류하는 상황을 두고 '버뮤다 삼각지대'[22]라며 비꼬았다.[23]

이상향을 향한 과도한 기대와 그런 기대에 턱없이 못 미치는 현실의 지리멸렬함은 미국식 교육 생태계를 우스꽝스럽게 만든 중요한 요인이었다. 그중에서도 교직 정체성이나 교사직을 둘러싼 희화화한 사회 · 문화적 이미지는 특별히 눈여겨볼 만하다. 호프스태터가 《미국의 반지성주의》에서 통시적으로 살핀 학교와 교직의 역사를 통해 이러한 측면을 알아보자.

미국 역사에서 교사가 학생을 지적인 삶으로 인도한 본보기 역할을 한 경우는 별로 없었다. 교직은 낮은 임금과 자유가 인정되지 않는 사회적 조건으로 인해 착취나 위협 같은 말을 연상시켰다. 교사의 직업적 지위가 미국 내 다른 전문직과 비교해 형편없었고, 다른 나라에 비해서도 낮았다.[24] 청소년들은 교사에게서 존경심보다 동정심을 더 느꼈다.

당시 미국에서 교직은 능력과 인성을 갖춘 남자가 경력상 거치는 정거장에 불과하다는 생각이 널리 퍼져 있었다.[25] 초기 식민지 시절 지역사회에서는 계약 하인(indentured servant)[26]에게 교사 역할을 맡긴 경우가 많았다. 1776년 잡지 《메릴랜드 저널》에는 영국 벨파스트에서 출발한 선박이 도착했음을 알리는 광고가 실렸는데, 판매 품목에 쇠고기, 돼지고기, 감자 등 각종 아일랜드산 일용 식료품과 함께 교사가 포함되어 있었다고 한다.

교사의 사회·문화적 정체성에 변화가 생긴 것은 학년제 초등학교가 발전하고 여교사가 대거 출현하면서부터였다. 독일 제도를 참고해서 만든 학년제 학교는 1820년대에 대도시 교육 문제를 해결하기 위한 방책의 하나로 도입되기 시작해 1860년에 이르기까지 널리 보급되었다. 호프스태터는 학년제 학교가 작은 교실에 동질적인 학생들을 수용했기 때문에 교직을 체통 있는 자리로 만드는 데 크게 이바지했다고 평가했다. 한편 교사 수요가 증가함에 따라 여성에게 교직이 개방되었다. 여교사는 낮은 급여를 받으면서도 인성 측면에서 상당한 수준을 보여 줘 지역에서 무척 선호했다. 여교사는 1860년에 남교사를 추월한 뒤 1900년에 이르러 전체 교사의 70퍼센트 이상을 차지할 정도로 그 비중이 확대되었다.

여교사의 사회적 중요도나 공헌도가 커지고 있었는데도, 또는 커지고 있었다는 사실 때문에 미국 사회에서 교육과 문화는 전통적으로 여성의 일이라는 남성적인 신념이 굳어졌다. 19세기에는 교직을 남자가 법률가, 목사, 정치인, 대학 교수가 되기 위해 거치는 과정의 한 단계나 좀 더 훌륭한(?) 직업에 진출하는 것을 단념한 결과처럼 간주했다. 이를 상징적으로 보여 주는 것이 교사 급여 수준이었다. 1843년 호레이스 만이 매사추세츠주의 한 지역에서 조사한 결과에 따르면 숙련 노동자가 교사보다 임금을 50~100퍼센트 더 많이 받았으며, 여교사는 여

│ 상식을 뛰어넘는 상식의 교육철학 │

성 공장 노동자보다 낮은 임금을 받았다.

큰아들처럼 태어난 셋째 아들

19세기 중·후반 미국은 사회 전체적으로 역동적인 기운이 끓어 넘치고 있었다. 산업혁명과 서부 금광 러시(Gold Rush)에 따라 미국 전역에 걸쳐 급격한 도시화와 인구 폭발이 일어났으며, 남부와 북부 연합군이 노예 제도 존폐를 두고 남북전쟁(1861~1865)에서 맞서 싸웠다. 교육 분야에서는 호레이스 만의 제안으로 시작된 미국 공교육 시스템이 팽창 일로에 있었다. 보통 미국 역사책에서는 이 시기를 '서부 개척 시대'라고 부른다. 듀이는 이런 뜨거운 분위기 속에서 태어나 자랐다.

듀이는 미국 북동부 뉴잉글랜드 지방에 자리 잡은 버몬트주 벌링턴에서 잡화상을 운영하는 아버지 아치볼드 듀이와 기독교 신앙심이 깊은 어머니 루시나 리치 사이에서 네 아들 중 셋째로 태어났다. 부모가 그에게 지어 준 '존(John)'이라는 이름은 1856년에 태어나 듀이가 태어나는 해인 1859년에 불의의 화재 사고로 죽은 첫째 형의 이름을 딴 것이었다. 부모는 듀이가 자신들의 첫아들을 대신하기를 바랐다. 어머니 루시나가 특히 더 그랬다. 루시나는 1859년의 화재 사고에서 극적으로 살아남은 진짜 첫아들인 것처럼 듀이에게 온갖 정성을 쏟았다.

링컨이 미국의 제16대 대통령에 취임하는 1861년 북부군의 섬터 요새(Fort Sumter)가 남부군의 공격에 함락되면서 남북전쟁이 시작되었다. 1859년 듀이가 태어났을 때 아버지 아치볼드는 이미 50살에 가까워 누가 봐도 입대하기에는 무리였다. 그런데 1861년 버몬트 기병대 병참 부사관으로 입대한다. 아치볼드는 전쟁이 끝나고 2년을 더 군에서 보낸 뒤에야 집으로 돌아왔다.

아치볼드는 독학으로 갈고 닦은 문학적 기교를 활용해 지역 신문에 자신의 식료품점을 알리는 재미있는 광고문을 싣고, 갑작스럽게 가게를 정리한 뒤 노예제 폐지 운동에 뛰어들었다. 이처럼 아치볼드는 가슴에 품은 계획을 실천하기 위해 거침없이 세상 밖으로 나서는 행동가였다. 그러나 바로 그런 점 때문에 듀이는 집에서 아버지와 함께하는 시간을 그다지 많이 갖지 못했다. 조용하고 사색적인 듀이에게 기지 섞인 농담을 곧잘 하는 활달한 사회인이었던 아버지는 멀고도 가까운 사람처럼 다가왔다. 아치볼드 역시 애어른 같은 듀이보다 듀이의 형 데이비스와 더 가깝게 지냈다.

유년 시절의 듀이에게 가장 큰 영향을 미친 사람은 어머니였다. 비교적 유복한 집안에서 나고 자란 루시나는 신앙심이 경건했으며 아들들에 대한 기대가 컸다. 특히 첫아들 존이 죽은 해에 태어난 셋째 아들 듀이를 누구보다 각별하게 생각했다. 듀이의 일거수일투족이 루시나의 시선 아래 있었다. 루시나는 자식들에게 지적이고 성찰하는 삶을 강조하면서 성탄절 때마다 일기장을 선물로 주어 매일 일기를 쓰게 했다. 그때마다 어린 듀이는 어머니의 지시를 충실히 따랐다.[27]

자식들의 신앙심은 루시나에게 초미의 관심사였다. 루시나는 예배를 위해 자식들에게 일요일의 구슬치기 놀이를 금지했다. 하루 일을 돌아보게 할 때마다 "예수님 앞에서 바르게 살고 있니?"라고 질문함으로써 자식들이 신앙을 스스로 돌아보게 했다. 듀이는 이 질문을 들을 때마다 우물쭈물하며 제대로 대답하지 못했다.

듀이는 1886년에 쓴 종교에 관한 어느 글에서 "종교적 감정은 그것이 존재하는지, 옳은지, 자라고 있는지 보기 위해 관찰되고 분석될 때 건강하지 않다"라고 썼다. 루시나가 종교나 신앙 문제와 관련해 지나치게 간섭하는 것을 비판적으로 바라보고 있었음을 알게 해 주는 말이다. 루시나의 '신앙 검열'은 듀이가 철학을 공부하면서 세계관을 어느 정도 확립할 때까지 두고두고 듀이의 내면을 건드린 실존적인 문제였다.

듀이의 부모는 자식들에게 여러모로 매우 상반된 모습을 보여 주었다. 전기 작가 제이 마틴(Jay Martin)은 다음과 같이 썼다.

> 존 듀이는 지적 성장과 공공 서비스와 도덕적 가치와 동맹을 맺고 있는 부모와, 사업적이거나 경제적인 확장에 몰두하고 있는 또 다른 부모를 두었다. 한쪽은 깊은 사색에 관심이 있었고 다른 한쪽은 남성적 세계에서 힘차게 행동하는 데 푹 빠져 있었다. 한 사람은 자식들의 삶에 관여하는 일과 거리가 먼 곳에 있었고, 다른 사람은 너무 과도하게 간섭했다. 듀이는 이들 두 사람의 인격으로 무엇을 만들었을까. 듀이는 이들에게 영향을 받으면서 어떤 인격을 형성했을까.[28]

듀이는 어머니보다 아버지에게서 감화받기를 갈망했고 아버지의 애정을 갈구했다고 한다. 그러나 듀이에게 더 직접적이고 실제적인 영향을 준 사람은 어머니였다. 듀이가 지혜(philos)에 대한 사랑(sophia)

의 학문인 철학의 길을 걷게 된 점, 매일 아침 7시에 일어나다가 1918년 어느 날 아침 8시까지 잠을 잔 뒤 아이들에게 늦잠 "기록"을 깼다고 고백했을 정도로 부지런한 삶을 살았다는 사실은 어머니 루시나가 강조한 지적 성장과 성실한 삶의 본보기들이다.

19세기 미국인에게 교사는 그다지 명예롭지 않은 직업이었다. 미국 사회에 두루 통용되는 부정적인 교사 이미지를 극적으로 대표하는 인물이 워싱턴 어빙(Washington Irving)의 단편소설 〈슬리피 할로의 전설(The Legend of Sleepy Hollow)〉(1820)에 등장하는 교사 이카보드 크레인(Ichabod Crane)이다. 크레인의 철자는 두루미(crane)와 같다. 키가 껑충하고 몸이 비쩍 마르고, 어깨가 좁고 팔다리가 긴 이카보드 크레인의 외모를 잘 드러내는 이름이다. 크레인의 우스꽝스러운 외모는 약간의 기민함과 단순한 고지식함이 묘하게 섞여 있는, 미국의 상투적인 교사상을 나타낼 때 자주 활용되었다.

듀이는 버몬트대학교를 졸업한 뒤 펜실베이니아주 오일시(Oil City) 고등학교에서 대수학과 자연과학, 라틴어를 가르쳤다. 20살 때였다. 너무 젊은 나이여서 그랬는지 듀이는 가르치는 일에 별다른 만족감을 느끼지 못했다. 스스로 고등학교 교사에게 필요한 재능이 적었다고 생각했다. 지역 주민들도 교사로서 평균 이하라고 평가했으며, 듀이가 학교를 떠나자 모두 기뻐했다.

오일시에는 듀이가 알고 있는 사람이 극소수였다. 특별히 친하게 지내는 친구가 없었고, 이성과 친밀한 관계를 맺을 만한 감각이나 능력도 신통찮았다. 듀이는 자기만의 세계에서 조용하게 살았다. 듀이와 함께 기숙사 생활을 한 어느 지인은 듀이 선생님이 한결같고 진지하고 쌀쌀맞았다고 기억했다. 듀이는 식탁에서 말을 하지 않았고 다른 기숙사원들과 거의 어울리지 않았다. 어느 만우절에 동료 교사들이 헝겊으로 만든 팬케이크 접시를 건네자 무엇인가를 골똘히 생각하고 있다가 그것을 받아먹었다고 한다. 제이 마틴은 그런 듀이가 이카보드 크레인처럼 조금 우스꽝스러운 모습이었다고 말했다.

미시간대학교 재직 시절 듀이는 과학적인 철학 수업으로 학생들에게 큰 인기를 끌었다. 20대 중반이었는데도 "늙은 머리를 가진 젊은 사람"이라고 평가받았을 정도로 진지한 스타일을 고수했다. 그러나 듀이가 한결같이 고리타분한 백면서생처럼 산 것은 아니었다. 나는 듀이의 손끝에서 다음과 같은 문장들이 나왔다는 이야기를 읽으면서 깜짝 놀랐다. 편지를 받은 주인공은 미시간대학교 철학과 제자로, 뒷날 첫 번째 부인이 되는 해리엇 앨리스 치프먼이었다. "나는 당신을 생각하고 있어요. 내 사랑, 나는 오늘 저녁 당신을 원해요. 오, 연인이여, 당신은 모든 것의 중심이니, 내 존재는 그 중심에 있는 당신의 매력에 갈기갈기 찢길 거예요."[29]

교육자로서 듀이는 학생들을 어떻게 가르쳤을까? 미시간대학교 철학과 교수로 있을 때 듀이는 학생들에게 강의 주제에 관한 상세한 요목과 요약문을 제공했다고 한다. 이 자료들을 이용해 학생들과 함께 내용이나 주제를 숙고하는 방식으로 수업했다.

'깊게 생각하기'는 듀이 수업의 뚜렷한 특징이었다. 듀이는 교실을 찬찬히 돌아다니면서 강의했고 학생들과 수시로 대화를 나누었다. 그의 강의와 대화는 가르치기 위한 것이라기보다 자기 생각을 드러내기 위한 것처럼 보인다. 듀이는 특유의 손버릇으로 종이를 접고 또 접으면서 끝없이 생각했고, 그렇게 생각한 것을 쉬지 않고 이야기했다. 어느 제자는 듀이가 수업하는 50분 내내 생각하는 모습을 보여 주었다고 회상했다. 또 다른 제자는 듀이가 강의하기보다 생각하고 있었다고 말했다. 제이 마틴은 "함께 이야기 나누기"나 "함께 듣기"가 듀이에게는 "함께 생각하기"였다고 풀이했다.

양키즘의 대변자

듀이는 교육철학자로 널리 알려져 있다. 그런데 듀이가 학문 세계에 본격적으로 진입할 무렵 영향을 받은 저작들이나 사상가들은 교육과 거리가 있었다. 듀이는 자신이 태어난 해인 1859년에 출간된 찰스 다윈의 《종의 기원》에 푹 빠져 있었는데, 한 논문에서 자신을 "다윈 진화론의 지지자"라고 표현했다.

듀이에게 커다란 영향을 준 첫 번째 인물은 철학자 조지 실베스터 모리스(George Sylvester Morris)였다. 모리스는 미국에서 신학을 공부하다가 독일로 유학 가 헤겔주의자로 변모한 뒤 귀국해 듀이에게 헤겔을 가르친 사상적 스승이었다. 어머니 루시나와 더불어 듀이가 종교와 신앙에 대해 이상주의적인 태도를 형성하게 하는 데 깊은 자극을 주었다.

듀이는 존스홉킨스대학원에 입학해 〈칸트의 심리학〉으로 철학박사 학위를 받은 뒤 본격적으로 철학자의 길을 걸었다. 듀이가 쓴 최초의 저서는 미시간대학교 조교수 시절인 27살에 낸 《심리학》이었다. 이 책

| 상식을 뛰어넘는 상식의 교육철학 |

은 존스홉킨스대학원 시절 듀이에게 과학적심리학을 가르친 스탠리 홀[30]에게 영향받은 결과물이었다. 듀이는 홀이 존스홉킨스대학교에 개설한 심리실험실을 최초로 이용한 사람 중 하나였다.

듀이는 수학적 논리와 논리 분석에 관한 과학적 방법론을 적용하는 연구에 몰두해 있던 찰스 샌더스 퍼스(Charles Sanders Peirce)에게도 큰 영향을 받았다. 퍼스는 윌리엄 제임스(William James)와 함께 미국 프래그머티즘(pragmatism)의 창시자로 알려진 인물이다. 퍼스는 처음 듀이에게 그다지 좋은 인상을 주지 않은 것 같다. 듀이는 퍼스의 논리학 강의를 들은 뒤 철학과 학생보다 수학과 학생에게 더 호소력이 있는 것 같다며 혹평했다. 제이 마틴은 듀이가 퍼스를 철 지난 철학자들의 쓰레기통으로 보내 버렸다고 묘사했다. 듀이가 퍼스를 다시 평가하기 시작한 것은 그 후 30년이 지나면서부터였다.

찰스 다윈의 진화론이나 홀의 실험심리학, 퍼스의 논리 철학은 당시로서는 최첨단 학문이었다. 듀이는 이들을 만나면서 어떤 욕망을 충족하려고 했을까? 정치적 격변(남북전쟁)과 경제의 대변동(산업혁명), 문화 혁신(인구 증가와 도시화)이 거대한 소용돌이를 일으키고 있던 격동의 시대 한복판에 서 있던 듀이에게 세상은 거대한 실험실 같은 곳으로 다가왔을 가능성이 크다. 그런 만큼 듀이는 철두철미한 다윈주의자로서 인간 삶의 모든 영역이 당대의 첨단 과학을 통해 발달하고 성장하기를 바란 것 같다.

듀이에게 교육에 관한 관심을 처음으로 불러일으킨 사람은 윌리엄 토리 해리스였다. 해리스는 미주리주 세인트루이스 교육감을 거쳐 연방교육국장에 재직하면서 미국의 공립학교 시스템을 정립하는 데 깊이 관여한 인물이었다. 제이 마틴에 따르면 해리스는 사회적이고 인문적인 교육이 민주주의의 유지와 확장에 필수적이었다고 보았는데,[31] 이는 듀이의 교육철학에서 매우 중요한 부분을 차지한다.

한 시대의 분위기는 그 시대를 산 사람들의 머리와 가슴에 흔적을 남긴다. 듀이는 미국에서 이른바 서부 역사가 본격적으로 펼쳐지던 시대의 한복판에서 나고 자랐다. 듀이가 미국 뉴멕시코주에서 활동한 악명 높은 총잡이 빌리 더 키드(Billy the Kid, 1859~1881)와 같은 해에 태어났다는 사실은 의미심장하다. 빌리 더 키드는 21년을 사는 동안 보안관 3명을 포함해 모두 21명을 살해한 최악의 살인마였다. 무자비한 총잡이들이 어지럽게 날뛰던 당시 미국은 역설적으로 무한한 가능성의 공간이기도 했다. 듀이는 오늘날 전 세계인에게 널리 알려진 '아메리칸 드림'의 주인공들과 같은 시공간에서 살았다.

듀이보다 20년 앞서 태어난 존 데이비슨 록펠러(1839~1937)는 미국 역사상 최초로 10억 달러의 자산을 모으는 갑부가 되었다. 근검절약의 대명사로 알려진 그는 자수성가형 사업가의 전형이었다. 1870년 잔챙이 석유 업체들을 몰아낸 뒤 자본금 100만 달러를 들여 오일시[32]에 스탠더드 오일(Standard Oil)이라는 회사를 차렸다. 1880년대에 이르러 스탠더드 오일의 석유 사업은 유럽과 아시아를 넘어 전 세계로 확대되었다. 록펠러는 1884년 뉴욕 브로드웨이 26번가에 스탠더드 오일 본사를 세워 세계 최대의 석유 회사 연합체로 만든 뒤 '석유왕'이 되었다.

'강철왕' 앤드루 카네기(1835~1919)도 듀이의 동시대인이었다. 스코틀랜드에서 태어나 19세기 중반 가족과 함께 이민자 행렬에 합류한 그는 전보 회사 배달원, 철도 회사 전신 기사 등을 거쳐 19세기 말에

| 상식을 뛰어넘는 상식의 교육철학 |

서 20세기 초에 세계 최대의 철강 기업을 소유한 기업가가 되었다. 훗날 카네기의 '관리 철학'은 미국식 자본주의 체제에서 성공하기 위한 중요한 인생 지침으로 주목받는다.

토머스 에디슨(1847~1931)은 듀이보다 10여 년 앞서 태어났다. 당시 미국에서 가장 유명한 전기학자이자 훗날 전 세계에 '발명왕'으로 널리 알려지는 인물이다. 에디슨은 오늘날 세계적인 전기·전자 회사인 제너럴 일렉트릭의 초창기 창업자였다.

록펠러와 카네기와 에디슨은 미국 정신을 가리키는 양키즘(Yankeeism)의 대변자들이다. '양키'[33]라는 말에는 약삭빠름, 영악함 같은 부정적인 특성이 함축되어 있으나, 현실 세계의 고통과 괴로움을 이겨 내고 미지의 세계를 개척하는 용기를 지닌 인간상을 가리키는 긍정적인 특성도 동시에 함축하고 있다.

듀이가 양키식 자본주의의 대명사 격인 이들을 어떻게 생각했는지는 정확히 알 길이 없다. 전기에 실린 일화들을 가만히 살펴보면 듀이가 이들 미국식 자본주의의 선도자들을 부정적으로 보았을 가능성이 더 커 보인다. 오일시고등학교 재직 시절 동료 교사가 듀이에게 급여 일부를 떼어 록펠러가 세운 스탠더드 오일에 투자할 것을 권한 적이 있었다고 한다. 듀이는 동료의 제안에 어떤 관심도 보이지 않았다.

그러나 듀이 역시, 비록 그들이 지향하는 방향이나 색깔과는 달랐을지라도 과거와 전혀 다른 새로운 미국을 바랐다는 점에서 그들과 똑같은 '양키'의 하나였다. 문화사가 피터 왓슨(Peter Watson)은 《생각의 역사 II: 20세기 지성사(Ideas: A History from Fire to Freud)》에서 듀이가 20세기를 "민주주의와 과학과 산업화'의 시대"로 규정했다고 썼다. 이는 듀이가 교육의 힘을 빌려 (긍정적인 특성의) 양키즘을 실현함으로써 미국 사회를 변화시킨다는 생각의 중요한 근거였을 것이다.

보수적인
진보주의 혁명가

그런 점에서 듀이가 시카고대학교에 실험학교(Laboratory Schools)를 세운 것은 단순한 교육적 호기심이나 열망 때문이 아니었다. 듀이는 실험학교를 세우면서 기존의 학교 교육 시스템과 전혀 다른 학교와 교육을 꿈꾸었다. 그 배경에 급변하는 사회 현실이 있었다. 산업화와 도시화가 급격하게 진행되면서 나타난 인구 집중 문제와 이에 따른 여러 가지 사회 문제가 온전한 교육을 하는 데 걸림돌이 되었다.

당대의 학교 교육 시스템은 산업혁명으로 일어난 엄청난 변화에 제대로 대처하지 못했다. 앞서 살핀 것처럼 미성년 아동 노동이나 강제적인 취학 의무화 시스템, 구태의연한 수업 방식이 학교 교육을 정체시켰다. 학생들은 사각형 모양의 교실에 천편일률적인 사각형 대형으로 배치된 책상 앞에 앉아 교사가 하는 말을 듣기만 했다. 이런 상황에서 개인의 성장과 사회 진보에 기여하는 살아 있는 교육을 기대하기는 힘들었다.

듀이는 학교가 주도적으로 당대를 이끌고 미래를 개척하는 최첨단 기지 같은 공간이 되기를 바랐다. 실험학교는 미래의 학교를 위한 길을 준비하려는 듀이의 의도가 반영된 공간이었다.[34] 급변하는 사회에

| 상식을 뛰어넘는 상식의 교육철학 |

서 학생이 온전한 삶을 사는 데 필요한 능력과 태도를 기르는 일이 학교가 담당해야 할 중요한 책무였다. 실험학교는 듀이의 교육 실천 활동이 본격화하는 시발점이자 특유의 교육철학을 확고히 다지는 최초의 계기가 되었다.

실험학교는 1896년부터 1903년까지 8년 남짓 운영되었다. 그곳은 일종의 대학 부속 초등학교로, 듀이가 자신의 교육철학을 현장에서 실천하려는 목적으로 특별히 설립한 학교였다. 실험학교는 '듀이 학교'나 마찬가지였다. 듀이 스스로 실험학교의 홍보 담당자 역할을 자임했을 정도로 학교를 운영하는 일에 깊이 관여했다. 실험학교 후반기에는 부인 치프먼 여사도 적극적으로 참여했다.

듀이는 시카고 실험학교의 운영 경험을 《학교와 사회》의 밑바탕으로 삼았다. 학교와 사회적 진보, 학교와 아동의 삶, 교육에서의 낭비 등 3개 장으로 이루어진 《학교와 사회》는 1899년 '학교와 사회'에 관한 3차례 강연 내용을 바탕으로 묶은 책이었다. 당시 강연은 실험학교가 체제 파괴적이며 엉망이라는 비판에 대해 논리적으로 반박하고 학교 운영 기금을 모으는 것이 주된 목적이었다. 시카고대학교의 지원이 명색만 있을 정도로 적었기 때문이다.

듀이의 강연은 즉각 실험적 교육, 아동 중심 교육, 사회 개혁을 향한 교육이라는 새로운 교육철학이 널리 퍼지는 데 크게 이바지했다. 이에 힘입어 《학교와 사회》는 발간 뒤 12개 언어로 번역되었을 정도로 듀이의 작품 가운데 가장 폭넓게 읽혔다. 나날이 새로워지는 시대 현실 속에서 현실과 동떨어진 채 구태의연하게 이루어지는 전통적인 교육에 대한 반감, 교육과 학교와 아동에 대한 전혀 새로운 관점, 이러한 점들을 간명하고 정확한 언어로 표현한 쉬운 문체가 많은 이들의 시선을 끌었다.

듀이는 《학교와 사회》에서 기존의 교육관, 학교관, 아동관과 뚜렷하게 구별되는 자신만의 특별한 관점을 개진했다. 듀이는 아동의 성장과 발달을 위한 교육을 펼치는 데 세 가지 중요한 요소가 작용한다고 생각했다. 사회와 연결된 학교, 역동적이고 진화하는 사회, 아동. 듀이에게 교육은 어떤 식으로든 사회 중심적인 것이 되지 않으면 안 되었다. 아동은 고립된 개인이 아니라 사회의 구성원이자 시민이 되는 것이 운명이다. 그래서 실험학교에서 아동의 삶과 경험 자체가 교육과정이 되는 데 주력했다.

듀이는 실험학교가 교실 밖에서 아동이 마주하는 생활 경험을 적극적으로 끌어안기를 기대했다. 교육학 교과서에서는 이를 아동 중심 교육, 경험 중심 교육이라고 서술한다. 실제 실험학교에서는 과거 농촌 지역이나 소도시에서 아동기의 일상 경험이나 생활 속에 있었던 목공, 목수 일, 자연 공부, 가정 농사, 요리, 그 밖의 유사한 실천이나 활동으로 교과 내용을 짰다.[35]

듀이는 학교와 교사가 아동의 삶, 경험, 일(작업)을 교육과정 안으로 끌어들이는 것을 매우 중요하게 생각했다. 아동의 관점에서 볼 때 자기의 삶, 경험, 일과 유리된 학교는 낭비의 공간이었다. 아동은 학교 바깥에서 얻은 경험을 학교 안으로 가지고 들어가지 못했다. 학교는 아동의 삶과 경험을 통제 속에 묻어 두려고 했다. 그 결과 아동은 학교에서 배우는 것을 일상의 삶 속에서 적용하지 못하게 되었다. 그것은 학교의 단절, 구체적으로 삶과 학교의 단절이었다.

| 상식을 뛰어넘는 상식의 교육철학 |

듀이는 실험학교를 운영하면서 학교가 단절된 부분들의 합성물이 아니라 하나의 유기적인 전체이며, 아동의 삶과 어떻게 연결되는지를 보여 주려고 노력했다. 그래서 모든 학문(교과)이 서로 관련을 맺을 수 있도록 학교를 아이의 현재 삶과 연결하라고 권고했다.

듀이는 〈아동과 교육과정(The Child and the Curriculum)〉에서 아동의 경험과 교육과정을 구성하는 다양한 형태의 교과 내용 간에 어떤 틈이 있다는 생각이 편견이라고 주장했다. 그러면서 교과 내용을 아동의 경험 바깥에 있는 이미 고정된 것으로 생각하지 말라고 강하게 지적했다. 여기서 가르침(instruction)에 관한 그 유명한 개념이 나온다. 가르침(교육)은 아동의 현재 경험으로부터 우리가 학문이라고 부르는, 조직화한 진리를 향해 나아가는 경험의 연속적인 재구성이다!

아동의 삶이나 경험 전체가 학교 전체와 관계를 맺게 되면 어떤 결과가 생길까? 듀이는 교양, 훈육, 정보, 효용 같은 학교의 다양한 목표와 이상이 그와 같은 통합에 따라 자연스럽게 형성된다고 보았다. 이것은 예컨대 교양을 위해 이 학문을 선택해 배우고 훈육을 위해 저 학문에 매달리는 기존의 방식과는 전혀 다른 접근법이었다. 그렇게 학교에서 이루어지는 일들은 '학교의 정신'을 전체적으로 완전히 새롭게 만들 수 있다.

이러한 생각 속에는 학교에 대한 듀이의 특별한 개념이 자리 잡고 있다. 듀이는 당대 학교가 삶의 일상적인 조건과 동기에서 너무 동떨어져 단절된 장소가 되었다고 비판했다. 그의 표현을 빌리면, 부모가 아이를 훈육하기 위해 보낸 공간이 "모든 훈육의 어머니라고 할 수 있는 '경험'을 얻기 가장 힘든 장소"인 학교였다. 당시 학교는 과거부터 계속 이어져 온 협소하고 고정된 훈육 이미지가 지배하는 곳일 뿐이었다.

듀이는 학교를 공동체의 축소판, 초보적인 사회라고 생각했다. 학교는 단지 수업에 참여하거나 강의 내용을 배우기 위해 만든 공간이 아니다. 사회적 제도로서의 학교, 사회적 삶이라는 더욱 커다란 전체 중 일부로서의 학교 교육 시스템, 살아 있는 진정한 공동체적 삶을 영위하게 해 주는 수단이 듀이가 강조한 학교 개념이었다.

이는 학교를 단순히 미래 생활을 대비하는 공간으로 여기면서 삶과 동떨어진 추상적인 교육을 받는 공간으로 여기는 일반적인 시선과 뚜렷한 차이가 났다. 듀이는 실험학교 초창기인 1897년에 쓴 〈나의 교육 신조(My Pedagogic Creed)〉에서 교육이 미래 생활을 위한 준비 과정이 아니라 현재를 살아가는 과정 자체라고 정의했다. 이 정의에 따르면 학교는 현재의 삶을 나타내야 하므로 현재 아동에게 주어진 사회적 삶을 단순화해 그 안에 펼쳐 놓아야 한다. 곧 학교는 사회적 삶을 그것의 초기적인 형태로 축소해야 한다.

실험학교는 듀이 교육철학의 진보성과 혁신성이 응축된 학교였다. 듀이는 《학교와 사회》에서 실험학교가 4살짜리 아이가 하는 일에서부터 대학 졸업생의 작업까지를 모두 포괄하는 통합 모델을 만들어야 한다고 역설했다. 듀이는 실험학교에서 교육적인 모든 것이 연결된 통합과 체계화의 교육을 바랐다. 성숙한 청년을 가르치는 것과 어린이를 교육하는 것을 분리하는 경계는 허물어뜨려야 마땅했다. 듀이는 실험학교를 통해 하급 교육과 상급 교육의 분리가 없어지면서 교육만이 존재하는 상황이 증명될 것이라고 확신했다.

이와 같은 통합 시스템은 급진적이다. 당시 전통적인 교육은 학급을 철저하게 구별하고 개별 학문 사이에 울타리를 튼튼하게 쳤다. 그런 상황에서 대학교와 초등학교가 긴밀하게 통합하고 대학이 가진 모든 자원을 초등학교가 사용할 수 있는 교육 시스템은 그 누구도 상상하거나 경험하지 못한 것이었다. 실험학교가 체제 파괴적이라는 비판이 이런 맥락에서 나왔을 것이며,《학교와 사회》가 듀이의 저작 중 가장 널리 읽혔으면서도 가장 혹독한 비판을 받은 까닭 또한 여기에 있었을 것이다.

그렇다면 듀이는 뜨거운 혁명을 신봉하는 교육자였을까? 듀이가 생애 전반에 걸쳐 진보적인 사회 혁신 운동에 적극적으로 참여하고 정치·사회적인 메시지를 말할 때 열정적인 웅변가의 모습을 띠었다는 기록들[36]을 참고하면 그렇게 볼 수 있다. 1894년 풀먼 객차 회사의 시카고 공장 노동자를 중심으로 미국 철도노동조합이 벌인 풀먼 파업(Pullman Strike)은 미국 노동 운동사에서 분기점으로 평가되는 중요한 사건이었다. 당시 미시간대학교에서 시카고대학교로 자리를 옮긴 듀이는 풀먼 파업의 지도자인 유진 데브스(Eugene Victor "Gene" Debs)와 만난 뒤 치프먼 여사에게 보낸 편지에 "내 직업인 가르치는 일을 중단하고 내가 살아 있을 때까지 그를 따라다니는 것이 낫다고 느꼈다"라고 썼을 정도로 사회 변혁을 향한 강한 열기에 휩싸여 있었다. 제이 마틴은 전기에서 듀이가 "훌륭한 무정부주의자"가 된 것처럼 느꼈다고 말했다.

양키즘의 소유자 듀이에게 급진적인 혁명가나 진보주의 운동가의 피가 흘렀을 가능성은 크다. 듀이의 생애 자체가 산업화와 근대화가 본격화하는 한복판에서 펼쳐졌다. 이는 필연적으로 산업화와 근대화 이전에 대한 향수와 격변하는 현재, 다가올 미래에 대한 기대를 동시에 불러일으켰다. 그때 듀이는 자신의 사고와 행동의 중심에 '아동'을 놓았다. 그것은 과거의 교육과 전혀 다른 혁명적인 것이었다. 듀이는 《학교와 사회》에서 다음과 같이 말했다.

현재 우리 교육에서 이루어지고 있는 변화는 무게중심의 이동입니다. 이것은 마치 코페르니쿠스가 천문학의 중심을 지구에서 태양으로 이동시켰을 때 일어난 것과 같은 변화이자 혁명입니다. 이 경우 아동은 교육 기구들을 조직하는 중심, 즉 태양이 되고 교육 기관들은 그 주위를 돌게 됩니다.[37]

그러나 듀이는 어떤 면에서 보수주의자에 더 가까웠다. 폴 페어필드(Paul Fairfield)는 듀이가 열정적인 산문이나 도발, 문학적인 과도함과 거리가 멀었다[38]고 했는데, 적어도 《민주주의와 교육》을 보면 이와 같은 평가에 100퍼센트 동의하게 될 것이다. 페어필드의 촌평처럼 듀이가 생애 전체에 걸쳐 쓴 글은 "혁명이라는 목적과 거의 관련 없이 이상하리만큼 침착한 분석과 상식"을 보여 준다.

실제로 듀이는 시종일관 급진적인 혁명에 대해 부정적인 시선을 견지했고 교육이나 문화의 혁신을 통해 사회를 점진적으로 개선하는 데 더 큰 관심을 쏟았다. 1919년 4월 31일 일본을 떠난 듀이는 치프먼 여사와 함께 중국을 방문해 20개월 동안 체류했다. 상하이 도착 후 3일 만인 5월 4일에 '5·4 문화운동'이라고 부르는 역사적인 사건을 경험한다. 그때 중국인들은 듀이를 혁명가처럼 맞이했으나, 듀이는 "민주적인

| 상식을 뛰어넘는 상식의 교육철학 |

형태의 교육으로 새로운 출발을 할 수 있는 가능성에 대해 그들에게 말하는" 시간을 보냈다.

듀이는 개인의 자유와 평등을 기반으로 하는 미국식 민주주의자였다. 교육을 계급의 관점에서 정의하지 않았다. 제이 마틴은 듀이의 교육철학이 마르크스 이론과 분명히 갈라진다면서, 그러한 철학에 따르면 사회 변화는 프롤레타리아나 어떤 다른 사회 계급이 아니라 아주 넓은 의미에서 학교 계급이나 교육을 통해 이루어진다고 평가했다. 이러한 관점에서는 학교가 삶의 실험실이 되고 사회는 점점 더 큰 민주주의를 향해 나아간다. 듀이가 교육에서 가장 큰 관심을 기울인 문제는 아동의 교육을 통한 사회의 민주적인 변화였다.

듀이는 시종일관 급진적인 변화보다 점진적인 진보와 개량에 초점을 맞추었다. 그런 점에서 듀이의 진보주의가 철학에서 보수적이고 실천에서 진보적이었다고 본 제이 마틴의 진단은 매우 적절해 보인다. 한편으로 한 사회를 바꿀 수 있는 가장 확실하고 본질적인 방법이 교육이나 문화를 통해 그 사회의 체질을 바꾸는 것이라는 점을 전제할 때, 스스로 아동 중심의 코페르니쿠스적 혁명에 대한 소망을 피력한 듀이야말로 진정한 혁명가이자 진보주의자라고 평가할 수 있지 않을까?

듀이가 구상한 아동의 삶과 경험을 교육의 중심에 놓는 시스템은 그때까지 한 번도 상상해 본 적이 없는 것이었다. 그런데 그와 같은 새로운 교육은 한 사회 전체가 성장하고 발달하는 과정과 함께하는 '사회적인 것'이라는 점에서 보수적이다. 페어필드가 듀이를 "예상 밖의 혁명가"라고 한 것은 나름대로 의미 있는 평가라고 할 만하다. 나는 페어필드의 표현을 조금 비틀어 듀이를 "보수적인 진보주의 혁명가"였다고 정의하고 싶다.

상식을 뛰어넘는
상식의 교육철학

《민주주의와 교육》은 제1차 세계
대전(1914~1919)이 한창이던 1916년에 세상에 나왔다. 이 책은 수백 편
이 넘는 듀이의 책과 글 가운데 세계적으로 가장 널리 알려진 작품으
로 현대 교육학에 커다란 영향을 끼쳤다. 또한 1938년에 발표한《경험
과 교육(Experience and Education)》과 함께 듀이가 주창한 진보주의
교육철학의 정수가 담긴 작품으로 평가받는다.

듀이는《민주주의와 교육》에 유례없이 강한 애정을 보였다. 출간 뒤
15년이 지나 쓴 한 편의 글에서 "나의 교육철학이 가장 포괄적이고 가
장 충분하게 설명되었다"라고 자평했다. 그러면서 이 책이 교육에 직
접 관심을 가진 사람들 외에 일반 철학자들에게 널리 읽히지 않는다는
사실에 대해 유감을 표했다. 일반 철학자들이 교육과 관련 있는 사람
들인데도 읽지 않는다는 사실을 이해하기 어렵다는 이유에서였다.

《민주주의와 교육》은 번역본으로 500쪽이나 되는 거작이다. 전체
26개 장에 걸쳐 개진한 내용의 방향과 목적은 크게 두 가지이다. 민주
주의 사회에 작용하고 있는 이념을 추출해 진술하기, 이러한 이념을
교육의 실제 문제에 적용하기. 이를 위해 다음과 같은 내용을 논의에
포함했다. 첫째, 공공 교육의 건설적 목적과 방법이 어떻게 규정되는
가를 제시한다. 둘째, 민주화되기 이전의 사회적 상황에서 체계화된

지식의 이론과 도덕적 발달의 이론을 비판적으로 검토한다. 듀이는 이 책에서 말하는 철학이 관심을 두는 측면도 분명히 밝혔다. 민주주의의 성장을 과학의 실험적 방법, 생물학의 진화 이론, 산업의 재조직과 관련된 것으로 보고 이러한 발달이 교육의 내용과 방법에 어떤 변화를 가져오는가 하는 문제들이다.

듀이가 서문에 밝힌 이러한 내용은 거창하지만, 실제 책의 본문에서 하나하나 분석하고 논증하는 교육철학의 문제들은 평이하다. 듀이는 제1장부터 제4장에 걸쳐 교육의 개념을 정의하고 있는데, 여기에는 의사소통, 환경, 분위기, 지도, 성장처럼 일상적이고 평범한 단어들을 키워드처럼 쓰고 있다. 듀이는 이 용어들에 담긴 기본적인 의미나 교육철학적인 의미를 세세하게 분석한다.

이홍우 서울대학교 교육학과 명예교수는 《민주주의와 교육》(교육과학사)의 역자 해설에서 듀이의 생각이 오늘날 교육에 관한 일반적인 통념이나 상식이 되었다고 말한 적이 있다. 이홍우는 이 책의 내용들이 오늘날 교육학과 학생들이 당연하다고 생각하고 무심코 하는 말들과 거의 차이가 없다는 말까지 했다. 듀이를 두고 "상식에 거창한 철학의 옷을 입힌 사람"이라고 평가한 것도 이와 비슷한 맥락에서 나왔을 것이다.

이홍우는 듀이의 생각과 교육에 관한 통념 사이의 유사성에 대해 이런 질문을 던진다. 듀이의 철학 자체가 원래 보통 사람들이 가진 통념이나 상식에 기반해서 그런 것인가, 아니면 듀이의 이론을 사람들이 널리 받아들여서 그렇게 된 것인가? 이홍우는 이 질문에 대해 명확한 답변을 내놓지 않는다.

나는 "상식에 거창한 철학의 옷을 입힌 사람"이라는 식의 언명이 조금 부당하다고 생각한다. 듀이의 생각을 "오늘날 교육에 관한 일반적인 통념이나 상식", 또는 "교육학과 학생들이 당연하다고 생각하고 무심코 하는 말들" 차원에서 보는 것은 자유이며, 어떻게 보면 그런 식의 평가가 자연스러워 보이기도 한다. 그런데 이는 이홍우 교수가 21세기를 살아가는 사람이라는 점을 전제로 할 때만 가능한 것들이다.

듀이가 《민주주의와 교육》에서 다루고 있는, 오늘날 우리가 교육에 관한 상식처럼 이야기하는 주제들이, 이 책이 탄생한 100년 전의 미국에서는 단순한 이야깃거리조차 되지 않았을 것이라는 사실을 유념하지 않으면 안 된다. 교육을 통한 '성장'이니 '민주주의'니 하는 주제들이 당대 미국인들 사이에서 일상적인 흥미를 자아내는 상식의 자리에 있었으리라고는 생각하기 어렵다.

듀이가 《민주주의와 교육》에서 설파하고 있는 교육철학은 (오늘날 우리가 보기에는) 상식에 기반하지만 상식적이지 않은 방식으로 서술되어 있어서 특유의 색깔을 얻었다. 이것은 듀이의 이론이 상식 자체라거나, 사람들이 그와 같은 상식에 기반한 듀이의 철학에 뜨겁게 반응했다는 것과 다른 차원에 놓이는 문제이다. 거칠게 말해 듀이는 《민주주의와 교육》에 상식을 뛰어넘는 상식의 교육철학을 펼쳐 놓았다.

몇 가지 예를 들어 보자. 듀이는 삶을 환경에 작용함으로써 자신을 갱신해 나가는 과정이라고 정의했다. 삶을 갱신의 과정이라고 보는 것은 삶을 하나의 생명체가 연속적인 시간 축 위에서 중첩적으로 경험하는 활동(결과)의 총체라고 보는 일반적인 시각과 구별된다. 듀이가 갱신으로서의 삶을 말한 것은 '갱신에 의한 연속성'이라는 경험 개념과, '삶

| 상식을 뛰어넘는 상식의 교육철학 |

이 갖는 사회적 연속성'과 관련되는 교육 개념을 설명하기 위해서였다. 듀이가 보기에 경험은 사회 집단의 갱신을 통해 영속되며, 교육은 가장 넓은 의미에서 삶의 사회적 연속성을 유지하는 수단이 된다.

기계의 비유를 가져와 사회와 사회적 관계를 분석하고 교육의 필요성과 필연성을 설파하는 대목에서도 듀이 특유의 상식을 뛰어넘는 상식의 교육철학을 찾아볼 수 있다. 우리가 익히 알고 있는 것처럼 기계의 각 부분은 최고도로 긴밀하게 협동해 공동의 결과를 내기 위해 일한다. 그렇다면 기계도 사회인가? 듀이의 말을 들어보자. '기계를 이루는 각 부분이 공동의 목적을 인식하고 있고 그 목적에 관심을 두고 있어서 각각의 활동을 목적에 맞게 조절할 수 있다면 기계도 사회를 이룬다고 볼 수 있다. 기계의 각 부분이 그렇게 일하려면 의사소통해야 한다. 그런데 기계는 그렇게 하지 못한다. 따라서 기계는 사회가 아니다.'

이와 같은 논증은 살아 있는 사회, 구성원들이 서로 긴밀하게 의사소통하면서 사회적 관계를 유지하는 사회 집단의 의의를 자연스럽게 이해하게 한다. 듀이는 어떤 사회 집단 안에서 상당히 많은 인간관계가 기계와 같은 수준에 머물러 있다고 생각했다. 그곳에서 개인들은 서로를 이용해 각자 바라는 결과를 얻고자 하며 상대방의 정서적이거나 지적인 성향에 신경 쓰지 않는다. 듀이는 이처럼 남을 이용하는 관계가 '힘의 우월성'이나 지위, 기술, 수완, 기계적이거나 금전적인 수단을 다루는 '솜씨의 우월성'으로 성립된다고 보았다.

우월성이 작동하는 관계는 부모와 자녀, 교사와 학생, 고용주와 직원, 통치자와 피통치자 사이에 두루 걸쳐 있을 수 있다. 이러한 관계에서는 명령과 지시가 관계를 유지하는 수단이 된다. 사람들은 명령과 지시를 주고받으면서 행위와 그 결과에 변동을 가져오는 활동을 한다. 그렇다고 해서 그러한 활동이 목적을 공유하고 관심의 교환을 가져온 다고 생각하지 않는다. 교육적인 의미를 갖는 의사소통이 빠져 있기 때문이다. 여기서 교육과 의사소통의 관계, 이를 바탕으로 이루어지는 삶의 필연성으로서의 교육 개념이 나온다.

정말로 살아 있는 사회 조직, 다시 말하면 모든 사람들이 한마음 한뜻으로 공유하는 사회 조직은 거기에 참여하는 사람들에게 교육적 영향을 행사한다고 말할 수 있다. 사회 조직이 교육적 효능을 잃어버리는 것은 오직 그것이 틀에 부은 듯이 고정되어 운영될 때이다. 결국 사회생활이 스스로를 영속시키기 위해 가르치고 배우는 일을 필요로 할 뿐만 아니라, 함께 살아가는 과정 자체가 교육한다고 말할 수 있다.[39]

삶과 경험, 의사소통에 관한 듀이의 분석을 종합하면 민주주의 사회에서의 교육을 "경험의 연속적인 재구성"으로 정의할 수 있다. 그렇다면 삶에서 무엇인가를 계속 경험하는 것만으로 교육이 이루어진다고 말할 수 있지 않을까? 성장은 삶의 특징이며, 교육은 성장과 완전히 같다.[40] 이를 거칠게 정리해 '삶=성장=교육'이라고 도식화할 수 있다. 살아가며 경험하는 것만으로 교육이 이루어진다!

혹자는 이러한 점에 주목해 듀이가 교육을 말하면서 교육하지 말라고 말하고 있다고 혹평했다.[41] 보통 사람들이 교육받지 않은 상태에서도 능히 할 수 있는 생각을 교육의 목적으로 삼았으며, 따라서 교육이 실패한 경우를 교육의 목적으로 삼았다는 이유에서였다. 이러한 비판은 지나치다. 교육을 경험의 연속적인 재구성이라고 보는 듀이의 관점은 교육하지 말라거나 교육하지 않는 것이 아니라, 교육에서 아동의 실제적인 삶과 경험을 중시하라는 태도에 강조점을 두고 있기 때문이다. 이것은 듀이로 대표되는 미국 프래그머티즘의 기본 입장인 동시에 교육에 대한 보통 사람들의 상식적인 교육관과도 어긋나지 않는다.

《민주주의와 교육》의 매력

앞 절에서 듀이가 《민주주의와 교육》에 펼쳐 놓은 교육철학을 '상식을 뛰어넘는 상식의 교육철학'이라고 규정했다. 이 문장에서 특별히 방점을 찍고 싶은 부분은 '상식을 뛰어넘는'이다. 여기에 《민주주의와 교육》의 특별한 매력이 자리 잡고 있기 때문이다.

'환경'이나 '분위기'는 일상생활에서 자주 쓰이는 상식적인 말이다. 우리는 이 단어들이 교육이라는 사태에서 갖는 의미나 의의를 별로 깊이 생각하지 않는다. 환경과 분위기는 각각 사전적으로 "생활하는 주위의 상태", "주위를 둘러싸고 있는 상황이나 환경"으로 풀이된다. 기껏해야 교육에 직간접적인 영향을 주는 배경 요소 정도로 간주한다.

그러나 듀이는 환경이나 분위기를 단순히 개인을 둘러싸고 있는 주위 사물이 아니라고 생각했다. 가령 환경은 그 이상의 것이며, 사람을 달라지게 하는 원인이 된다. 달리 말해 환경은 생명체의 특징적인 활동을 조장하거나 방해하거나 자극하거나 금지하는 조건이다. 따라서 환경이나 분위기는 활동을 지속시키거나 좌절시키는 조건으로서 활동 속에 들어오는 요소들이다. 사회적 환경은 구성원의 외부적인 행동 습관을 만들어 낸다. 환경을 바꾸어 행동에 대한 자극을 줌으로써 습관이 바뀌면 그 사람의 지적 성향도 변화한다. 사회적 분위기는 개인의 구체적인 행동을 자극하는 조건을 만든다.

듀이에 따르면 환경의 무의식적인 영향은 개인에게 미묘하면서도 광범위하게 미친다. 그것은 언어 습관, 몸가짐이나 예절, 고상한 취향과 심미적 감상력 등에 두루 걸쳐 있다. 교육은 이와 같은 환경을 통제해 아동의 행동과 사고, 감정을 일정한 방향으로 이끄는 것이다. 듀이는 우리가 직접적으로 교육하는 것이 아니라 환경을 통해 간접적으로 교육할 뿐이라고 생각했다.

교육 형식으로서의 지도와, 사회적 지도의 방식과 관련되는 '물리적 결과'와 '도덕적(교육적) 결과'에 대한 듀이의 고찰도 참신하게 다가온다. 교육자는 교육의 일반적인 기능을 위해 지도, 통제, 안내 같은 특별한 형식을 취할 수 있다. 안내는 협동을 통해 개인의 타고난 능력을 돕는다. 통제는 외부로부터 주어지는 영향력 차원에 놓인다. 이들보다 중립적인 지도는 아동의 능동적인 경향이 연속적인 진로를 따라 이끌리게 되는 것과 관련된다.

이들 중 교육에서 가장 일반적인 방식은 지도이다. 지도는 교육자가 교육적인 목적을 달성하기 위해 아동을 대상으로 언제든지 즉각적으로 취할 수 있는 교육의 형식이다. 교육자는 지도 행위를 통해 아동에게 즉각적인 영향력을 행사하려고 한다. 여기서 물리적 결과와 도덕적 결과[42]를 혼동하는 문제가 생긴다. 교사는 학생에게 즉각적인 영향력

| 상식을 뛰어넘는 상식의 교육철학 |

을 행사하면서 만나는 물리적 결과를 도덕적 결과와 혼동하는 경향이 강하다. 이렇게 되면 교육자가 아동의 교육적 잠재력을 활용할 기회를 놓쳐 버린다. 교육자가 바라는 결과를 얻는 데 아동 개인의 참여적 성향을 활용하거나, 아동이 자신을 지도하는 능력을 개발할 기회를 잃을 수 있기 때문이다.

'성장으로서의 교육'을 다룬 제4장은 《민주주의와 교육》의 매력을 가장 크게 느낄 수 있는 부분이다. 우리는 흔히 아동이나 아동기를 '비교적'인 차원에서 바라본다. 미성숙은 모자라는 것이고, 성장은 성숙과 미성숙 사이에 있는 틈을 메우는 것으로 생각하는 관점이다. 이것은 아동이나 아동기 자체에 내재하는 의미를 무시한 결과이다. 아동기를 결핍 상태로 생각하는 것은 성인기를 고정된 표준으로 정해 놓고 이에 비추어 아동기를 바라보기 때문이다.

아동을 비교적인 관점이 아니라 절대적인 관점에서 바라보면 새로운 인식의 지평이 열린다. 듀이는 절대적인 관점에서 미성숙을 하나의 적극적인 능력, 곧 성장하는 힘으로 볼 수 있다고 말한다. 달리 말해 미성숙을 가능성의 측면에서 적극적이고 건설적인 어떤 것이라고 해석할 수 있는 것이다. 미성숙은 의존성과 가소성(可塑性, plasticity)이라는 두 가지 특성을 갖는데, 이것들은 미성숙한 아동이 성장하는 데 중요한 관건이 된다. 가소성은 사전적으로 고체가 외부에서 탄성 한계 이상의 힘을 받아 형태가 바뀐 뒤 그 힘이 없어져도 본래의 모양으로 돌아가지 않는 성질을 뜻한다. 부드러운 플라스틱이 그런 것처럼 미성숙한 아동 역시 일정한 환경이나 조건에서 성장하면서 변화할 수 있다.

성장과 발달
사이에서

이제 의존성에 대한 듀이의 독창적인 분석 결과를 염두에 두면서 성장과 발달에 관한 우리의 시선을 돌아보고 여기서 파생되는 문제를 개략적으로 풀어 보자. 의존성을 상식적인 차원에서 단지 '의지가 없는 상태'로 본다면 발달이 이루어지기 힘들다. 스스로 힘도 없고 의지도 없는 존재는 영원히 다른 존재에게 끌려다닐 수밖에 없다.

반면 사회적인 관점에서 보면 의존 상태는 약점이 아니라 강점을 의미한다. 의존 상태는 의존하는 주체의 일방에만 한정되지 않고 상호 의존 상태로 존재한다. 그에 따라 의존하는 주체는 다른 사람에게 의존하면서 사회적인 관계를 맺는 능력을 길러 나갈 수 있다. 그러나 한 개인이 다른 사람에게 의존하지 않고 독립적인 상태로 있게 되면 사회적인 관계에 무관심하고 냉담해지면서 혼자 행동하고 살아갈 수 있다는 심각한 착각 상태에 빠지게 된다. 이와 같은 상황에서 성장이나 발달을 기대하기는 힘들다.

성장의 표준을 성인이나 성인기에 두는 관점에 따르면 아동의 성장과 발달은 행동이 숙달되는 것, 관심과 흥미, 관찰과 사고의 대상이 특정한 무엇에 고정되는 것 등의 습관 형성을 가리킨다. 그런데 아동은 자신의 고유한 힘(능력)으로 무엇인가를 배우고, 어른은 자기 힘으로 환경을 변화시키며 나아간다. 이 사실을 도외시하면 발달의 정지와 수동적인 '안주'가 초래된다. 달리 말하면 정상적인 아이나 정상적인 어른 모두 함께 성장해 나가는 존재들인 것이다.

| 상식을 뛰어넘는 상식의 교육철학 |

아이와 어른의 차이는 성장과 비성장의 차이가 아니라 각각의 조건에 맞게 성장의 방식을 달리한다는 점에 있다. 과학적이거나 경제적인 문제를 해결해 나가는 힘을 두고 말하면 아이가 어른으로 성장해야 한다고 말할 수 있을 것이다. 그러나 동정적 호기심, 편견 없는 감수성, 마음의 개방성 등을 두고 말하면, 오히려 어른이 아이와 같은 상태로 성장해야 한다[43]고 말할 수 있다.[44]

성장 개념은 듀이표 교육의 알파이자 오메가이다. 그런데 성장에 대해서는 그렇게 누누이 강조하면서 발달에 대해서는 (그리 노골적이지는 않지만) 소홀히 다루고 있는 것처럼 보여 조금 아쉽다. 듀이는 사전적으로도 그 의미가 분명히 구별되는 성장과 발달을 뒤섞어 쓰고 있다. 제4장에서 발달 이론의 교육적 의의를 살피면서 "교육은 발달이다"라는 명제를 내세운 뒤 "삶은 발달이요, 발달 또는 성장은 삶이다"라는 결론을 도출한다. '삶=발달=성장'의 등식에 기대어 발달과 성장이 같은 차원에 있는 것처럼 정의한다. 그런데 발현(unfolding)으로서의 교육관을 피력하는 제5장에 가서는 발달을 전혀 다르게 파악한다. "발달은 계속적인 성장을 뜻하는 것이 아니라 내재해 있는 힘이 고정된 목표를 향하여 전개되어 나가는 과정이다." 이 대목이 특정한 교육관에서 다루는 발달관을 정의하는 부분이기는 하지만 지나치게 조작적이고 인위적으로 보인다는 점에서 아쉬움이 없지 않다.

듀이는 제4장에서 미성숙[45]한 개체가 힘과 가능성으로서의 의존성과, 습관을 형성하는 능력이라는 가소성[46]을 통해 성숙한 개체가 되는 과정이 성장이며 그렇게 만드는 활동이 교육이라고 보았다. 성장에는 더 성장하는 것 이외의 다른 목적이 없으며, 따라서 교육에도 더 교육받는 것 이외의 다른 고려 사항이 없다. 듀이는 이렇게 말한다. "삶은 곧 성장이므로, 살아 있는 인간은 아이 시절이나 어른 시절이나 할 것 없이 똑같이 참되게, 똑같이 적극적으로 살며, 똑같은 정도의 내재적 충만과 절대적 요구를 가지고 산다. 그리하여 교육은 연령층에 관계없이, 성장 또는 '잘 사는 것(adequate of life)'을 보장하는 조건을 마련해 주는 일이다."[47]

일부에서는 듀이의 성장 개념이 유기체(개체)의 질적 변화가 불가능하다는 점을 전제하고 있다고 지적한다.[48] 듀이의 성장 개념에 따르면 학습할 수 있는 내적 능력은 양적으로만 변화한다. 예를 들어 미성숙한 개체는 자신에게 내재해 있는 의존성과 가소성에 따라 탄력적으로 환경에 적응하고 변화하면서 점점 '더 큰(많은) 능력'을 가진 개체로 성장한다. 이때 개체는 자신의 원래 기질을 그대로 유지한다.[49] 듀이의 표현대로 더 많은 교육, 꾸준히 좋은 삶만으로 우리는 성장할 수 있다! 반면 발달은 질적 변화를 수반한다. 듀이는 발달을 "내재해 있는 힘이 고정된 목표를 향하여 전개되어 나가는 과정"이라고 조금 편협하게 정의했지만, 발달은 단순히 고정된 목표를 향하는 일뿐 아니라 발달 중인 당사자 개체가 질적으로 변화하는 일까지를 포함한다.

듀이 특유의 성장 개념과 교육 개념(경험의 연속적인 재구성)을 종합해 다음과 같은 결론을 끌어낼 수 있다. 학생은 경험의 연속적인 재구성을 통해서 성장한다. 교육자는 그러한 과정이 원활하고 자연스럽게 이루어질 수 있도록 환경(조건)을 마련해 주라. 학생이 다양한 경험을 하게 하라. 삶을 살게 하라. 그렇게 하면 학생은 스스로 내적으로 성장하고 사회 환경에 무난하게 적응하면서 살아갈 수 있는 존재가 된다.

| 상식을 뛰어넘는 상식의 교육철학 |

나는 이제 왜 배희철 비고츠키연구회 회장이 《비고츠키와 발달교육 4》에서 듀이를 "개인적 구성주의의 진정한 원조"라고 했는지 그 이유를 알 것 같다. 주지하는 것처럼 구성주의는 인간이 경험을 통해 지식과 의미를 구성한다는 점을 강조하는 교육 이론이다. 구성주의적 관점에 따르면 교육은 교사가 학생에게 직접적으로 지식, 감정, 행동 양식을 가르침으로써가 아니라 적당한 사회 환경을 조정함으로써 간접적으로 이루어진다.[50] 배희철은 듀이가 교육을 유기체가 사회 환경에 적응하면서 이루어지는 과정으로 보았다는 점을 근거로 개인적 구성주의에 가깝다고 하면서 듀이를 개인적 구성주의의 진정한 원조로 규정했다.[51]

듀이의 교육철학에 따르면, 자연적인 (더 많은, 더 좋은) 삶의 과정에서 다양한 일을 경험하면서 그것을 연속적으로 재조직하고 재구성하는 과정에서 교육이 이루어지고 학생이 성장한다. 이러한 관점에 기대 현재 우리나라의 혁신학교발 활동 중심, 생활 중심, 경험 중심, 학생 중심 교육의 뜨거운 열기가 역사적으로 듀이표 교육철학에까지 이어진다고 해석할 수 있다. 문제는 이들 활동 중심, 생활 중심, 학생 중심 교육에서 전통적인 지식 교육이 소홀해질 수 있다는 점이다. 이와 관련한 문제 제기는 혁신 교육 출발기부터 지금까지 꾸준히 이어져 오고 있다.

독자들이 오해할 여지가 있으므로 먼저 사실 하나를 밝혀 둔다. 뒤에서 자세히 살펴겠지만 듀이는 교과 지식 교육이나 문화 전수의 중요성을 소홀하게 다루지 않았다. 듀이의 의도와 무관하게 교과 지식을 습득하고 누적하고 문화를 전수하는 일에 그다지 관심을 기울이지 않은 것처럼 보이는 사람들은 듀이즘(Deweyism)의 신봉자들이었다. 그런 점에서 이홍우 교수가《미국 교육학의 정체》제1장의 "미국 교육학의 저주와 재앙"에 남긴 다음과 같은 말은 듀이의 영향력이 여전히 알게 모르게 작동하고 있는 오늘날 우리나라 교육 현실에 시사하는 바가 적지 않다.

듀이에게 있어 교과는 원래 있는 그대로의 교과가 아니라 그의 도구주의적 편견에 의하여 부당하게 변형되고 왜곡된 교과이며, 따라서 교과가 원래 있는 그대로 이해되고 전수되지 않는 것은 그의 견해가 몰고 올-사실상 이미 몰고 온-재앙 중에서 결코 사소한 것이 아니다.[52]

현대 민주주의 교육학의 경전

듀이가《민주주의와 교육》을 구성하는 전체 26개 장에서 풀어 가는 핵심 문제는 민주주의 교육에 담긴 교육철학의 정체이다. 이를 밝히기 위해 듀이는《민주주의와 교육》전편을 세 부분으로 나누어 구성했다. 교육의 사회적 필요와 기능(1~5장), 경험의 연속적인 재구성(재조직)으로서 교육의 이상과 실천 방향, 이를 위한 교육 내용과 방법의 성격(6~17장), 교육의 민주적 기준을 실현하는 데 현재 사회가 가지고 있는 제약(18~23장) 등이다. 나머지 24~26장에서는 민주주의 교육의 철학과 지식론, 도덕론을 짚었다.

듀이가《민주주의와 교육》에 진술한 교육철학의 핵심 목표는 어떻게 하면 민주주의를 성장시킬 수 있는가였다. 그의 생각은 명확했다.

| 상식을 뛰어넘는 상식의 교육철학 |

서문에서 밝힌 것처럼 민주주의의 성장은 과학의 실험적 방법, 생물학의 진화 이론, 산업의 재조직과 관련된다. 결국 《민주주의와 교육》의 전체 26개 장은 이들 세 방면의 발달이 교육의 내용과 방법에 어떤 변화를 가져오고, 그 결과 민주주의를 어떻게 성장시키는가와 관련된다고 이해할 수 있다. 그중 민주주의 교육론의 핵심을 가장 정면에서 다루고 있는 장이 제7장(민주주의 교육의 개념)이다.

제7장은 전체가 5개 절로 이루어져 있다. 제1절은 인간의 단체 생활에 내포된 의미를 다룬다, 제2절은 민주주의의 이상에 관한 내용이다. 제3~5절은 역사상 교육의 사회적 관련성이 특히 강조되었던 세 가지 교육철학을 살핀다. 고대 그리스 아테네에서 출현한 플라톤의 계급 기반 교육철학(제3절), 18세기 계몽주의 시기에 나타난 개인주의 교육철학(제4절), 민족국가를 교육의 추진 기관으로 삼았던 19세기의 제도적 관념주의 교육철학(제5절)이다.

민주주의 교육에 대한 듀이의 고찰은 사회나 공동체에 대한 개념 정의에서 시작한다. 그는 현실적인 차원에서 복수(複數)의 사회론을 개진한다. 세상에는 좋은 사회가 있고 나쁜 사회가 있다. 범죄 음모를 꾸미는 사람들의 떼거리, 대중을 갉아먹기 위해 결탁하는 기업체들, 시민을 약탈하기 위해 야합하는 정치적 기구들도 사회에 포함된다. 우리는 일반적으로 이들을 사회로 보지 않지만, 듀이는 다르게 생각했다.

도둑 사이에도 명예가 있으며, 강도단에도 그 구성원 사이에 공동의 관심사가 있다. 붕당의 특징은 우애이며, 좁은 파벌은 그 기율에 대한 강한 충성심이 특징이다. 가족생활에는 가족 이외의 사람들에 대한 배타심, 시의(猜

疑), 질투심이 작용하며, 그래도 가족 안의 생활은 우애와 상호 원조의 모범이 된다. 어느 집단에서든지 거기서 이루어지는 교육은 그 구성원들을 사회화하지만, 그 사회화의 질과 가치는 그 집단의 습관과 목적에 따라 다르다.[53]

듀이가 생각하는 사회의 조건은 첫째, 의식적으로 공유되는 관심이 수에 있어서 얼마나 많으며 종류에 있어서 얼마나 다양한가, 둘째, 다른 공동생활과의 교섭이 얼마나 충만하고 자유로운가였다. 이들 특성에 따라 범죄 조직은 바람직한 사회의 범주에서 제외된다. 구성원들의 공동 관심사가 약탈 한 가지에 국한되며, 집단의 성격상 다른 집단과 유리되어 있어서 삶의 가치를 주고받을 수 있는 교류 기회가 없기 때문이다.

사회를 규정하는 공동 관심사의 수와 종류의 다양성, 다른 공동생활과의 교류 가능성이라는 특성은 그대로 민주주의 사회의 성격을 규정하는 요소가 된다. 민주주의 사회는 그 안에 있는 여러 관심사가 서로 긴밀하게 관련되어 있고 진보나 재적응을 중요한 사항으로 고려한다. 이러한 사회를 실현하기 위해서는 다른 어떤 형태의 사회에서보다 더 의도적이고 체계적인 교육에 관심을 둘 수밖에 없다. 여기에서 듀이의 유명한 민주주의 개념이 나온다.

민주주의는 단순히 정치의 형태만이 아니라, 보다 근본적으로는 공동생활의 형식이요 경험을 전달하고 공유하는 방식이다.[54]

민주주의 사회에서는 사람들 사이의 접촉이 많고 그 종류가 다양하다. 개인이 반응해야 할 자극이 다양하다는 뜻이다. 이는 결과적으로 개인의 행동이 다양해지는 상황을 촉진한다. 그렇게 되면 사람들은 그때까지 족쇄와 사슬에 묶여 있던 힘을 풀어내고 마음껏 행동한다. 그러한 사회는 저절로 만들어지지 않는다. 의식의 각성, 의도적이고 의식적인 노력과 같은 개인적 차원의 요인 외에 경제적인 생산양식의 발달, 과학의 힘을 활용한 상업, 교통, 이주, 통신의 발달 같은 사회적 차원의 요인을 함께 갖추어야 한다.

그렇다면 민주주의 사회를 만들기 위한 교육철학은 어떠해야 할까? 듀이는 역사적으로 교육의 사회적 측면을 고민한 교육철학 몇 가지를 살핌으로써 이 문제를 우회적으로 해결하려고 한다. 첫 번째가 플라톤의 철학이다. 듀이는 플라톤보다 교육의 사회적 관련성을 더 잘 표현한 사람이 없다고 평가했다. 우리가 잘 알고 있듯이 플라톤은 개인의 타고난 천성과 적성에 따라 다른 사람에게 유용한 일을 할 때 사회가 안정될 수 있다고 생각했다. 이때 교육은 그런 적성을 발견해 사회에 유용하게 쓰일 수 있도록 훈련하는 데 그 과제가 있었다. 듀이는 플라톤이 인간의 능력과 계급이 제한되어 있다고 봄으로써 개인을 사회에 종속시켰다고 비판했다. 이는 우리가 1장에서 살핀 그대로이다.

듀이가 교육의 사회적 관련성에 관한 철학의 두 번째 보기로 든 것은 18세기 계몽주의 시대의 루소로 대표되는 자연주의 교육철학이다. 자연주의에서는 자연(본성)을 실체의 본질로 본다. 자연은 인간 존재와 인간성을 포함한 모든 존재를 설명하는 전체적인 체제이다.[55] 이에 따라 자연주의 교육철학에서는 각 개인이 갖춘 다양한 능력과 자질을 자유롭게 개발하는 것을 중시한다. 그런 점에서 자연주의 교육은 개인주의를 특별히 강조하는 사조라고 이해할 수 있다.

그런데 듀이는 루소로 대변되는 자연주의 철학 사조가 오히려 (사회적) 진보에 으뜸가는 관심을 두었다고 보았다. 자연주의가 지향하는 적극적인 이상은 인간성 자체에 있었다. 인간의 능력은 국가의 시민이 아니라 인간성에 참여하는 구성원이 될 때 해방될 수 있다. 이렇게 해방된 개인은 반사회적인 존재가 아니라 진보적인 사회를 이끌어가는 기관이나 수행자 역할을 담당하게 되어 있다. 모든 외적 제약과 속박에서 해방된 자유로운 자연의 존재가 더욱 나은 사회 질서를 세우는 일에서 선봉장이 될 수 있다는 사실은 역설적이다.

그러나 개인주의(자연주의) 교육철학은 모든 것을 자연에 맡김으로써 교육 자체를 부정한다는 오해를 살 가능성이 있다는 점에서 한계가 분명하다. 듀이가 보기에 역사적으로 자연주의 철학이 물러선 자리에 국가주의가 들어서고, 새로운 교육이 현존하는 국가에 의존해 실현될 수밖에 없다는 것은 불가피한 사실이었다. 이제 교육은 칸트와 피히테, 헤겔 등으로 대변되는 19세기 독일의 제도적 관념주의 철학 전통에 따라 공공 기능을 강조하기 시작했다. 국가가 인간성을 대체하고 범세계주의가 국가주의에 자리를 양보했다. 이때 교육의 목적은 인간이 아니라 시민을 만드는 데 있었다.

듀이는 교육의 사회적인 관련성을 주창한 철학들을 개관하면서 크게 두 가지를 이야기했다. 먼저 교육의 개념을 개인 측면에서 보는가 사회 측면에서 보는가 하는 문제는 크게 보면 의미가 없다. 플라톤의 교육철학에서는 개인의 자아실현과 사회 통합과 안정을 똑같이 취급한다. 18세기의 교육철학은 형식상 고도로 개인주의적인 특징을 보이지만 그것은 사회적 이상의 차원에서 실마리를 얻은 것이다. 19세기 초 독일 관념주의 철학은 개인 교양의 자유롭고 완전한 발달과 사회적 훈육, 정치적 복종을 동일하게 대했다.

둘째, 민주주의 사회에서 교육이 갖는 한 가지 근본적인 문제는 국가의 목적과 사회의 목적 사이에서 벌어지는 갈등을 통해 교육의 목적이 만들어진다는 점이다. 이 문제는 다음과 같은 방식으로 나타난다. '인간 복지와 진보에 교육이 중요하다. 그것은 국가의 이익과 결부되어 있다. 따라서 교육의 사회적 목적은 국가적 목적과 동일시되어야 한다. 결과적으로 교육의 사회적 목적이 불분명해진다.' 그렇다면 민주주의 사회에서 수행하는 교육의 목적을 어디에 두어야 하는가? 그러한 교육을 이루기 위한 조건은 무엇인가? 듀이의 대답은 다음과 같다.

교육의 목적은 개인들로 하여금 자기 자신의 교육을 계속할 수 있도록 하는 데에 있으며, 학습의 목적과 보람은 성장의 능력이 계속 증대하는 데에 있는 것이다. 그런데 이러한 생각이 사회의 '모든' 구성원에게 적용되려면 인간과 인간과의 교섭이 상호적인 것이어야 하며, 관심의 공평한 분배와 그로 말미암은 광범위한 참여에 의해 사회적 습관과 제도를 재구성하는 적절한 조치가 취해져야 한다. 이것은 곧 그 사회가 민주적인 사회여야 한다는 뜻이다.[56]

듀이는 이와 같은 일련의 논증을 거쳐 교육의 목적이 갖는 철학적 의미, 교육 목적으로서의 자연적 발달과 사회적 효율성, 흥미와 도야,

경험과 사고 등 민주주의 사회의 교육철학이 갖는 다양한 측면을 살핀다. 그 과정은 철두철미하다. 본질과 지엽말단을 함께 아우르고, 일반적인 것과 구체적인 것, 큰 것과 작은 것을 동시에 고찰한다. 그 모든 것의 궁극적인 지향점은 민주주의 교육 체제이다. 그런 점에서 우리는 《민주주의와 교육》을 현대 민주주의 교육학의 경전에 비유해도 지나치지 않을 것이다.

진보주의 교육에 대한 오해

　　　　　　　　　　　　듀이는 불세출의 완벽한 교육철학자인가? 듀이에서 시작된 미국의 진보주의 교육은 그의 의도와 무관하게 많은 비판을 받았다. 예를 들어 미국 안에서는 듀이로 대변되는 진보주의 교육이 아동의 자유로운 활동과 흥미를 지나치게 강조한 나머지 전통적인 교육에서 중시한 학문적인 내용이나 기초 지식을 제대로 가르치지 못했다는 비판을 받았다. 1957년 구소련이 세계 최초로 인공위성 스푸트니크호를 발사하면서 자존심에 상처를 입게 되자 미국인들은 이를 아동 중심, 생활 중심 교육을 주도한 진보주의 교육 탓으로 돌렸다.

　교육사가들에 따르면 진보주의 교육철학의 전통은 20세기 초·중반 북아메리카와 유럽 지역에서 만들어졌다. 폴 페어필드는 장 자크 루소, 허버트 스펜서(Herbert Spencer), 장 피아제, 존 듀이, 윌리엄 허드 킬패트릭(William Heard Kilpatrick) 들이 진보주의 교육철학자 범주에 들어간다고 보았다. 진보주의 교육철학의 핵심은 교육의 중심을 성인과 교사에서 아동으로 전환한 데 있다. 1918년 미국에서 설립된 진보주의교육협회는 다음과 같은 진보주의 교육 강령을 채택했다. 아동의 자연스러운 발달, 흥미에 의한 학습, 안내자로서의 교사, 아동에 대한 과학적 이해, 아동의 신체적 건강, 가정과 학교의 협력[57] 등이다.

진보주의 교육자들은 전통적인 교육 기관의 보수성을 비판한다. 예를 들어 진보주의 교육학은 일제식 직접 교수, 암기와 반복에 의한 학습, 표준화한 교과 내용과 시험, 점수와 경쟁 강조 같은 전통적인 방법들, 졸업 이후의 삶에 유용하다고 여겨지는 정보나 기능으로 이루어진 전통적인 교육과정에 대한 반발을 이론화하는 데 관심을 둔다.[58] 진보주의 교육자는 교육이 학생 본성과 경험에 맞게 이루어져야 하며, 학생의 본성은 발달론적 모형에 따라 계발되어야 한다고 본다. 반면 보수주의 교육은 학생의 정보 획득과 지식 습득, 문화 전수를 중요하게 생각한다. 전통적인 교과 구분법을 중시하며 아동의 경험보다 교사의 교수 활동을 강조한다.

1950년대 당시 미국 교육에 문제가 있다고 보고 이를 진보주의 교육 탓으로 돌린 것은 사태의 본질을 제대로 보지 못한 데서 비롯된 면이 크다. 듀이의 교육철학에 대한 가장 큰 오해는 아동과 생활 중심의 교육을 주창한 나머지 전통적인 교과 내용이나 지식 교육을 소홀히 여겼다고 보는 것이었는데, 이는 사실과 다르다.

듀이는 1928년 진보주의교육협회의 명예회장직 수락 연설에서 진보주의 교육 운동에 관한 생각을 담담히 펼쳤다. 이 연설에서 강조한 메시지는 진보주의 교육 운동이 교육 과학이 되는 데 필요한 지적인 엄격함이었다. 듀이는 학생 중심 대 교육과정 중심, 경험 대 지식, 능동적 학습 대 수동적 학습 등의 이분법도 철저하게 경계했다. 폴 페어필드에 의하면 모든 주제에 대한 듀이의 사고방식은 언제나 변증법적이었다. 듀이는 새로운 교육의 이분법적 범주들이 갖는 비변증법적 측면을 줄기차게 비판했다. 세간의 오해와 달리 풍부한 지식 학습의 중요성을 지속해서 강조했고 진보주의 교육으로 표현되는 새로운 교육에 대해 경계하는 목소리를 멈추지 않았다. 이와 관련한 대표적인 저작이 1902년에 쓴 소논문 〈아동과 교육과정〉과 1938년에 간행한 《경험과 교육》[59]이다.

듀이는 〈아동과 교육과정〉에서 아동 대 교육과정 구도에서 비롯되는 두 가지 분파를 서술했다. 보수적이고 전통적인 교육과정 중심 분파는 학문, 수업, 사실과 공식의 세분화를 중시한다. 아동은 이렇게 세분된 부분들을 단계적으로 숙달해야 한다. 교과 내용의 논리적 분할과 이를 반영한 체계적인 교재(교과서)와 교실 수업이 중요하다. 교과 내용이 교육의 목적을 제시하고 교육 방법을 결정한다. 그들은 아동이 미성숙한 존재이며 지식을 통해 더 깊어져야 하는 얕은 존재라고 생각한다. 아동의 경험은 확장되어야 할 협소한 것이다. 반면 진보적이고 현대적인 아동 중심 분파는 아동을 교육의 출발점이자 최종 목적으로 생각한다. 교육의 이상은 아동의 발달과 성장이므로 이것을 교육의 유일한 기준으로 삼는다. 학문이나 교과는 아동의 성장을 도울 때만 의미가 있다. 아동의 개인성과 품성은 교과 내용 이상의 의미가 있다. 학습은 능동적이므로 외부에서 아동에게 강제로 주어져서는 안 된다.

듀이는 이와 같은 대립의 문제를 교육의 상호작용적 측면과 조정의 차원에서 푼다. 교육은 아동의 경험과 교육과정이 상호 작용하고 조정되면서 이루어진다. 이에 따라 아동의 경험과 교육과정을 구성하는 다양한 형태의 교과 내용 간에 틈이 있다는 편견을 버릴 것을 제안한다. 교과 내용을 아동의 경험 바깥에 있는 이미 고정된 것으로 생각하지 말라고도 권고한다. 마찬가지로 아동의 경험 역시 그 자체로 완전하게 굳어진 것이 아니라 유동적이며 발달 초기 상태에 있는 것으로 보자고 말한다.

듀이는 전통적인 교육과 새로운 교육 모두의 문제점을 경고했다. 아동의 미성숙함과 성인의 성숙함을 비교해 아동의 미성숙함을 가능한 한 빨리 벗어나야 할 것으로 간주하는 태도는 옛 교육의 약점이다. 새로운 교육은 아동이 현재 가지고 있는 힘과 '이해관심(interest)' 자체를 최종적으로 유의미한 것으로 간주한다는 점에서 위험하다. 듀이가 이런 경고를 통해 강조한 메시지는 아동과 교육과정의 연결이었다. 이는 듀이의 진보주의 교육이 교과 내용을 무시하거나 지식 교육을 소홀히 한다는 주장이 오해에서 비롯되었음을 명확하게 보여 주는 증거이다.

듀이는 《경험과 교육》에서 아동과 교육과정에 대한 자신의 변증법적인 태도를 더 명확하게 표명했다. 책의 시작 부분에서 "전통적인 교육과 진보적인 교육"이라는 제목의 장을 별도로 할애해 진보주의와 보수주의라는 이분법적 대립 구도와 이에 따른 문제점을 논증했다. 핵심 주장은 진보주의 교육자와 보수주의 교육자가 잘못된 대립 쌍을 거부해야 한다는 것이었다. 듀이는 전통적인 교육과 진보적인 교육의 특징을 개괄한 뒤 다음과 같이 말했다.

새교육이 전통적인 교육과는 차별화된 추상적인 원리를 지니고 있다고 해서 그러한 추상적인 원리가 새교육과 관련해 우리가 취하고 있는 도덕적이거나 지적인 선택이 구체적인 교육의 실천 장면에서 어떠한 방식으로 작동할 것인지를 저절로 결정해 주지는 못할 것이다. 새교육의 운동 속에는 그것이 대치하고자 하는 전통적인 교육의 목적과 방법을 부정해야만 한다는 강박 관념으로 인해 무엇인가를 건설적으로 구성하는 원리보다는 기존의 것을 부정하는 원리를 내놓는 데에 치중하게 될 위험성이 늘 도사리고 있다.[60]

듀이는 한결같이 전통적인 교육과 진보적인 교육의 변증법적인 통합을 지향했다. 듀이와 그의 텍스트는 교과 내용이나 지식을 경시하는 목소리와 아무런 관계가 없다. 교과 내용이나 지식을 경멸했던 사람들은 오히려 진보주의 교육의 또 다른 주창자인 킬패트릭이나 다른 초기 진보주의자들이었다.[61] 듀이는 이들과 달리 지적인 엄격함, 지식과 교양의 힘을 일관되게 강조했다.

전통적인 교육과 진보적인 교육의 대립 문제는 듀이의 철학이나 그가 산 시대에만 국한되지 않는다. 교육철학이나 교육관과 관련해 전통주의자와 진보주의자 사이에 벌어지는 철학적이고 방법론적인 논쟁은 교육 혁신을 이야기하는 거의 모든 시대와 공간에서 발견되는 보편적인 현상이다. 그런 점에서 오늘날에도 많은 시사점을 준다.

| 상식을 뛰어넘는 상식의 교육철학 |

또 다른
듀이

듀이의 철학은 진보주의 교육과 관련해 제기되는 문제와 전혀 다른 맥락에서 비판받기도 한다. 프래그머티즘과 이에 대한 해석의 차이에서 비롯되는 비판이다. 그 선봉에 버트런드 러셀이 있다. 러셀은 듀이와 거의 같은 시대를 살았다. 듀이가 철학을 통해 학문 세계에 진입하고 교육의 힘으로 세상에 영향을 미치려고 한 것처럼 러셀 역시 철학에 대한 깊은 사유를 바탕으로 한 사회의 교육을 변화시키기 위해 실천적인 지식인의 삶을 살았다. 누가 봐도 러셀은 여러모로 듀이와 비슷했으나 듀이가 철학적 개념으로서 진리(truth)에 대해 취하고 있던 관점에 완전하게 동의하지 못한다고 말함으로써 듀이와 근본적으로 다르다는 사실을 보여 주었다. 왜 그랬을까?

듀이는 프래그머티즘(pragmatism)[62]이라는 미국식(?) 철학을 정착시킨 초기 개척자 가운데 한 사람이었다. 프래그머티즘은 19세기 미국 지성계의 스타 찰스 샌더스 퍼스에게서 시작되었다. 프래그머티즘의 어원은 행동, 실천과 비슷한 뜻을 지닌 프라그마(pragma) 또는 프라그마타(pragmata)이다. 퍼스는 프래그머티즘을 명제의 진위가 행동을 통해 경험적으로 밝혀진다고 믿는 철학이라고 정의했다. 또 다른 주창자인 윌리엄 제임스는 관념이나 이론의 가치 또는 타당성을 실천으로 밝히는 것이 프래그머티즘의 취지라고 설명했다.

듀이는 퍼스와 비슷하게 사유와 인식, 지식을 본질적으로 이해하기 위해서는 그것들을 행동이나 생활과 관련지어야 한다고 보았다. 흔히 실용주의나 실제주의로 번역하는 것에서 알 수 있듯이 행동이나 경험 등 인간 생활의 실제적인 측면을 강조하는 미국식 철학이나 정신을 대변한다. 그래서 러셀은 듀이의 철학을 이렇게 휘갑했다. "듀이 박사는 독특한, 산업주의와 공공 기업의 시대와 조화를 이루는 사고방식을 표현한다. 듀이의 사고방식은 당연히 미국인들에게 가장 호소력을 지니며, 또 중국과 멕시코 같은 나라의 진보주의 집단에서 거의 동등하게 높이 평가받아 마땅하다."

퍼스나 듀이의 프래그머티즘은 단순한 실용주의, 곧 생활상의 실용적인 목적을 추구하거나 실리를 강조하는 철학으로서가 아니라 철학이 과도한 관념주의에 빠지는 태도를 경계하는 철학 정도로 이해되어야 한다. 러셀의 산업주의 운운에 대해 듀이는 "실용주의 인식론을 미국 산업주의의 불쾌한 측면과 연관시키는 굳어 버린 습관"이라고 응수했다.

듀이에 대한 오해와 비판의 상당 부분은 프래그머티즘을 실용주의와 연결해 이해[63]하는 데서 비롯되었다. 이는 전통적인 철학이 지식이나 진리를 절대적이고 확실하며 불변하는 최종적인 것으로 보지만, 듀이의 프래그머티즘은 지식을 도구로 간주하는 관점과 관련된다.

듀이는《민주주의와 교육》의 막바지인 제25장에 이르러 자신의 지식 이론을 계속성의 관점에서 개진한다. 이에 따르면 경험적 지식과 합리적(이성적) 지식, 동사형으로서 내적이고 주관적이고 정신적인 지식과 명사형으로서 외적이고 객관적인 지식, 능동과 수동, 정서와 지력 등의 이분법적 이원론은 계속성의 원리에 의해 대치되어야 한다. 세 가지 근거 때문이다. 첫째, 생리학과 심리학이 발달하면서 정신 활

| 상식을 뛰어넘는 상식의 교육철학 |

동과 신경 조직 사이가 밀접하게 관련되어 있음이 드러나고 있다. 둘째, 생물학의 발달과 진화론의 대두에 따라 지식의 유기적 관련성과 연속성이 강조되고 있다. 셋째, 지식을 획득하고 보장하는 방법으로서 실험적 방법이 지식론에 변화를 가져오고 있다.

듀이가 제안하고 강조하는 계속성의 원리에 따라 "하나의 경험이 다른 경험에 방향감과 의미를 주는 그런 방법에 의해 추구되고 획득"되는 지식 개념이 파생된다. 이때 지식은 환경을 필요에 맞게 적응시키고 목적과 욕망을 현실에 맞게 적응시킬 수 있도록 우리 성향의 한 부분으로 조직되어 있는 것을 말한다. 달리 말해 우리 의식 속에 들어 있는 고정된 무엇이 아니라 지금 일어나고 있는 일을 이해하는 데 우리가 의식적으로 사용할 수 있는 성향이다. 듀이는 이와 같은 지식론이 원칙상 자유로운 상호 교섭과 사회적 계속성을 특징으로 하는 민주주의와 더할 나위 없이 자연스럽게 어울린다고 보았다.

프래그머티스트로서 듀이는 지식이 언제나 변화하고 성장하는 과정에 있다고 보았다. 지식은 경험을 통해 획득되고 다른 경험과의 관계 속에서 존재하므로 도구적이다. 이와 같은 이른바 듀이의 지식 도구론이 좁은 의미의 실리나 실용을 위한 도구로 좁게 이해되어서는 안 된다. 도구로서의 지식에는 만족스럽지 못한 문제 상황을 만족스러운 상황으로 바꾸어 놓는 데 도움이 되는 도구라는 의미가 있다.[64] 그런 점에서 듀이의 지식 도구론에서 말하는 지식은 절대 불변의 것이 아니다.

듀이의 지식론은 다른 차원에서 문제를 불러일으킬 수 있다. 러셀은 듀이의 철학을 "힘의 철학으로서 공동체의 힘을 가치 있는 것으로 생각"한다고 정의했다. 여기서 러셀이 생각하는 "공동체의 힘"은 사회적인 힘이다. 러셀은 듀이 철학의 어떤 측면을 보면서 그와 같은 힘을 떠올렸을까?

인간은 환경의 지배를 받으며 살아갈 수밖에 없는 존재이다. 이는 인간 존재의 근본적인 한계이거나 한계여야 한다. 동시에 인간은 자연을 지배하거나 지배할 수 있다고 생각한다. 이때 인간의 능력은 무한대로 확대되어야 한다. 전자를 더 믿는 사람은 철학적으로 겸손한 태도를 보인다. 후자의 생각에 끌리는 사람은 지식이나 진리나 진실 같은 철학적 개념들을 단순한 도구라고 생각한다. 러셀은 인간의 한계보다 인간의 지배력에 더 깊은 인상을 받은 사람에게 듀이가 주장한 것과 같은 도구주의 철학이 매력적으로 다가왔을 가능성을 제기한다. 그러면서 인간의 힘에 대한 도취가 당대에 가장 커다란 위험 요소가 되었다고 주장한다. 러셀은 근대의 기술이 인간 공동체가 갖는 집단적인 힘의 의미를 부활시켰다고 보았다. 이에 따라 이전에 지나치게 겸손하던 인간은 자신을 거의 신처럼 생각하기 시작했다. 러셀은 듀이에 관한 장의 마지막 문단에서 다음과 같이 말했다.

이 모든 점에서 나는 심상치 않은 위험, 우주에 대한 불경으로 불릴지도 모를 위험을 느낀다. 대체로 인간의 조종을 받지 않는 사람들에 의존하는 '진리' 개념은 여태까지 철학에 필요한 요소인 겸손을 가르쳤던 방식들 가운데 하나이다. 이러한 자긍심에 대한 견제가 사라지면, 다음 단계는 일종의 광기에 도취되는 길로 접어들고 만다. 이러한 광기는 피히테와 더불어 철학 속으로 침투한 후로 철학자이든 아니든 현대인들이 쉽게 빠져드는 힘의 도취이다. 나는 이러한 도취가 우리 시대에 가장 커다란 위험 요소이며, 의도

| 상식을 뛰어넘는 상식의 교육철학 |

하지 않더라도 힘의 도취에 일조하는 철학은 모두 끔찍한 사회 재앙의 위험을 증가시킨다고 확신한다.[65]

러셀은 듀이가 평생 철학에 관한 글만큼이나 교육에 관한 글을 계속 쓴 사실을 특기했다. 우리가 아는 듀이는 한평생[66] 민주주의 교육의 가치와 공동체의 의미, 학자로서의 소명에 대해 각별한 관심과 애정을 보여 주었다. 누가 봐도 (공허한 관념이 아니라) 삶의 진실에 호소한 철학자이자 열정적인 민주주의 교육자가 틀림없는 사람을 평하는 마지막 문단에 "광기", "위험 요소", "힘의 도취", "끔찍한 사회 재앙" 같은 거친 언어를 써넣은 것은 지나쳐 보인다. 우리가 모르는 또 다른 듀이가 있는 것일까? 나는 러셀이 듀이를 통해 우리 인간이 자신에게 도취함으로써 초래되는 파괴적이고 부정적인 측면을 환기하려고 했다고 이해한다. 어느 관점에서 보든지 듀이는 현실주의자이자 인간 중심주의자였다. 절대적인 것을 믿지 않았으며 인간 생활의 실제와 경험과 실천을 강조했다.

그 자신의 힘에 도취한 역동의 인간을 제어하는 힘은 무엇일까? 듀이는 분명 교육이라고 대답했을 것이다. 그러나 우리는 교육의 힘이 갖는 현실적인 한계를 잘 알고 있으며, 오늘날 사회가 스스로 절대적인 신 같은 존재라고 여기는 인간(사회)의 폭주로 점점, 아니 이미 형편없이 망가지고 있는 것을 수없이 목도하고 있다. 듀이가 살아있다면 이와 같은 현실의 문제에 대해 어떤 의견이나 해법을 내놓을지 자못 궁금하다.

해방의 교육학자
파울로 프레이리

반동의 쿠데타와 어느 교육자의 운명

1964년 3월 30일 브라질 고이아니아에서 교육과정에 관한 회의에 참
석 중이던 파울로 프레이리(1921~1997)[67]는 수도 브라질리아에서 전해
진 불길한 소식이 심상치 않으며 당장 돌아가야 한다는 전화 한 통을
받았다. 전화로 전해진 불길한 소식이란 브라질 군부가 주앙 굴라르
브라질 대통령을 상대로 감행한 반동의 쿠데타[68]였다.

굴라르 대통령은 전임 자니우 쿠아드루스 대통령의 사임 이후 의회
를 통한 대통령직 지명 승계(1961)와 대통령직 재신임을 묻는 국민투
표(1963)를 통해 합법적이고 명실상부한 브라질 대통령직을 수행하고
있었다. 좌파 성향의 굴라르 정부는 1964년 3월 13일 석유 산업을 포
함한 국가 기간산업을 국유화한다는 담화를 발표했다. 이 담화는 즉각

보수층과 군부를 자극했다.

3월 19일 보수 우파 단체들이 정부 방침에 반대하는 대규모 시위를 벌였다. 3월 말경 브라질 해군 수병의 반란과 진압 과정에서 굴라르 대통령과 군부 사이에 불화가 일어났다. 3월 31일 새벽 1시 올림피우 모우랑 필류 브라질 육군 제4군사령관이 휘하 부대에 수도 진격을 명하면서 쿠데타가 시작되었다. 굴라르는 육군 총사령관과 측근 장군들을 동원해 쿠데타 세력을 진압하려고 했으나 뜻을 이루지 못했다.

1964년 4월 2일 브라질 군부는 아우루 모우라 안드라지 상원 의장을 대통령으로 내세워 정권을 탈취했다. 굴라르는 쿠데타 발발 직후 브라질 최남단으로 피신하면서 쿠데타군에 맞서려고 했지만 역부족이었다. 4월 2일 브라질 남부에 있는 자신의 농장으로 피신한 굴라르는 사흘 뒤 우루과이로 망명했다. 당시 쿠데타 배후에는 린든 존슨 대통령이 이끄는 미국 정부의 적극적인 개입과 지원 계획이 있었던 것으로 알려져 있다. 이후 브라질은 1985년까지 군부 통치 체제 아래 있었다.

프레이리는 쿠데타 발발 직후 투옥될 것을 걱정해 전국민주주의동맹의 의회 대표인 친구 루이즈 부론제아두 집에 머물렀다. 브라질을 떠나지 않고 사태가 정리되기를 기다리다가 결국 자발적으로 치안 부대에 출두했다. 치안 부대에서는 프레이리에게 언젠가 진술서를 작성해야 하므로 재소환할 수 있다고 통보했다. 두 달여가 지난 6월 16일 이른 아침 경찰 2명이 프레이리의 집 현관을 찾아와 신분증을 보여 주며 동행을 요구했다. 치안 부대에서 통보한 대로 재소환이 이루어진 것이다.

사법 조사관은 프레이리를 심문하면서 프레이리의 정치적인 위험성을 추궁했다. 브라질 군부에서는 프레이리를 "국제적인 체제 전복자"이자 "그리스도와 브라질 국민들에 대한 반역자"로 간주했다. 어느 판사는 프레이리에게 이렇게 물었다. "당신 자신의 방법론이 스탈린, 히틀러, 페론, 그리고 무솔리니의 방식과 유사하다는 사실을 부인하는가? 당신은 또한 소위 말하는 당신의 방식으로 브라질을 볼셰비키 국가로 만들려고 했던 사실을 부인하는가?"

이 사건은 기소 부적합으로 처리되었지만 프레이리는 그 과정에서 70일 동안 감옥에 갇혀 있어야 했다. 그것은 프레이리에게 커다란 충격을 주었다. 프레이리는 감옥 안에서 교육과 정치의 관계를 더욱 명확하게 돌아보았으며, 사회 변화가 고립된 개인이 아니라 대중에게서 나온다는 사실을 확인했다.

감옥에서 풀려난 프레이리는 "영웅이 되겠다는 소명 의식을 갖고 있지 않다"라면서 국내에 머무르는 것이 위험할 수 있다고 생각했다. 프레이리 앞에는 군부의 삼엄한 감시 아래 수시로 심문받기 위해 불려다녀야 하는 암담한 삶이 기다리고 있었다. 프레이리는 일단 살아남기 위해 망명하기로 했다.

프레이리는 첫 번째 망명지로 볼리비아를 선택했다. 그런데 프레이리가 자신을 환영한 볼리비아 대사관을 거쳐 들어간 볼리비아에서 마주친 것은 해발 4,000여 미터에 이르는 고도[69]와 쿠데타[70]였다. 프레이리는 볼리비아에서 살기가 불가능하다고 생각해 칠레로 이동한 뒤 그곳에서 1969년까지 5년간 망명 체류 생활한다.

당시 칠레에는 브라질 출신 망명객들이 많았는데, 그들은 각자 관심 영역에 맞는 일을 하면서 지낼 수 있었다. 프레이리는 소농이나 소작

| 해방의 교육학자, 파울로 프레이리 |

농을 조직하는 임무를 맡은 팀들을 돕는 일을 하면서 문해 교육 사업과 성인 교육 계획에 관한 교육부 자문위원으로 활동했다. 그런데 칠레 우파들은 좌파 출신 교육자들과 달리 프레이리의 이름을 전 세계에 알린 《페다고지》를 "매우 폭력적인 책"이라고 비난했다. 이 책으로 칠레 검찰에 기소[71]된 프레이리는 칠레를 떠나 미국으로 출국하면서 망명 1기 생활을 마감했다.

미국에 도착한 프레이리는 하버드대학교 개발과사회변화연구센터에서 6개월 동안 초빙 교수로 지냈다. 그 뒤 스위스 제네바에서 세계교회협의회 자문위원을 맡아 제3세계 정부를 위한 교육 문제 상담 전문가로 일했다. 아프리카 북서부에 있는 기니 비사우와 중서부 지역의 상투메 프린시페 등에서는 교육자로 활약했다. 프레이리는 이들 국가에서 사람들에게 단순한 교육 전문가로서가 아니라 피억압자의 해방을 위해 싸우는 교육 투사이자 전투적인 교육자로서의 정체성을 또렷이 각인시키면서 8년 가까이 문해 교육 프로그램을 진행했다.

프레이리의 망명 2기 생활은 기니 비사우와 상투메 프린시페를 중심으로 한 아프리카 지역에서 펼쳐졌다. 영국의 열린대학교, 벨기에의 루뱅대학교, 미국의 미시간대학교 등 전 세계의 손꼽히는 대학교에서 명예박사 학위를 받았고, 오스트레일리아, 이탈리아, 앙골라, 니카라과, 피지, 인도, 탄자니아 등으로부터 초청받았다. 프레이리는 떠돌이 망명객의 삶을 산 지 15년이 흐른 1979년 정식 사면받아 고국으로 돌아갔다. 그전까지 프레이리는 군부가 통치하는 브라질에서 날아온 초청장을 수없이 받았으나 정식 비자가 아니라 관광 비자를 지니고 귀국하기를 원치 않았기에 초청을 모두 거부했다. 1979년 8월 7일 프레이리는 정식 비자를 소지하고 브라질을 한 달간 방문했고, 이듬해 3월 영구 귀국했다.

망고나무 그늘에 선 소년

프레이리는 브라질 페르남부쿠주 레시페에서 태어났다. 그의 고백에 따르면 아버지는 육군 장교로서 자유와 권위라는 양극단의 중간쯤에 서 있던 사람이었다. 프레이리는 자신의 아버지를 권위주의자가 아니라 "민주적인 분"이라고 기억했다. 아버지보다 열 살이 어린 어머니는 재봉 일하는 평범한 주부이자 가톨릭 평신도 운동에 열성적으로 참여한 활동가였다.

프레이리는 가톨릭 신앙, 곧 종교적인 차원에서 부모님의 영향을 가장 크게 받았다. 20살이 넘어 들어간 레시페대학교 법학부를 졸업한 뒤 중등학교 교사로 일했고, 1946년부터 8년 동안 레시페 산업복지국에서 공무원으로 일하면서 노동 계급 교육과 대중문화 운동에 열성적으로 참여했다. 그때 프레이리가 빈민가의 노동자, 소작농과 함께 활동하면서 가장 크게 의지한 것이 부모님에게 물려받은 신앙심이었다.

그 무렵 프레이리는 처음으로 마르크스주의를 접했다. 일반적으로 마르크스주의에서는 종교를 부정적으로 바라보는데, 프레이리가 마르크스주의로 인해 예수와 멀어지는 일은 일어나지 않았다고 한다. 프레이리는 누군가 "당신은 종교인인가요?"라고 물으면, "아니요, 저는 종교인이 아니라 신앙인이에요. 제게는 이 상태가 정말 편합니다"[72]라고 답할 것이라고 고백했다. 그에게 교회는 학교 공동체, 노동 공동체와 더불어 인생의 중요한 부분이 펼쳐진 공간이었다. 그중에서도 학교와 교회를 가장 중요하게 생각했다.

프레이리는 기독교적인 분위기 속에서 자라면서 신앙 고백과 실천이 일치하는 삶을 중시하는 태도를 갖추게 되었다. 6살 무렵 할머니가 집에서 일하는 흑인 여자를 모질게 대하는 것을 본 프레이리는 "엄마 아빠, 저는 정말 이해할 수 없어요. 기독교인이라면서 어떻게 사람을 차별할 수가 있나요?"라고 물었다. 당시 아버지는 어머니에게 "허허 저놈 세상을 전복할 놈일세."라고 말했다고 한다. 전복이라는 말은 프레이리가 특별히 좋아하는 단어 중 하나였다.

프레이리가 태어난 집 뒤뜰에는 망고나무 한 그루가 있었다. 미국 교육자 마일스 호튼(Myles Falls Horton)과 나눈 대담[73]에서 프레이리는 그 망고나무 아래에서 부모에게 읽고 쓰는 법을 배웠다고 말했다. 망고나무의 잔가지는 분필이었고 땅바닥은 칠판이었다.[74] 망고나무 그늘은 프레이리가 생애 처음으로 만난 교실이자 학교였다.

프레이리는 남들보다 수년 늦은 16살에 중학교 1학년을 온전히 마칠 수 있었다. 13살에 아버지가 돌아가시면서 가세가 기울었기 때문이다. 프레이리는 중학교 첫 학기만 다섯 번을 다녔으며, 한동안 중학교 수업 내용을 알아듣지 못해 '혹시 바보인가?'라고 생각했다고 한다. 그것은 프레이리가 바보스러워서가 아니라 경직된 학교 수업 체제 때문이었다. 프레이리는 당시 아라우주중등학교장 부부의 따뜻한 배려와 관심에 힘입어 점점 공부에 재미를 느끼기 시작했다.

고등학교에 가서는 수업 시간에 교사들을 무시하고 혼자 책을 읽는 식으로 소심하게 반항했다. 프레이리는 교사들이 시나 소설을 무조건 암송해야 할 대상처럼 가르쳐 반 친구들이 문학 작품을 싫어한다고 생각했다. 평소 프레이리는 책읽기를 "사랑을 나누는 일"처럼 생각하면서 매우 좋아했다. 결혼 전 작은 집에 혼자 살면서 밤늦게까지 책을 읽곤 하던 프레이리에게 어머니가 걱정스럽다고 한 적이 있었다. 그때 프레이리는 책과 연애하고 있었다고 말했다고 한다. 그만큼 책읽기와 문학을 좋아했고 중요한 일이라고 생각했다.

언젠가 프레이리는 호튼에게 마르크스를 읽는 일이나 시를 읽는 일이 별 차이가 없다고 말했다. 실제 프레이리는 다양한 책들을 읽으면서 자신의 교육철학을 형성하는 데 커다란 영향을 받았다. 프랑스 정신과 의사이자 작가이며 알제리 혁명 운동을 이끈 프란츠 파농(Frantz Fanon)이 쓴《대지의 저주받은 사람들(Les Damne's de la Terre)》은 집필이 거의 마무리된《페다고지》를 다시 쓰게 했을 정도로 깊은 인상을 주었다. 레프 비고츠키(Lev Semenovich Vygotsky)의《사고와 언어(Мышление и речь)》역시 충격과 행복감을 동시에 안겨 주었다고 한다.

프레이리는 어릴 때부터 가르치는 일이 꿈이었다. 초등학생 시절에는 어떻게 하면 선생님이 될 수 있을까 하고 혼자 고민한 적이 많았다고 한다. 가르치는 일에 대한 동경은 곧 앎의 과정에 대한 동경이었다. 프레이리는 이렇게 말했다.

제가 동경한 것은 앎의 과정이었습니다. 배우지 않고 가르치는 일을 이해하기란 불가능합니다. 가르치고 배우는 일 또한 앎의 과정 없이는 불가능한 일이고요. 무언가를 인식하는 활동은 가르침의 일부입니다. 따라서 가르치기 위해서는 먼저 알아야 합니다. 그리고 당연히 학생들이 배우려고 하는 이유가 무엇인지 알고 있어야 해요. 중요한 것은 앎이 가진 진정한 의미를 인식하는 일이겠지요. 결국 제가 갖고 있었던 교사에 대한 꿈은 세계와 나의 삶, 우리의 고난에 대한 호기심, 불안감, 의문에서 비롯된 것이었습니다. 저는 이런 것들을 알고 싶었습니다.[75]

어린 시절 프레이리는 서로 다른 계급의 친구 사이를 오가며 '고리 친구'가 되어 서로 연결하는 역할을 하곤 했다. 그때 가르치는 일을 꿈꾼 프레이리의 머릿속에는 자주 '왜 누구는 먹고 누구는 못 먹지?' 하는 의문이 떠올랐다. 그래서 교사로서의 꿈을 가슴에 다지면서 서로 다른 계급의 친구들이 함께 먹고 공부하고 자유롭게 살 수 있는 사회를 꿈꾸었다. 프레이리가 가슴에 품은 비전은 다른 형태의 삶, 다른 형태의 사회에 대한 비전이었다.

가르치는 일에 대한 강렬한 비전 덕분이었을까? 프레이리는 고등학생 때부터 학생을 가르쳤다. 어려운 살림에 조금이나마 보탬을 주려고 시작한 과외 수업이었다. 프레이리는 그 시절의 경험을 이렇게 묘사했다. "온몸이 전율할 만큼 행복감이 밀려들었습니다. 수업을 마친 후 그 행복감을 주체하지 못해 길거리에서 소리까지 질러댔습니다."[76] '학생 교사' 프레이리는 아라우주중등학교에서 학생들에게 포르투갈어를 가르쳤다. 어린 프레이리 선생님은 나이에 상관없이 학생들을 존중했다. 학생들의 실수, 잘못, 그들이 가지고 있는 지식 등을 있는 그대로 인정했다.

프레이리는 이미 그때부터 교사가 학생을 교육할 때 갖춰야 할 권위의 본질을 깨닫고 있었던 것 같다. '학생을 있는 그대로 인정하고 존중하라.' 이는 10대 교사 프레이리가 학생들을 가르칠 때 취했던 태도, 25살 무렵부터 시작해 8년간 레시페 산업복지국에서 일하면서 노동자와 민중을 만날 때 그들을 '위해' 또는 그들'에게' 이야기하지 않고 그들과 '함께' 대화했던 태도의 밑바탕에 깔려 있었다.[77] 이들은 각각 "'위해' 교육", "'에게' 교육", "'함께' 교육"으로 명명할 수 있는데, 다음과 같은 말은 프레이리 특유의 "'함께' 교육"에서 파생되었다고 볼 수 있다. "저는 훌륭한 교사란 늘 놀랄 준비가 되어 있어야 한다고 생각합니다. (중략) 인생에서 가장 나쁜 일은 더 이상 놀랄 일이 없어지는 것입니다."[78]

세상의 억압자를 해방하라

프레이리는 1968년 정치적 망명지 칠레에서 《페다고지》를 썼다. 그는 이 책을 6년간의 정치적 망명 생활 속에서 관찰한 결과라고 규정했다. 그래서 어떤 사람들은 《페다고지》를 국외자의 사변록처럼 받아들이기도 한다. 그런데 서문에 따르면 《페다고지》는 생각과 공부만이 아니라 구체적인 상황에 근거를 두고 쓰인 책이다. 국외 망명지에서 썼지만, 고국인 브라질에서 겪은 일들을 바탕으로 했다고 볼 수 있는 것이다. 실제 프레이리는 이 책을 쓰면서 브라질에서 한 교육활동의 의미를 더 깊게 이해할 수 있었다고 말했다.

《페다고지》의 매력은 책 곳곳에서 되풀이해 쓰이는 프락시스(praxis)라는 말에 있다. 《페다고지》의 원제인 'Pedagogia do oprimido'는 '피억압자의 교육학'이다. 프레이리가 이 책에서 강조하려고 했던 중요한 메시지를 한 문장으로 정리하면, 피억압자가 의식화를 통해 인간해방(인간화)에 도달하기 위해서는 '은행 저금식 교육' 대신 '문제 제기식 교육'을 해야 한다는 것이었다. 이와 같은 프레이리식 교육철학의 목표를 이루는 데 가장 중요한 개념이 프락시스이다.

프락시스는 실천, 실제, 행위 등으로 번역되는 practice와 같은 어원에서 나온 말이다. 프레이리가 이 말을 쓰는 맥락을 고려하면 실천이 프락시스의 원래 의미에 가장 가까운 것처럼 보인다. 그런데 실제로는 실천이라는 번역어보다 원래 형태 그대로인 프락시스로 쓰이는 경우가 더 많다. 프레이리가 프락시스라는 말을 쓰면서 염두에 두었을 법한 특별한 의미 때문인 것 같다.

프락시스는 피억압자가 억압자의 억압과 허구적 관용, 자선에서 벗어나 진정한 인간 해방을 추구하는 데 꼭 필요하다. 피억압자가 자신을 억압하는 현실을 이해하고 이를 투쟁을 통해 타파함으로써 해방의 상황에 이르기 위해서는 치밀하게 준비해야 한다. 거창하게 말부터 앞세우거나 무조건 행동으로 옮기는 방식으로는 인간 해방의 근처에도 갈 수 없다. 프레이리는 행동 없는 탁상공론이나 성찰 없는 행동주의를 몹시 경계했다.

이를 더 구체적으로 이해하려면 그가 말(대화)을 어떻게 생각하고 있었는지 살펴보아야 한다. 말에는 성찰과 행동이라는 두 가지 구성 요소가 있다. 이들은 서로 밀접하게 상호 작용하는데, 어느 하나를 버리면 곧장 다른 것이 훼손된다. 프레이리에게 말은 곧 행동과 성찰이며, 말을 한다는 것은 일하는 것 곧 세계를 변화시키는 행동으로서의 프락시스이다. 이들 간 관계를 정리하면 다음과 같다.

행동+성찰=말=일=프락시스[79]

프레이리는 말한다. 말에서 행동의 차원이 제거되면 성찰이 사라지고 말이 한가한 수다나 탁상공론, '허튼소리'가 된다. 이런 공허한 말로는 세계를 비판할 수 없다. 변화에 헌신하지 않으면 비판할 수 없으며 행동 없이는 변화가 없기 때문이다. 반대로 행동만이 지나치게 강조되고 성찰이 부족해지면 말이 행동주의(activism)에 빠진다. 이를 '행동을 위해 행동하는 태도'쯤으로 바꾸어 부를 수 있겠다. 이들 모두 참된 프락시스를 부정하며, 이때 대화는 불가능해진다. 맹목적인 행동을 뛰어넘는 이론적 실천, 성찰과 함께하는 행동이 프락시스이다.

참된 말을 하는 것-그것이 일이며 프락시스다-은 세계를 변화시키는 것이지만, 그 말을 하는 것은 일부 사람들의 특권이 아니라 모두의 권리다. (중략) 세계를 이름지음으로써 변화를 꾀하는 길이 민중이 자신의 말을 하는 데 있다면, 대화는 그 자체로 사람들이 인간 존재로서의 의미를 획득하는 방법이 된다. 따라서 대화는 실존의 필수 요건이다.[80]

"인간적이고 해방적인 교육학으로서 피억압자의 교육학"은 2단계에 걸쳐 이루어진다. 제1단계는 피억압자가 억압의 세계를 드러내고 프락시스를 통해 세계의 변혁을 위해 헌신하는 단계이다. 이 단계에서 피억압자는 억압적 세계를 인식하는 방식을 바꿈으로써 지배 문화와 문화적으로 대결한다. 억압의 현실이 변혁된 제2단계에서는 억압자를 영구적으로 해방하는 과정에 참여하는 모든 민중의 교육학이, 피억압자의 교육학이 사라진 자리를 차지한다. 이때 교육은 기존 질서 속에서 탄생하고 발전한 신화를 제거하는 방식으로 이루어진다.

| 해방의 교육학자, 파울로 프레이리 |

프레이리가《페다고지》곳곳에서 자주 구사하는 억압, 해방, 투쟁 같은 말들은 거친 느낌을 준다. 피억압자의 교육학은 부당한 억압이나 권위로부터 해방되는 것을 지향하므로 일견 고도의 전략과 전술에 따라 이루어지는 정치적 책략처럼 비치기도 한다. 프레이리는 권력자나 지배 계층과의 투쟁을 핵심적인 메시지처럼 시종일관 강조하는데, 이런 점도 교육철학서로서《페다고지》의 이미지를 생경하게 만든다.

프레이리가《페다고지》에서 독자가 확인하기를 바라면서 강조한 요소는 세 가지였다. 민중에 대한 신뢰, 사람에 대한 믿음, 사랑하기 쉬운 세상을 창조할 수 있다는 확신.《페다고지》가 해방과 혁명을 쟁취할 것을 독려하는 정치색 짙은 반체제적 교과서라고 이야기하는 사람에게 프레이리가 강조한 신뢰, 믿음, 사랑은 낯설게 다가올 것이다. 프레이리 역시 이 책에 담긴 존재론적 소명, 사랑, 대화, 희망, 겸손, 공감 등에 관한 논의를 보수 반동적인 헛소리로 간주할 사람이 있을지 모른다고 예측했다. 그러나 프레이리에게 교육은 진정한 인간 해방과 혁명에 이르는 가장 유효한 수단이었다.

프레이리는 분파주의(자)와 혁명주의(자)를 명확하게 구별했다. 전자는 인간을 억압하고 인류의 해방에 걸림돌이 되는 좌익과 우익 분파들이다. 과거(우익 분파)와 미래(좌익 분파)에 얽매여 있는 이들은 '확실성의 원'에 사로잡혀 있다. 그러나 혁명주의자는 현실을 가둬 놓는 '확실성의 원'에 묶여 있지 않다. 그들은 '현재'의 현실 속으로 들어가 현실을 정확하게 파악하려 노력하고 그것을 변혁하려고 한다.

프레이리는 이 책이 "분명히 급진주의자를 위한 실험적인 책"이라고 규정했다. 그러므로 위에서 말한 세 가지 요소는 급진주의자, 곧 혁명주의자의 과제에 해당한다고 이해할 수 있다. 그런데 이때의 급진과 혁명은 폭력이나 유혈 대신 평화적이고 사회적인 수단을 통해서 이루어진다는 점에서 좀 더 근본적이고 근원적인 특성을 갖는다.

혁명의 교육학을 위해

《페다고지》의 혁명적이고 전복적인 성격은 책의 핵심 사상으로 알려진 '의식화(conscientization)'와 '인간화(humanization)'를 통해 드러난다. 프레이리는 의식화와 인간화를 통해 인간 해방과 세계 변혁을 위한 교육학이라는 자신의 핵심 사상을 설명했다.

의식화는 1960년대 브라질 레시페 주교로 있던 동 에우데르 카마라 신부[81]가 지도한 집단 토론에서 만들어졌다. 그것은 비인간화의 길들이기에 순응하지 않고 의식의 눈을 떠 자신을 찾는 것으로서, 의식을 발달시키는 과정인 동시에 현실을 변혁시키는 의식적인 힘이다.[82] 인간화는 한 인간이 의식화 과정을 통해 억압받는 질곡의 현실에서 벗어나는 과정 전체를 가리킨다.

인간화의 대립 개념은 비인간화이다. 그것은 인간 존재에 대한 하나의 왜곡으로서, 한 사람의 인간이 완전한 인격체가 되는 것을 가로막는다. 그런 점에서 비인간화는 소외다. 인간화는 이러한 비인간화(인간 소외)에 맞서 이를 극복함으로써 완전한 해방의 경지에 이르는 실천적인 과정을 나타낸다.

인간화 교육은 어떻게 이루어질까? 나는 프레이리가 《페다고지》에서 피억압자의 교육학이라는 이름을 붙이면서 강조한 인간화 교육을 "'함께' 교육"의 철학이라고 명명한다. 프레이리는 《페다고지》 곳곳에

| 해방의 교육학자, 파울로 프레이리 |

서 "'함께' 교육"의 정신을 되풀이해 강조했다. 예컨대 (개인이든 민중 전체든) 피억압자를 '위해서'가 아니라 그들과 '함께' 세워 가야 할 교육학의 몇몇 측면을 제시했다.[83] 혁명의 지도부는 피억압자를 '위해서'가 아니라 피억압자와 '함께' 변혁을 수행해야 한다.[84] 참된 교육은 A가 B를 '위해' 또는 '관하여' 행하는 것이 아니라 A와 B가 '함께' 하는 것이다.[85] 그러므로 그 교육은 교사와 학생, 혁명과 변혁의 지도부와 민중이 공동으로 현실을 지향하며 이들 모두가 주체가 되면서 실행하는 공동 지향적인 교육[86]이다.

"'함께' 교육"의 정신이나 "공동 지향적인 교육"의 철학이 의식화와 인간화를 통한 인간 해방을 지향한다는 점에서 "혁명의 교육학"이라고 명명해도 될 것 같다. 그리고 혁명의 교육학은 인간과 세계의 근본적인 변화를 지향하므로 매우 특별한 토대 위에서 이루어질 것으로 예상된다. 프레이리는 그것을 "'문제 제기식' 교육"이라고 불렀다.

혁명의 교육학이 이루어지는 구체적인 방식을 정확하게 이해하기 위해서는 프레이리가 문제 제기식 교육을 이야기하면서 전제하는 인간관(학생관)과 현실관(세계관)을 제대로 포착해야 한다. 프레이리에게 인간은 추상적이거나 고립적이거나 독자적이거나 세계와 무관하게 살아가는 존재가 아니다. 인간은 어떤 경우든 세계와의 관계 속에서 살아간다. 인간의 의식은 세계와 동시적으로 작동하므로 의식은 세계에 선행하지 않으며 세계를 추종하지도 않는다.

이때 인간은 세계를 정태적인 현실이 아니라 과정과 변화 속에 있는 역동적이고 동태적인 현실로 본다. 인간과 세계는 변증법적이다. 고정되거나 정착되지 않은 현실은 (적어도 인간 해방이 이루어지기 전까지는) 계속 미완성의 상태에 놓이는데, 인간 역시 미완성의 현실 속에서 미완성의 존재로 살아간다. 인간은 미완성의 존재이지만 다른 동물과 달리 자신의 역사성을 안다. 현실(세계)과 인간 사이의 변증법적 관계 속에서 인간은 끝없이 변화하며, 바로 여기에 교육의 가능성과 근원이 있다.

바로 이렇게 불완전함과 더불어 그것을 의식하고 있다는 사실에 인간만이 가능한 교육의 뿌리가 있다. 인간 존재의 미완성적 특성과 현실의 변화적 특성으로 인해 교육은 항상 진행 중인 행위일 수밖에 없다. 그러므로 교육은 언제나 프락시스 속에서 재창조된다. 즉 존재하기 위해서는 변화해야 하는 것이다.[87]

문제 제기식 교육의 반대편에 은행 저금식 교육이 있다. 은행 저금식 교육은 교육의 설명적(narrative)인 성격과 이에 따른 교사-학생의 관계를 다음과 같이 전제한다. 교사는 설명하는 주체이고 학생은 인내심을 갖고 그 설명을 듣는 객체이다. 교사의 임무는 학생에게 설명 내용을 주입해 암기시키는 데 있으므로, 학생은 내용물을 일방적으로 받아들여야 하는 그릇이나 용기 같은 존재가 된다. 훌륭한 교사는 완벽하게 그릇 안을 채울 줄 알며, 훌륭한 학생은 내용을 고분고분 성실하게 받아 채울 수 있다.

이렇게 해서 예금 행위 같은 교육의 그림이 완성된다. 학생은 예탁자인 교사가 발표하고 만든 내용이나 예탁금을 참을성 있게 받아 저장하고 암기하고 반복하는 보관소가 된다. 은행 저금식 교육에서 지식은 창조되거나 재창조되거나 탐구되거나 다른 사람과 더불어 새롭게 만들어지지 않는다. 지식을 가지고 있다고 자처하고 인정을 받는 사람이 그것이 없다고 전제하는 사람에게 일방적으로 전달하는 것이 교육이다.

프레이리는 이와 같은 지식 주입이 억압적인 이데올로기의 한 특징이라고 규정한다. 그리고 이러한 억압적인 은행 저금식 교육을 받는 학생은 헤겔식 변증법에 나오는 노예처럼 소외되어 자신의 무지를 교사의 존재에 대한 정당화로 받아들인다고 지적한다. 은행 저금식 교육은 그렇게 교사와 학생 간의 모순을 강화하고 심화함으로써 다음과 같은 결과를 초래한다.

교사는 가르치고 학생들은 배운다.
교사는 모든 것을 알고 학생들은 아무것도 모른다.
교사는 생각의 주체이고 학생들은 생각의 대상이다.
교사는 말하고 학생들은 얌전히 듣는다.
교사는 훈련을 시키고 학생들은 훈련받는다.
교사는 자기 마음대로 선택하고 실행하며 학생들은 그에 순응한다.
교사는 행동하고 학생들은 교사의 행동을 통해 행동한다는 환상을 갖는다.
교사는 교육 내용을 선택하고 학생들은 (상담도 받지 못한 채) 거기에 따른다.
교사는 지식의 권위를 자신의 직업상의 권위와 혼동하면서 학생들의 자유에 대해 대립적인 위치에 있고자 한다.
교사는 학습 과정의 주체이고 학생들은 단지 객체일 뿐이다.[88]

반면 문제 제기식 교육에서 교사와 학생은 누구도 소외되거나 억압받지 않고 '함께 더불어' 존재한다. 교사가 주체가 되고 학생은 대상이 되거나 그와 반대 상황이 되지 않고, 교사와 학생이 모두 주체로 참여한다. 프레이리에 따르면 민중(학생)은 문제 제기식 교육을 통해 자신이 세계 속에서 존재하는 방식을 비판적으로 인식하게 되며, 세계와 더불어 살아가는 자신의 참모습을 발견한다.

　누구나 동의하리라 보는데, 교육은 교육만의 일이 아니며 학생과 교사 사이에서만 이루어지는 일은 더더욱 아니다. 그런 점에서 그 어떤 교육자보다 교육을 세계와의 관계 속에서 보고 실천한 프레이리를 20세기의 위대한 지성인 목록에 넣어도 지나치지 않을 것이다. 프레이리는 간난신고로 점철된 자신의 생애와 반동의 정치로 인해 퇴보했던 조국 브라질의 현실에 굴하지 않고 꿈과 이상을 실현하려는 노력을 멈추지 않았다. 이 사실 하나만으로도 전 세계 교육자들의 사표가 되기에 부족함이 없다.

| 해방의 교육학자, 파울로 프레이리 |

4장

교양주의 교육과 피터스의《윤리학과 교육》

'교육받은 사람'은

어떤 사람인가

'공적'인 것을 향한 피터스의 집중은 일반적으로 교육을 통해 길러질 것이라고 기대되는 '마음'에 대한 특별한 시선에서 비롯되었다. 기존의 철학적 관점에 따르면 마음의 (바람직한) 분화와 발달은 개인적이고 사적인 측면에 집중되어 이루어진다. 그러나 마음, 곧 생각은 개인이 한 사회의 공적 전통에 입문하는 과정에서 생성된다.

시장으로 나온
교육

지금은 전라남도 순천시로 편입된 옛 승주군이 내 고향이다. 우리 동네는 산세가 험한 전라남도 남동부 지역의 깊은 산 중턱에 있다. 어린 시절 우리 집은 가난했다. 부모님은 된비알에 붙은 손바닥만 한 논밭을 일구며 자식 일곱을 낳아 길렀다. 나는 여섯째이자 둘째 아들로 태어나 우리 집 7남매 중 처음으로 대학 교육을 받았다.

중학교 때부터 대학 진학을 향한 경주가 시작되었다. 2학년 1학기가 끝날 무렵 담임 선생님이 인근 도시에 있는 명문 고교 진학을 준비하라면서 자취를 권했다. 일과 중 정식 수업 후에 이루어지는 특별 보충 수업과 야간 자율 학습에 참여하려면 자취나 하숙 외에 다른 방법이 없었다. 집안 형편이 어려워 힘들었지만 결국 방을 얻어 2학년 2학기부터 자취 생활을 시작했다. 고교 진학은 계획대로 이루어졌고, 학교 생활은 대학 입시를 위한 무한 루틴에 따라 진행되었다. 학기 중과 방학 구별 없이 정식 수업→보충 수업→ 야간 자율 학습이 강행군처럼 이어졌다.

당시 대학 진학률은 지금보다 훨씬 낮았다. 내가 대학에 입학한 1988년 전국 대학 진학률은 35퍼센트에 불과했다. 당시 우리 집 경제 사정으로는 그 35퍼센트에 들어갈 수 있는 확률이 별로 높지 않았다. 그런데 3년 내내 이어진 대입 준비 과정을 그럭저럭 끌고 간 끝에 서울에 있는 4년제 대학교에 입학했다. 그것도 국공립 대학교보다 학비가 비싼 사립 대학교였다. 아버지와 어머니의 전폭적인 지원과 헌신, 형제들의 양보와 희생이 아니었다면 힘든 일이었다. 나는 '개천의 용'이 아니더라도 집안을 떠받치는 들보 같은 존재가 되어야 한다는 막중한 책임감을 떠올리며 대학 생활을 해나갈 수밖에 없었다.

돌이켜 보면 중학교나 고등학교에 다니면서 교육의 내재적인 의미나 목표를 떠올릴 일은 거의 없었다. 상급학교 진학이라는 현실적인 목표가 학교생활의 모든 것을 지배하고 있었기 때문이다. 대부분의 사람 역시 교육의 존재 의의나 근거를 교육 외적인 데서 찾는 것 같다. 공적 교육 기관의 대표 격인 학교가 진학이나 취업 자격 증명 용도의 졸업장 제조 공장처럼 운영되거나, 상급학교 진학 여하에 따라 학교 교육의 성패를 가늠하는 우리나라 현실이 이를 방증한다.

초등학교는 조금 덜하지만, 중학교만 하더라도 상급학교인 고교 입학 문제가 눈앞의 교육 이슈가 되는 시기에 이르면 중학교 3학년 자녀와 부모를 포함한 집안사람들 사이에 서로 다른 교육 목표와 의도로 인한 갈등이 커진다. 한국 고교는 신입생들의 입학 점수나 대학 진학 및 취업 성적에 따라 작동하는 위계적인 서열화 시스템의 통제를 강하게 받는다. 대학 진학이냐 취업이냐가 학생과 학부모의 최대 관심사이자 학교 선택의 최종적이고 핵심적인 기준으로 작용하는 구조이다. 이런 현실에서 가정이나 학교에서 교육의 본질적인 의미나 기능을 고민하고 실천하는 일은 불필요하거나 사치스러운 것으로 취급된다.

교육 외적인 교육 목표를 깎아내리려고 이런 말을 하는 것이 아니다. 교육이 사회라는 생태계를 벗어나서는 이루어지기 힘든 일일진대 사회에서 요구하고 사람들이 관심을 두는 현실적인 문제들을 외면할 수는 없다. 학교나 교육을 둘러싸고 펼쳐지는 이와 같은 상황을 '학교와 교육의 시장화'로 표현할 수 있다. 학교와 교육의 시장화는 '먹고사니즘'에 따른 필연적인 결과이다. 먹고사니즘을 무시하고 살 수 있는 사람은 없으며, 시장 한복판으로 나온 교육이 살아남기 위해서는 시장의 요구에 따를 수밖에 없다.

우리는 사람을 수단화, 도구화한다고 비판받는 '인적 자원(human resource)'이니 '인재(人材)'니 하는 교육 언어를 자연스럽게 쓴다. 수년 전이었다. 내가 사는 지역인 군산시의 시장이 이사장으로 있는 공공 장학재단에 문제 제기할 일이 생겼다. 당시 재단에서는 지역 내 학교 몇 곳과 특정 부류의 학생들(다들 어떤 학교들이고 학생들일지 쉽게 짐작할 것이다)에게 진로·진학 연계 프로그램을 지원해 주면서 거액의 돈을 쓰고 있었다. 그 결과 애초 백수십억 원대로 시작된 종잣돈이 수십억 원대로 줄어들었다. 공공의 이름으로 마련한 공적 재단이 방만하게 운영되면서 재단 자체가 조만간 해체될지 모를 사태에 이르게 된 것이다.

우리는 군산시와 재단에 지역 교원노동조합 집행부 명의로 면담을 요청하고 일정을 잡아 시청을 방문했다. 장학재단 실무를 담당하는 관련 부서 공무원과 기존 장학 사업의 타당성 및 방향과 목표에 관한 이야기를 나누던 중이었다. '지역 인재'라는 말을 두고 서로 목소리가 높아졌다. 담당 공무원은 지역 내 특정 고교를 중심에 놓는 장학 지원 사업이 지역 인재를 양성하는 데 필요한 일이라고 주장했다. 나는 이렇게 물었다.

"이른바 '인재'가 자기 고향을 위해 무슨 일을 합니까? 자기 출세하겠다고 혼자서만 죽자 살자 시험공부만 하지 않습니까? 이들이 '인(in) 서울' 대학에 들어가 졸업하면 어디에서 삽니까? 대부분 서울에 있는 직장에 다니면서 서울시에 세금 내고 삽니다."

그가 조금 머뭇거리다가 말했다.

"그렇기는 하지만요, 그들이 지역을 위해 힘쓰는 방법이 있습니다."

"그게 뭔가요?"

지역에서 중·고교를 다닐 때 좋은 시험 성적을 얻어 온갖 '특혜'를 받아 가면서 '스카이(SKY)'[1]나 인 서울 대학에 입학하고 나면 지역에서 흔적도 없이 사라지는 이들이 이른바 지역 인재이다. 정말 궁금했다. 지역을 위해 무슨 일을 하는지 당최 알기 힘든 그들이 어떤 방법으로 지역을 위해 힘쓴다는 것일까.

"고위 공무원이 되면 지역에서 예산을 따낼 때 도움이 됩니다."

일말의 기대감(?) 속에서 대답을 기다리던 우리는 실소하고 말았다. 그럴 리 없다고 믿고 싶지만, 지역별 예산 책정 과정에 실제 그런 일이 일어나고 있다면 이는 국가 전체의 행정 시스템이 건강하지 못하다는 증거 아닌가. 특정 지역 출신 고위 공무원이 예산 안배 과정에서 자기가 나고 자란 지역을 먼저 고려하는 것은 업무를 공정하게 수행해야 하는 공무원의 청렴 의무 조항 위반에 해당한다.

교육받은
사람

영화 〈죽은 시인의 사회〉는 1992년 우리나라에 개봉되었다. 1959년을 배경으로 미국의 보수적인 남자 사립학교인 웰튼아카데미(Welton Academy)에서 학생들이 틀에 박힌 삶을 강요하는 학교 교육의 문제를 정면에서 제기하는 내용을 담고 있다. 개봉 당시뿐 아니라 그 이후로 국내에서 상당한 화제를 모았다.

이 영화를 대표하면서 감독의 주제 의식을 가장 잘 표현하는 장면은 마지막 대목에 나온다. 웰튼아카데미의 촉망받는 모범생 닐 페리는 부모님 몰래 셰익스피어의 연극에 출연하면서 가슴에 숨겨 둔 배우의 길을 꿈꾼다. 닐은 연극 공연을 멋지게 마치지만, 몰래 극장에 찾아온 아버지 손에 잡혀 곧장 집으로 끌려간다.

부모는 무슨 일이 있어도 닐이 하버드 의대에 들어가 의사가 되기를 바랐다. 그날 집으로 돌아온 아버지는 닐에게 웰튼아카데미를 자퇴하고 육군사관학교에 입학할 것을 강요한다. 결국 닐은 잠든 부모님 몰래 아버지 서재에서 권총을 꺼내 스스로 목숨을 끊는다.

닐을 죽게 만든 장본인들은 명백해 보였으나 닐의 부모와 웰튼아카데미에는 희생양이 필요했다. 평소 학생들에게 '카르페 디엠(Carpe Diem, 현재를 즐겨라)'을 외치게 하고 자기를 '캡틴(captain, 선장)'이라고 부르게 한 영어 교사 존 키팅이 1순위에 올랐다. 웰튼아카데미의 놀런 교장은 '죽은 시인의 사회' 클럽 활동을 벌인 학생들을 회유하고 닐의 죽음을 가져온 배후로 키팅을 지목한 뒤 그를 해고했다.

학교를 떠나는 날 키팅은 미처 챙기지 못한 짐을 가져가려고 다시 교실에 들렀다. 교실 앞쪽에 있던 자신의 연구실로 들어가 두고 온 목도리를 걸치다가 살짝 열린 문틈으로 토드 앤더슨과 눈이 마주친다. 섬세하고 여린 감수성의 소유자였던 앤더슨의 눈빛이 흔들렸다. 앤더슨은 페리의 절친한 친구였다. 학기 초 페리는 소심한 앤더슨에게 먼저 말을 걸어주거나 그를 공부 모임에 초대하는 식으로 챙겨 주었다. 앤더슨은 다른 누구보다 친구 페리의 죽음과 키팅 선생님의 해직에 큰 슬픔과 고뇌에 빠져 있었다.

키팅이 연구실을 나와 교실 옆쪽을 지나가는 순간 앤더슨은 자리에서 벌떡 일어나 학교 측의 강요에 못 이겨 키팅에게 누명을 씌우는 서류에 서명했다고 소리친다. 하지만 앤더슨은 수업 중이던 교장의 제지로 곧 자리에 앉고 만다. 키팅은 앤더슨에게 "너를 믿는다"라고 말한다. 잠시 뒤 키팅이 막 교실 문을 나서려던 순간 앤더슨이 "오 캡틴, 마이 캡틴"을 외치며 책상 위로 올라선다. 그러자 교실에 있던 학생들이 한 명 한 명 책상 위로 올라가며 영화는 막을 내린다.

영화의 마지막 장면은 키팅 선생님이 평소 학생들에게 강조했던 사색의 힘과 카르페 디엠 정신을 상징적으로 보여 준다. 주인공들은 패배했다. 닐 페리는 연극배우의 길을 가까스로 찾았지만 스스로 목숨을 끊었고, 키팅은 누명을 쓰고 해직당했다. 앤더슨은 그 모든 일을 무기력하게 지켜봐야만 했다. 그러나 우리는 용기를 내어 책상 위로 올라가는 학생들의 모습을 보면서 그들이 꿈꾸는 삶을 당당히 꾸려감으로써 페리와 키팅의 꿈을 대신 실현할 것이라고 상상하게 된다.

나는 마지막 장면을 보면서 조금 다른 상상을 해 보았다. '죽은 시인의 사회' 클럽에 들어가 활동한 학생들을 포함해 웰튼아카데미에 다니는 학생들 대부분은 사회와 부모가 정해준 길을 착실히 따라 살게 될 것이다. 입학식 날 교장은 청중석에 모인 학생들과 학부모들에게 웰튼 아카데미의 졸업생 대부분(75퍼센트)이 아이비리그[2]에 입학했다고 말했다. 키팅 역시 웰튼아카데미를 우수한 성적으로 졸업한 선배였고, 웰튼에 오기 전 영국 런던의 명문 학교 체스터고등학교에서 교편을 잡은 엘리트였다. 무엇보다 나는 교실에서 책상 위로 올라간 학생들의 숫자가 의미심장하게 다가왔다. 관객의 기대(?)와 달리 키팅의 강의실에 있던 모든 학생이 책상 위로 오른 것은 아니었다. 세계 영화사에 길이 남을 명장면 중 하나로 꼽힐 마지막 장면에서 책상 위로 올라간 학생은 전체 18명 중 10명에 불과했다!

어느 고교에서 소위 명문대 입학생이 배출되면 요란한 잔치가 벌어진다. "○○고의 자부심"이니 "○○고의 자랑"이니 하면서 학교뿐 아니라 학생이 사는 지역이나 동네에 인재 찬양론이 퍼진다. 교육이 시장(현실)의 요구에 적극적으로 부응하는 것은 자연스럽다. 공공 장학재단의 실무를 담당하는 시청 공무원이 기능적인 인재 활용론을 신념처럼 설파하는 배경에 교육의 목적이나 목표에 대한 일반인의 광범위한 상식이 자리 잡은 것이라고 해석해도 무리가 가지 않는다. 이런 문제는 교육적 측면의 적부를 두고 논쟁을 벌일 수 있을지 몰라도 선악의 차원에서 시비를 판단하기 어렵다.

키팅의 강의실에는 교사와 교과서의 권위를 신봉하며 그들이 전달하는 지식을 언제든지 있는 그대로 받아들일 준비가 되어 있는 리처드 캐머런 같은 학생이 있었다. 캐머런은 책상 위에 오르지 않았고 키팅을 대신해 수업하러 온 놀런 교장에게 적극적으로 협조했다. 마지막

| '교육받은 사람'은 어떤 사람인가 |

특별한 '저항식'에 동참하지 않은 나머지 7명의 학생도 캐머런과 비슷한 학생 유형에 속할 것이다. 영화 속 웰튼아카데미의 교훈은 전통(tradition)과 명예(honor)와 규율(discipline)과 최고(excellence)였다. 캐머런을 포함한 8명의 학생은 이 교훈을 가슴에 새기며 면면히 이어지는 웰튼 아카데미의 명성을 지키려고 고군분투하지 않았을까. 그런 그들에게 '너희가 틀렸다'고 간단히 말하기는 힘들다.

이쯤에서 교육의 본질적인 측면을 조금 더 고민하게 만드는 다소 철학적인(?) 질문 하나를 만나보자. 교육받은 사람(educated person)은 어떤 사람인가?

교육의 진정한 본질이 무엇이고 무엇이어야 하는지 진지하게 생각하면서 대답을 정리하는 사람이 있을 것이다. 이들을 '이상주의자'라고 명명하자. 이상주의자들은 교육인 것과 교육이 아닌 것을 나누어 보거나, 교육이라고 명명된 사태 속에서 자기가 겪은 과거 경험과 생각, 더 구체적으로는 교육의 구체적인 과정과 그에 따른 결과 따위를 진지하게 떠올릴 것이다. 그들의 입에서는 전인적인 인격을 갖춘 사람, 세상을 성숙하게 살아갈 수 있는 태도와 능력을 갖춘 사람, 교양 있는 사람, 지식과 지혜를 갖춘 사람 같은 대답이 나올 가능성이 크다.

교육받은 사람이 좋은 학교 나오고 학력이 높은 사람이라고 대답하는 사람들이 있을 수 있다. 이들에게는 '현실주의자'라는 이름을 붙여보자. 이들이 좋은 학교나 높은 학력을 말하면서 성숙한 인격체나 지식과 지혜를 갖춘 교양인을 무시한다고 지레 단정하지 말자. 좋은 학교와 높은 학력을 바라는 현실주의자들의 생각 속에 단지 학교의 네임밸류나 고학력 스펙에 대한 세속적인 열망만 담겨 있다고 해석하는 것은 편견에 지나지 않을지 모른다.

이 현실주의자들이 학교가 좋거나 학력이 높다고 말하면서 염두에 두는 것이, 그들의 자녀가 교육 내용이나 여건이 우수한 교육 환경 아래서 특별히 엄선된 교육자의 지도를 받으며 고품격의 학업 활동을 경험할 수 있다는 사실이라고 전제하자. 지식과 지혜를 갖춘 성숙한 교양인은 좋은 학교 교육과 높은 학력에 따른 자연스러운 결과물이다. 자녀가 명문대에 진학하기를 열망하면서 자기 아들을 웰튼아카데미에 입학시킨 학부모, 전통과 명예와 규율과 최고를 교훈 삼아 전통적인 교육과정과 교육 방법을 고수하는 데 최선을 다하는 웰튼아카데미의 놀런 교장이나 교직원 대부분이 바랐던 것도 이와 크게 다르지 않았을 것이다.

교육의 본질적인 의미나 방향을 깊이 고민하면서 교육받은 사람을 규정하다 보면 이상주의와 현실주의라는 이분법 사이의 장벽을 어느 정도 뛰어넘을 수 있을 것 같다. 나는 좋은 교육을 말하는 부모와 교사의 깊은 생각에서 그 근거를 찾는다. 인격 교육을 강조하는 이상주의자 부모가 자녀의 인격이 훌륭하기만 바랄 뿐 현실 적응력이나 실력은 아무래도 상관없다고 생각한다고 보기는 힘들다. 명문 대학에 합격하는 제자들을 보며 유능한 교육자로서의 보람을 느끼는 현실주의자 교사가 학생이 출세 가도를 달리면서 냉혹한 이기주의자가 되기를 바란다고 지레 단정해서는 안 될 것이다.

교육받은 사람에 관한 질문과 이에 관한 여러 가지 답변들 속에는 상충하고 대립하는 교육관과 교육철학이 깔려 있다. 교육관과 교육철학이 다르면 교육 내용과 방법이 달라진다. 교육정책과 교육제도의 성격이 그에 맞춰 결정된다. 교실 수업 모델이나 생활지도 방식, 학생 규율의 기준이 되는 학교생활규정의 조항들 속에도 서로 다른 교육관이나 교육철학과 밀접한 관계를 맺는 측면들이 존재한다.

이 모든 사실에도 불구하고 우리가 모두 공통으로 전제하는 교육의 본질(그것이 무엇인지에 관한 논의는 일단 제외하자)이 있고, 우리는 대체로 그 본질에 알게 모르게 동의한다. 이상적인 교육과 현실적인 교육을 가르는 명확한 기준이 따로 있을 수 없다. 교육사 교과서에 실린 다양한 명칭의 교육 사조와 이를 이끈 사람들이 궁극적으로 고민한 것들도 교육의 본질 차원에서 보면 크게 다르지 않을 것이다. 나는 교육의 개념을 엄밀하게 분석하고 이를 정당화하는 논리를 천착하는 일에 평생을 헌신한 리처드 스탠리 피터스(1919~2011)의 학문적인 이력과 그가 쓴 현대 교육철학의 고전 《윤리학과 교육》을 살펴면서 이런 생각을 머릿속에서 지울 수 없었다.

현대 교육철학의 혁명

리처드 스탠리 피터스는 영국의 교육철학자였다. 교육철학 교과서를 보면 피터스는 영국 분석철학파의 대표 주자처럼 그려져 있다. 피터스가 속해 있던 영국 분석철학파는 흔히 '런던 라인(London Line)'으로 불린다. 피터스와 함께 영국 런던대학교 교육연구소를 중심으로 활동하면서 영국 교육철학회를 만들고 이 학회를 교육철학 분야의 세계적인 학문공동체로 발전시킨 폴 허스트(Paul Hirst) 런던대학교 교수는, 피터스가 "현대 교육철학의 혁명"을 이루어 냈다고 평가했다. 스테판 E. 쿠이퍼스 벨기에 루벤가톨릭대학교 철학과 교수는 20세기의 단기간에 철학의 한 분야에서 엄청난 영향을 끼친 인물이 있다면 바로 피터스라며 극찬을 아끼지 않았다.

피터스와 그의 철학을 이끈 주된 동력은 분석철학(Analytic Philosophy)이다. 대학에서 쓰는 교육철학사나 교육사 교재들을 보면 분석철학이 20세기 초 철학 분야에 혁명을 가져왔으며, 1950년대 이후에는 교육철학계에 풍미하면서 커다란 영향력을 발휘했다고 기술하고 있다. 쿠이퍼스는 분석철학이 교육철학 논의의 패러다임을 바꾸었다면서 피터스의 철학에 '분석적 패러다임(Analytic Paradigm)'이라는 이름을 붙였다.

패러다임은 토머스 쿤(Thomas Samuel Kuhn)이 과학혁명의 구조를 설명하면서 처음 사용한 말로, 특정 시대 사람들의 견해나 사고를 근본적으로 규정하는 인식의 체계를 가리킨다. 태양계를 바라보는 인식틀이 천동설에서 지동설로 바뀌고, 물리학 분야에서 뉴턴의 역학 이론이 아인슈타인의 상대성 이론으로 대체된 것 등이 패러다임의 변화를 나타내는 사례이다. 피터스의 분석철학적 논의를 패러다임이라는 용어를 가져와 규정하는 까닭은 그가 천착한 문제들이 교육철학의 근본적이고 근원적인 차원에 넓게 깔린 것이었기 때문이다.

피터스는 1960년대와 1970년대에 분석철학적 입장에서 교육철학의 제반 문제를 세세하게 살피는 작업을 집중적으로 수행했다. 쿠이퍼스는 피터스가 이 시기에 펼친 연구 논의의 기본 방향과 이때 사용한 핵심적인 아이디어들을 비판적으로 검토한 글에서, 피터스가 그 20여 년

| '교육받은 사람'은 어떤 사람인가 |

동안 교육의 본질, 교육의 정당화, 교양교육[3]과 도덕 교육의 개념, 교사 훈련 등의 문제에 대해 섬세하고도 종합적인 철학적 견해를 발전시켰다고 평가했다.[4] 쿠이퍼스에 따르면 피터스는 철학 분야에서 일어난 혁명의 영향을 받아 교육철학을 혁명적으로 바꾸어 놓은 인물이었다.

허스트가 피터스의 교육철학을 평가하면서 "교육철학의 혁명"이라는 표현을 쓴 까닭을 피터스의 교육철학적 논의가 갖는 특별한 위상이나 방법론과 관련해 이해해 보자. 허스트는 피터스가 교육 문제들을 철학적으로 논의하기 위한 새로운 방법을 도입하고 새로운 숙고를 하도록 안내했다는 점을 인정해야 한다고 주장했다. 피터스가 기울인 그런 노력 덕분에 어떤 교육적 결정을 내리는 데 필요한 철학적 엄밀성이 마련되었으며, 이에 따라 교육과 관련된 문제를 철학적으로 숙고하는 일의 중요성이 새로운 의미를 갖게 되었기 때문이다.

내가 피터스와《윤리학과 교육》을 만나 본격적으로 공부한 것은 얼마 되지 않는다. 몇 년 전 지역에 있는 여러 학교 선생님들과 함께하는 공부 모임에서 존 듀이의《민주주의와 교육》을 읽었다. 이 책의 표지 겉장 뒤쪽 날개에 붙은 책 소개란에《윤리학과 교육》이 있었다.《윤리학과 교육》은 교육과학사에서 내는 '교육학 번역총서' 시리즈 중 제1권으로, 제2권인 듀이의《민주주의와 교육》보다 앞자리에 있었다. 대학에서 교직 과정을 이수할 때 교육철학 강의를 수강했고 중간고사와 기말고사를 준비하면서 유수의 교육철학자들과 그들이 쓴 주요 저서를 핵심 내용과 함께 외우기도 했지만, 피터스라는 이름과《윤리학과 교육》이라는 책 제목이 도무지 기억나지 않았다.

피터스는 《윤리학과 교육》을 1966년에 펴냈다. 우리나라에는 1980년에 번역판이 나오면서 처음으로 소개되었다. 내가 교직을 이수하던 시기는 1990년대 전반기였다. 국내 교육철학계에서 피터스의 교육 사상을 본격적으로 도입해 논의하기에는 이른 시기라고 볼 수 있다. 그렇다면 당시 교육철학 강의를 맡은 교수가 수업 시간에 피터스와 《윤리학과 교육》을 한 번도 거론하지 않아서 기억 속에 없는 것인지 모른다. 그런데 한국어 번역판 초판이 1980년 8월에 나온 뒤 1997년까지 7쇄가 찍혔다는 서지 정보를 고려하면 국내 대학의 교육철학 강좌들에서 피터스가 언급되었을 가능성이 있다.

결국 나는 피터스와 《윤리학과 교육》에 관한 한 부실한 공부로 인한 기억 상실이라는 결론을 내렸다. 한편으로 조금 의아했다. 나는 듀이의 《민주주의와 교육》이 얼마나 명성을 얻고 있으며, 국내 학계에서 어떤 대접을 받고 있는지 알고 있다. 그런 듀이와 함께 나란히 서 있는 피터스를 어떻게 전혀 모를 수 있을까. 부실한 공부 탓만 하고 말기에는 피터스와 《윤리학과 교육》이 국내 연구 분야에서 제대로 된 조명을 받지 못하고 있었을 가능성을 조심스럽게 떠올렸다. 책을 추천하면서 함께 읽어보자고 자신 있게 말하려면 두 눈으로 '진가'를 직접 가늠해 봐야 한다고 생각했다. 동료들과 《민주주의와 교육》을 한참 읽어 나가는 중에 서둘러 피터스의 책을 구했다.

책의 맨 첫머리에 실린, 공동 번역자인 조영태 우석대학교 교육학과 교수가 쓴 "수정판 서문" 일부가 눈에 들어왔다. "이 책 이후 영미 교육학계는 여러 방면으로 다양한 시도를 해오고 있지만 이 책을 대체할 만한 뚜렷한 사조를 형성하지는 못한 것 같다." 피터스가 한국어 번역

| '교육받은 사람'은 어떤 사람인가 |

판을 위해 직접 쓴 서문의 "이 책은 그것이 취하고 있는 윤리학의 입장이 민주적 생활방식을 해석하는 방법에 있어서 존 듀이의 《민주주의와 교육》과 뚜렷한 대조를 이루고 있다"라는 문장이 눈길을 사로잡았다.

피터스는 존 듀이가 《민주주의와 교육》을 펴내고 3년이 지난 1919년에 태어났다. 존 듀이는 57살에 《민주주의와 교육》을 세상에 내놓았고, 피터스는 47살에 《윤리학과 교육》을 썼다. 그렇게 두 사람의 전기와 저술 경력을 번갈아 살피다 보니 피터스라는 낯선 이름의 학자가 품었을지 모를 어떤 야심 같은 것이 느껴졌다. 나는 공부 모임에서 《민주주의와 교육》을 마무리하고 함께 읽을 책으로 피터스의 《윤리학과 교육》을 주저하지 않고 추천했다. 그 뒤 우리는 거의 1년여 동안 이 책을 함께 읽으면서 공부했다.

본질에 몰두한 철학자

바로 앞에서 교육철학자로서 피터스가 품었을지 모를 '야심'이라는 말을 꺼냈다. 피터스라는 사람의 인물됨에 대한 애정 편향적인 시선이나, 그가 교육철학 분야에서 거둔 학문적인 성취에 대한 근거 없는 평가에 기대 이 말을 꺼낸 것이 아니다. 나는 피터스의 교육철학이 세상에 출현한 이래로 영미 교육학계에서 그를 대체할 만한 뚜렷한 교육철학적 사조를 형성하지 못했다고 보는 평가가 나온 까닭이 피터스의 교육철학에 담긴 독특성에서 비롯되었다고 생각한다. 그 독특성에 피터스가 품었을 만한 어떤 야심이 숨어 있다.

피터스는 30살이던 1949년 영국 버크벡칼리지 철학및심리학과에서 심리학과 논리학이 연계된 주제로 철학박사 학위를 받았다. 그 뒤 교육을 개선하려는 강한 믿음을 안고 교육 문제에 꾸준히 관심을 기울였다. 피터스는 버크벡칼리지에서 전일제로, 런던대학교 정경학부에서 시간제로 강의하던 시기인 1950년대에 비비시(BBC) 방송국 시사 대담에 출연했다. 이 대담 프로그램에서 다룬 주요 주제 중에는 여타의 교육철학서들과 달리 《윤리학과 교육》에서 비중 있게 다뤄지는 교육적 권위(authority)나 책임(responsibility) 같은 교육학적인 내용들이 포함되어 있었다. 피터스는 비비시 방송 대담을 계기로 훗날 하버드대학교 초빙 교수가 된다.

피터스는 43살 되는 해인 1962년 런던대학교 교육철학과 교수로 임명되었다. 이후 학과장에 취임해 하루 18시간을 일하면서 교육철학과와 부설 교육연구소가 교육 분야에서 선도적인 지위를 차지하게 하는 데 온갖 열정을 쏟아 낸다. 1968년까지만 해도 런던대학교 교육철학과에는 무려 175명의 대학원생이 공부하고 있었다. 쿠이퍼스는 피터스가 학과장으로 재직하던 당시 런던대 교육철학과가 영어권 국가들에서 가장 크고 존경받는 학과가 되었다고 평가했다.

피터스는 40대 중반에 이른 1964년 영국교육철학회를 창립해 1975년(56살)까지 11년 동안 학회 회장을 역임한다. 이 학회의 연차대회 편집장이자 《교육철학지(Journal of Philosophy of Education)》 초대 편집장으로 일하면서 교육철학회의 위상을 높이는 데 이바지했다. 그리고 교육철학에 관한 국제문고(International Library) 시리즈의 창립과 편집, 뛰어난 교육철학자들이 참여하는 이스터철학학교(Easter School of Philosophy) 권고 활동을 함으로써 1970년대에 이르러 교육철학이 존경받는 응용철학의 자리에 오르는 데 커다란 공을 세웠다.

《윤리학과 교육》은 피터스의 이와 같은 연구 활동 이력이 한창 꽃을 피우던 시기에 세상에 나왔다. 교육철학을 향한 피터스의 학문적인 야망이 직간접적으로 담겨 있을 수밖에 없는 배경 속에서 탄생했다고 해도 무리가 없다. 실제로《윤리학과 교육》초판을 내면서 쓴 서문에는 교육철학 분야를 향한 그의 특별한 애정이 묻어나는 대목이 여러 군데 나온다. 피터스는 3년 걸려 쓴 이 책을 사실은 5년이라는 시간을 들여 썼어야 했다면서 이렇게 말했다. "이 책을 쓰면서 이정표가 거의 세워져 있지 않은 전인미답의 지역을 밟아 나가는 흥분이 있었다." 이런 이유로 피터스는 집필 기간을 줄이면서까지 책을 일찍 출간하게 되었다고 고백했다.

그는 다른 사람들을 위해 몇 개의 이정표를 세워주고, 다른 사람들이 교육철학 분야에서 미지의 영역에 대한 윤곽선을 여유 있게 그리는 데 도움을 주고 싶었다고 말했다. "교육철학이라는 연구 분야는《윤리학과 교육》과 같은 책을 더 뒤로 미뤄 펴내기에는 너무나 미개발된 상태"에 있었다. 그만큼 피터스는 자기 책에 대해 자부심이 깊었다.

《윤리학과 교육》은 피터스의 주저이자 교육철학 분야의 고전으로 평가받는다. 피터스는 이 책 서문 첫머리에 윤리학과 사회철학 분야에서의 교육철학 개론서를 완성하고, 교육과 윤리학 이론에 관한 자기만의 독특한 견해를 제시한다는 집필 목적을 밝혔다. 이를 위해 교육철학의 기본적인 질문을 교육의 개념에 관한 분석과 교육의 정당화에 관한 분석이라는 두 가지 차원으로 나누어 찾으면서 논의를 전개했다. 이들 주제는 각각 책의 제1부("'교육'의 개념")와 제2부("교육의 윤리학적 기초")의 주요 테마가 된다.

제3부에는 "교육과 사회통제"라는 제목이 붙어 있다. 교육의 실제 및 교육정책에서 드러나는 규범적인 문제들을 '권위', '벌과 훈육', '민주주의' 등의 키워드에 초점을 맞춰 살폈는데, 그렇게 한 까닭을 분명히 밝혔다. 그렇게 하지 않으면 교육의 개념에 관한 논의나 교육 내용과 교육 방법의 정당화에 관한 제1부와 제2부의 논의가 한낱 공상에 불과한 것이 되어 버리기 때문이었다. 교육 현장의 실제적인 문제들을 교육철학적 논의의 장으로 끌고 들어와 다루는 방식은 《윤리학과 교육》이 다른 교육철학 개론서들과 분명히 구별되는 차별화된 집필 전략[5]으로 보인다.

교육철학이라는 분야는 피터스 이전이나 이후나 학문적 위상이 불분명해 보인다. 교육철학 연구의 본령을 과거의 위대한 교육철학자들을 통시적으로 살피는 데 있는 것처럼 이해하는 관점이 있다. 우리 집 서재에 꽂혀 있는 교육철학 책 대부분은 제목에 '교육철학'과 '교육사', '교육 사상사'가 함께 들어 있다. 교육철학은 교육에 관한 철학을 다루고, 교육(사상)사는 교육(사상)의 역사가 주된 관심 대상이다. 각각의 연구 성격이나 구체적인 방법론이 같거나 비슷하다고 보기 어렵다. 그런데 교육철학 교과서들의 제목만 놓고 보면 철학과 역사가 일란성쌍둥이처럼 나란히 붙어 있어 어떤 연관성이 있음을 시사한다.

교육철학을 교육사나 교육 사상사의 측면에서, 또는 교육사나 교육 사상사로서 다루는 관점은 "위대한 사자(死者)의 이야기(tales of the

| '교육받은 사람'은 어떤 사람인가 |

mighty dead)"를 들려줌으로써 교육철학을 더 깊이 있게 이해하게 하려는 의도가 숨어 있다. 그런 의도를 고려할 때 현실적인 이점을 가져다줄 수 있으므로 문제라고 말하기 힘들다. 그러나 교육사나 교육 사상사가 곧 교육철학은 아니므로 그것들이 교육철학을 대체할 수는 없다.

교육사나 교육 사상사 차원에서 이루어지는 교육철학 논의는 기껏해야 과거의 교육철학이 역사적으로 어떤 과정을 거치며 변천해 왔는지를 보여 줄 뿐이다. 각각의 논의가 과거에 어떤 정치·사회적이거나 문화적인 맥락에서 이루어졌는지를 살피면서 오늘날의 맥락과 비교·대조되는 방식으로 검토되지 않으면 현재 시점과의 역사적인 연계성이나 시사점을 찾아내기 어렵다.

피터스는 이런 방식과는 전혀 다른 방향에서 교육철학 논의에 접근했다. 그는 철학적 논의가 어떤 성격을 가져야 하는가를 이렇게 천명했다. "철학의 으뜸가는 미덕은 그 그릇됨이 명백히 드러날 정도로 명료하게 말하는 데 있다." 피터스는 교육철학이라는 분야를 "도대체 완벽한 논의를 써내자면 한평생이 걸릴 만큼 미개발된 상태"에 있다면서, 그런데도 교육철학자들이 자신의 주제를 다룰 때는 "다른 사람들이 그것에 대하여 비판할 수 있도록 쓰는 일"이 중요하다고 보았다. 그가 바란 것은 교육철학을 엄밀한 체계를 갖춘 연구 분야로 발전시키는 일이었다. 그러기 위해서는 "방향만 다소간 올바르다고 생각되면 여러 철학자들이 달려들어 설익은 밭고랑이라도 여기저기 파헤쳐 놓을 각오를 하지 않으면 안 될 것"이라고 생각했다.

피터스는 교육철학을 엄밀한 학문적인 체계를 갖춘 연구 분야로 격상시키려는 분명한 의도를 품고 《윤리학과 교육》을 집필했다. 그런 의도를 구체화하기 위해 자신을 "설익은 밭고랑이라도 여기저기 파헤쳐 놓을 각오"를 실천하는 철학자의 한 사람으로 자처했다. 그렇다고 밭고랑 여기저기를 아무렇게나 마구 파헤치자는 식은 아니었다. 피터스가 '서론' 부분에 교육철학과 관련해 밝혀 놓은 내용들을 바탕으로 그가 교육철학을 특별하게 다룬 방식을 더 자세히 살펴보자. 조금 길지만, 철학자들이 하는 일에 관해 서술한 중요한 대목이므로 아래에 모두 인용한다.

철학자들은 (사람들이 품는-글쓴이) 신념과 표준에 논리적 가정(presupposi-tion)으로 들어 있는 개념 구조(conceptual schemes)를 명백히 드러낸다. 그들은 그 여러 가지 신념과 표준의 일관성 여부를 조사하여 그것들을 정당화(justification)하는 준거(criteria)를 밝힌다. (중략) 철학자들은 그들이 밝혀 낸 논리적 가정에 근본적인 비판과 수정을 가하며 신념의 근거에 의문을 제기하고 대안적인 근거를 제시한다. 또한 그들은 개념 구조가 근본적인 면에서 일관성의 결여를 나타내고 그 적용 가능성이 의심스러울 때 그것을 지적하고 새로운 개념 구조를 만들어 낸다.[6]

'논리적 가정'이나 '개념 구조'나 '정당화' 같은 낯선 용어와 표현이 많아 이해하기 어렵지만 위 인용문이 전하려는 메시지는 간명하다. 철학자는 어떤 개념의 뿌리를 파고들어 거기에 담긴 논리적 구조를 밝히고 그 정당성 여부를 밝혀야 한다. 만약 개념의 논리적 구조가 사람들의 신념과 표준에 어긋나서 정당성에 문제가 있다고 결론이 나면 질문을 다르게 던져 개념 구조를 새로 만들어야 한다. 철학자는 문제의 정답을 찾는 사람이 아니라 주어진 정답에 의문을 제기하고 새로운 질문을 만드는 사람이어야 한다.

피터스가 교육철학과 철학자들이 하는 일에 대해 품은 생각을 밝힌 대목을 읽으면 본질주의나 근본주의를 신봉하는 사람일 것 같다는 생각이 든다. 피터스는 교육의 개념 속에 담긴 본질적인 의미를 밝혀내려는 목적 아래 어떤 일이 교육인지 아닌지를 판별하는 기준 몇 가지[7]를 개념 분석 과정을 통해 추론했다. 이에 따르면 "스파르타 교육을 받은 스파르타 사람은 교육받은 사람이다"라는 문장은 교육의 개념적 기준에 비추어 볼 때 모순적이다. 스파르타식 교육은 그가 제시한 교육 개념의 세 가지 기준 중 인지적 기준에 부합하지 않기 때문이다.[8]

복수의 기준들까지 내세우며 교육의 개념을 명료화하려고 한 까닭이 피터스가 실제와 무관한 교육의 본질을 탐색하는 일을 즐기는 성향의 사람이기 때문은 아니었던 것 같다. 폴 허스트는 피터스가 교육 개념을 분석하면서 본질주의로 나아가는 길에 들어선 것이 아닌가 하는 의문을 고백한 적이 있었다면서, 그때 이렇게 말했다고 전해 주었다. "솔직히 나는 그렇게 하고 싶은 마음이 없다. 못마땅한 것이 있다면 그것은 어떤 특징이 논의가 이루어지는 맥락이나 문제와는 관계가 없이 본질적인 것으로 여겨진다는 점이다."[9] 피터스는 본질주의자나 근본주의자가 아니라 교육 개념의 근본적인 특징을 철저히 밝혀내면서 새로운 질문을 제기하고 싶었던 철두철미한 철학자였다고 보는 것이 온당하다.

윤리학 책?
교육학 책?

　　　　　　　　　　　　　이제《윤리학과 교육》이라는 책 제목의 의미를 좀 더 풀어 이야기할 수 있는 지점에 도착했다. 몇 년 전 공부 모임에서 이 책을 함께 읽고 공부할 책으로 추천해야겠다고 마음먹으면서 주저한 가장 큰 이유는 제목에 있었다. 이 책은 윤리학 책인가 교육학 책인가? '윤리학'과 '교육'이 병렬적으로 나열되어 있으니 윤리학과 교육이 서로 맺고 있는 관계를 다루고 있는 책인지, 아니면 교과교육으로서 윤리교육의 이론과 실제를 탐색한 책인지 가늠하기 어려웠다. 다른 이런저런 질문을 던져 봐도 제목만으로 성격을 추론해 전체적인 주제나 의미를 짐작하기가 쉽지 않았다. 제목의 모호성 문제는 피터스 교육철학의 독특한 방법론과, 윤리학과 교육철학 분야에서 다루는 논의 대상들의 성격을 살피면서 어느 정도 풀렸다.

　《윤리학과 교육》의 성격을 한마디로 규정하면 윤리학(도덕철학)과 사회철학을 교육에 적용하는 문제를 다룬 책이다. 윤리학은 철학의 한 분야이다. 윤리학의 특징은 실제적(practical) 질문에 대한 대답을 분석하고 정당화하는 데 있다. 실제적이라는 말은 이론적(theoretical)이라는 말과 대비된다. '달은 무엇으로 되어 있는가?', '스탈린은 언제 죽었는가?'는 이론적 질문이고, '아무개를 죽여야 하는가?', '담배를 피워도 좋은가?'는 실제적 질문이다.[10] 이론적 질문은 '어떠한가'나 '왜 그러한가'가 문제가 되는 질문이다. 어떤 행위를 하거나 조치를 취하는 일과 아무런 관계가 없다. 실제적 질문은 '어떻게 해야 하는가', '왜 해야 하는가'가 문제가 되는 질문이다. 우리가 실제로 하는 행위나 조치, 또는 그러한 행위나 조치의 이유와 관계가 있다. 그래서 이론적 질문은 사실(is)과, 실제적 질문은 당위(ought)와 관련된다.

실제적 질문과 이론적 질문을 일도양단하듯 명확히 구분할 수 있는 것은 아니다. 논의 영역에 따라서 두 종류의 질문이 뒤섞여 있을 수 있다. 두 질문 모두에 답해야 비로소 해결될 수 있는 교육에 관한 질문이 대표적인 경우이다. 교육에 관한 질문 속에는 교육을 통해 전달할 가치가 있는 것이 무엇인가에 대한 판단 과정이 포함된다. 가치 있는 그 무엇인가에 관한 가정과 그것이 전달되는 방법에 관한 가정을 따져야 한다. 이들 문제를 판단하고 분석하는 과정에서 실제적 질문과 이론적 질문을 명쾌하게 구별하는 것은 거의 불가능하다.

피터스는 교육에 관한 질문을 탐색하는 철학자가 반드시 다루어야 할 주요 문제를 다음과 같이 분류하고, 이들 문제를 다룰 때 윤리학, 사회철학, 인식론, 철학적심리학 등 철학의 여러 영역에서 나온 개념 분석과 정당화 이론을 적용하지 않으면 안 된다고 보았다.

① '교육', '수업', '학교'처럼 교육에 특수한 개념들의 분석 문제(철학적심리학과 사회철학의 영역).

② 교육을 통해 전달할 가치 있는 내용이 무엇인가에 관한 가정과 그 내용을 전달하는 과정으로서 어떤 것이 바람직한가에 관한 가정을 정당화하는 문제(윤리학과 사회철학의 영역).

③ 교육 내용을 전달하는 활동과 관련된 가정 문제(과학철학 분야의 특수 문제 영역).

④ 교육과정과 관련된 문제(역사, 과학 등 교과별로 분화된 사고의 형식을

다루는 철학 영역; 역사철학, 과학철학 등).

피터스가 이 책에서 주로 다룬 것은 ②에 해당하는 것들이다. ②에서 만나게 될 구체적인 논의 주제들은, 가령 '가치 있는 내용'이나 '가치 있는 내용 전달 과정의 정당화' 문제같이 필연적으로 윤리학적 가정이나 의미와 연관될 수밖에 없다(제2부). 피터스는 ②를 위한 예비적인 논의로서 ①에 속하는 교육의 개념 분석 문제를 독립적으로 다루었다(제1부). 나머지 제3부는 '사회통제'에 관한 내용으로 채웠다. 피터스는 교육의 개념 분석 및 교육 내용과 방법의 정당화에 관한 논의가 한낱 공상에 빠지지 않도록 사회통제 문제를 비중 있게 다루었다. 제3부에서는 일종의 사회철학을 교육에 적용하는 측면과 관련되는 내용들이 주를 이룬다.

교육인 것과
교육 아닌 것

어떤 과정이나 활동을 두고 교육이라고 부른다고 해서 모두 교육이 되는 것은 아니지만, 우리는 자신의 고유한 교육관을 근거로 교육이라는 말의 개념을 한두 마디로 정의할 수 있다. 가끔 학교 교사가 청중인 강연장에 가게 되면 "교육은 ○○이다"라는 문장을 말하고 '○○'에 들어갈 말을 골라 보라고 요청한다. 교사들은 한결같이 질문이 어렵다면서도 다양한 표현을 써가며 각자의 교육철학이 담긴 생각을 나눠 준다. 강연장에 모인 교사 수만큼이나 많은 다양한 교육관을 만나면서 교육의 복잡다단한 측면을 새삼 떠올린다. 한때 나는 저 동그라미 두 개를 '조각'이나 '성장'으로 채웠다. '조각'이든 '성장'이든 교육을 정의한 말들의 뜻과 의미 범주를 하나둘 파고들다 보면 어느 지점에선가 각자가 중시하는 교육관이 자연스럽게 드러난다.

피터스는 교육의 핵심을 '입문(initiation; 성년식)'이라고 정의했다. 그래서 흔히 피터스의 교육 사상을 한마디로 이야기할 때 '입문으로서의 교육'이나 '성년식으로서의 교육'과 같은 표현을 쓴다. 입문으로서의 교육 개념은 교육에 관한 개념 분석과 이를 뒷받침하는 일정한 논리적 과정에서 나온 것이다. 그 과정을 살펴봄으로써 피터스가 생각하는 교육인 것과 교육 아닌 것에 관한 문제의 실마리를 찾아보도록 하자.

《윤리학과 교육》의 전체 구성을 개괄하면서 말한 것처럼 교육의 개념을 분석하는 일은 그 결과가 교육 내용과 방법의 정당화 문제와 직결된다는 점에서 매우 중요한 사전 작업이다. 이것을 명확하게 하지 않으면 각자의 관점에 따라 각자의 방식대로 교육을 이야기하게 된다. 우리가 생각하는 교육과 그들이 생각하는 교육이 다를 때 우리는 어떤 합의도 할 수 없다. 그 결과는 혼란스러움이다. 교육에 관한 엄밀한 개념 분석은, 그 결과가 보기에 따라 이론의 여지가 있는 교육정책이나 실제 교육 현장의 일을 적절히 이해하게 하고 실제로 교육이 무엇인가를 결정하게 하는 데 크게 관여하기 때문에 꼼꼼히 이루어져야 한다.

개념 분석은 어떤 용어의 논리적 의미를 분석하는 일이다. 《윤리학과 교육》의 공동 번역자인 이홍우 서울대학교 교육학과 교수는 책 들머리에 실은 "번역판 이해를 위한 해설"에서 개념을 분석할 때 전제

(presupposition)가 핵심 역할을 담당한다고 설명하고 있다. 전제는 어떤 말이 의미를 갖기 위해 '논리적으로' 받아들여져야 하는 가정적인 명제이다. 교육의 정당화를 다루는 제2부에 등장하는 윤리학의 근본 원리들, 곧 자유, 평등, 인간 존중, 타인의 이익 고려 등은 교육에 관한 실제적인 논의에 논리적으로 가정되어 있다. 교육이라는 용어의 개념 속에도 이와 비슷한 측면이 있다. 아무개가 '교육'을 받았다고 할 때 우리는 교육이라는 말을 쓰면서 그 말에 논리적으로 전제된 기준들을 은연중에 떠올린다.

개념 분석을 이해할 때 유념할 점이 몇 가지 더 있다. 피터스는 개념을 분석하면서 '용어'로서의 교육과 '활동'으로서의 교육을 구별했다. 용어(로서의 교육)의 용도 중에는 근본적인 것과 지엽적인 것이 있는데 이들도 나누어 생각해야 한다. 용어의 용도 사이에 있는 유사성과 차이점도 인식해야 한다. 그렇게 하려면 용어의 사용 기준(criteria)을 공식화하는 일이 중요하다. 피터스는 교육을 특별한 활동이나 과정을 꼬집어 지칭하지 않고, 활동이나 과정이 갖추어야 하는 기준을 명시하는 차원에서 보았다. 피터스는 이를 다음과 같이 비유했다. "그것은 사람들이 지켜야 할 법률을 엄격하게 성문화하는 일에 가깝다기보다는 그 사람들의 습관을 대략적으로 그려내는 일에 더 가깝다."

교육에 관한 사람들의 "습관"(적인 생각), 곧 우리가 어떤 활동이나 과정이 교육인지 아닌지를 판단할 때 쓸 수 있는 기준이 무엇인가? 피터스가 찾은 첫 번째 기준은 "가치 있는 활동"이다. 즉 우리가 교육활동을 할 때는 가치 있는 무엇인가가 전달되어야 하며, 이를 통해 교육받은 사람이 가치 있는 일에 헌신하는 태도를 갖추도록 해야 한다는 것

| '교육받은 사람'은 어떤 사람인가 |

이다.

교육을 가치 있는 활동의 차원에서 보는 것은 교육 개념의 규범적 측면과 관련된다. 그런데 피터스는 특정 가치의 내용에 대해서까지 어떤 주장을 하지는 않는다. 5살에 도자기 장인의 제자로 들어가 10년 동안 거의 하루도 빠짐없이 스승의 도자 기술을 배운 길동이 있다고 하자. 길동은 교육받은 사람인가? 도자 기술이 길동과 스승이 사는 시대와 사회에서 가치 있는 것으로 간주된다면 적어도 교육의 규범적 기준과 관련되는 한 길동은 교육받았다고 볼 수 있다.

교육을 "가치 있는 활동"이라는 관점에서 본다는 것은 교육이라는 용어를 사용할 때 염두에 두어야 하는 최소한의 개념적인 기준을 "가치 있는 활동"에 두어야 한다는 뜻이다. 가치 있는 활동이 구체적으로 무엇이며 그렇게 판단할 수 있는 기준이 무엇인가, 그 기준이 올바르다고 볼 근거가 무엇인가 하는 것은 차후의 문제이다.[11]

두 번째 기준은 교육의 인지적 측면에 해당하는 것이다. 인지적 기준에 따르면 교육은 지식과 이해, 폭넓은 안목을 길러 주는 일의 차원에 있는 것이라고 간주된다. 길동은 스승이 구사하는 기술들을 10년 동안 모두 전수해 적어도 형식적으로 통달했다고 말할 수 있는 수준에 이르렀다. 그런데 단순히 기술이나 방법상의 요령을 완벽히 터득했다고 해서 길동이 교육받은 사람이라고 말할 수 있을까?

피터스에 따르면 교육받은 사람은 기술이나 방법상의 요령을 잡다한 사실의 집합 이상으로 끌어올리는 데 도움을 주는 일군의 지식과 모종의 개념 구조를 갖추고 있어야 한다. 사실을 전체적으로 조직하는 원리에 관해 어느 정도 이해하고 있어야 하고, 사물이 그렇게 되어 있는 이유를 알고 있어야 한다. 만약 길동이 갖가지 도자 기술의 유용성과 장단점은 알지만 도자를 만드는 자기 행동의 규범적 원리나 의미를 탐색해 보는 기회를 얻지 못했다면 교육받은 사람이라고 보기 힘들다.

교육받은 사람이 갖추어야 하는 지식은 화이트헤드가 말한 "무기력한 지식"과 정반대이다. 그것은 서로 유리된 것이 아니라 사물을 전체적으로 바라보는 안목을 길러 준다. 역사에 관한 지식을 많이 알고 있다고 해서 반드시 역사적 안목이 높은 것은 아니다. 교육받은 사람의 지식은 어떤 사고의 형식 안에 들어와 있는 데서 당연히 따라오는 헌신이나 전념(commitment)을 내포하고 있어야 한다. 따라서 역사 '교육'을 받아 역사적 지식을 많이 알고 있지만 역사를 바라보는 시선이 단편적이거나, 과학 '교육'을 받았으면서도 과학적 사고의 형식을 소중히 여기거나 실천하지 않는다면 교육받았다고 말할 수 없다.

교육의 인지적 기준의 하나인 폭넓은 안목은 흔히 "교육은 전인을 기른다"의 '전인'과 관련된다. 길동은 도자 기술을 전체적으로 조직하고 적용하는 원리를 알고 있으며, 그 기술을 이용해 도자를 만드는 데 필요한 사고의 형식을 존중하고 그 일에 헌신할 줄 안다. 그런데 길동은 도자기를 만드는 일이 다른 실용적이거나 예술적인 분야와 갖는 관련성, 피터스의 표현을 빌리면 "삶의 정연한 패턴 속에서 도자 일이 차지하고 있는 위치"를 이해하지 못할 수 있다. 피터스는 이런 길동에게 전인이나 교육받은 사람이라는 지위를 부여하지 않을 것이다. 전인을 기르는 교육이라는 표현 속에는 지나치게 전문화된 훈련을 경계한다는 의미 외에 자기가 하는 일을 폭넓은 안목으로 파악한다는 개념적 진리가 전제되어 있다.

| '교육받은 사람'은 어떤 사람인가 |

가르침과 교육은
다르다

피터스가 어떤 활동이나 과정이 교육으로서 갖추고 있어야 한다고 본 마지막 기준은 과정적 측면에 관한 것이다. 교육은 교육받는 사람의 의식과 자발성을 전제로 한다. 교실에서 수업받는 학생은 자기가 교육받고 있는 데에 대한 최소한의 의식이 있어야 한다. 그 학생은 무엇을 배우고 무엇을 하고 있는지 알며, 어느 정도는 자발적으로 행동하고 있다고 볼 수 있다. 일반적으로 학생은 교사가 요구하는 대로 행동하기를 거부하거나 거역할 수 있는데도 교사의 지도를 따르고 있다고 볼 수 있는 존재이다. 실제로 학생들은 교실에서 교사의 지시나 지도를 거부하거나 거역한다.

피터스는 교육의 과정적 기준에 대해 논의하면서 전통적인 교육에 대한 저항으로 일어난 아동 중심 교육의 문제점[12]을 길게 서술했다. 전통적인 생각에 따르면 교육은 가치 있는 것에 관한 권위자인 교사가 학생들의 가슴과 머리에 가치 있는 것들을 날인하는 일이다. 그래서 재료를 주형에 쑤셔 넣는 주형 작업이나 마음의 틀을 값진 품목들로 채워 넣는 일로서의 교육에 관한 비유가 오랫동안 사용되었다. 아동 중심 교육은 이런 전통적 교육에 대한 반작용으로 나타났다. 피터스는 아동 중심 교육 운동이 표방한 자유와 인간 존중의 원리를 인정하면서도 여기에 '이데올로기'라는 이름을 붙여 비판적으로 논증한다.

앞에서 피터스가 《윤리학과 교육》을 쓰면서 민주적 생활방식을 해석할 때 채택한 윤리학적 입장이 존 듀이가 《민주주의와 교육》에서 채택한 입장과 뚜렷한 대조를 이룬다고 말한 사실을 다시 떠올려 보기 바란다. 주지하는 것처럼 존 듀이는 아동 중심의 진보주의 교육을 대변하는 인물이다. 아동 중심 교육은 오늘날 우리나라 학교 안팎에서 혁신 교육을 뒷받침하는 철학적 원리로서 강력한 영향력을 행사하고 있다. 학생 중심 수업이나 학생의 과목 선택권 같은 말들이 학교 교육 혁신의 정답처럼 통용되는 현실이 이를 뒷받침한다. 그런데 어떤 교육적 흐름이 대세를 이루고 있다고 해서 교육적 성찰을 소홀히 해서는 안 된다는 점은 자명하다. 이런 점에 유의하면서 아동 중심 교육에 대한 피터스의 비판적 논증에서 어떤 시사점을 얻을 수 있는지 생각해 보자.

아동 중심 교육은 교육의 과정적 원리를 강조하기 때문에 교육의 내용보다 방법에 주의를 집중하는 경향이 있다. 교사에게는 아동을 존중하는 자세, 최대한 불간섭하는 태도, 아동의 흥미와 필요 및 발달 단계를 심리학적으로 이해하는 능력 등이 필요하다. 이를 바탕으로 아동이 각자의 경험으로 학습하고 스스로 선택하고 성장하면서 각자의 자연적 성향을 발전시킬 수 있도록 하는 사회적 환경을 만들어야 한다. 피터스에 따르면 아동 중심 교육자들은 아동기와 학습의 조건에 관한 사실 및 아동의 발달을 규제하는 원리에 주의를 환기해 교육의 방법을 근본적으로 바꾸었다.

아동 중심 이데올로기의 신봉자들은 교육을 전통주의 교육관에서 강조하는 '기른다' '양육한다', '(바깥에서) 부과한다'보다 '이끌어 낸다', '(안에 있는 것을) 개발한다'에 가까운 것으로 생각하는 경향이 강하다. 그렇다면 전통적 교육관에서 아동 중심 교육관으로 관점이 바뀌는 것을 정당하게 하는 원리가 있는가? 피터스는 교육이라는 말에는 잘못하면 '이끌어 낸다'는 것과 관련된 도덕적 원리로 부당하게 부풀려질 수 있는 개념적 요점이 있다고 생각했다.

첫 번째 요점은 교육에 담긴 성취어적 측면과 과업어적 측면이다. 성취어로서의 교육에서 중요한 것은 결과이고, 과업어로서의 교육에서 중요한 것은 과정이다. 누군가를 교육한다는 것은 도덕적으로 논란의 여지가 없는 방법을 써서 가치 있는 것을 성취하는 일뿐 아니라, 집중하거나 노력하는 일(과업)과도 관련된다. 학생이 바람직한 교육적 성취 상태에 도달해야 한다고 해서 그렇게 되기까지의 과정이 반드시 그의 흥미에 맞아야 한다든가 자율적 활동을 지원하는 것이어야 하는 것은 아니다. 이에 관한 피터스의 설명은 우리가 교육이라고 부르는 행위의 본질에 숨은 미묘한 측면을 잘 보여 준다는 점에서 천천히 음미하며 일독할 만한 가치가 있다.

성취어로서의 '교육'에 포함된 의미가 반드시 과업어로서의 '교육'에 이월되는 것은 아니다. 과학자라고 하더라도 어렸을 때에는 전연 흥미가 없었던 실험을 하도록 강요되었을 경우도 있다. 그와 같이 엄격한 감독하에서 실험을 되풀이하도록 훈련을 받는 동안에 마침내 과학 실험에 흥미를 느끼게 되고 따라서 강요되든지 않든지 간에 혼자서 실험을 하게 되었을지도 모른다. 아이들이 현재 가지고 있는 흥미에 맞추려고 하지 않고 그들의 흥미와는 당장 관계가 없는 일을 억지로 시키는 것이 교육 방법으로서 효과가 있는가 없는가 하는 것은 실지로 조사해 보아야 알 수 있는 사실적인 문제[13]이다.[14]

두 번째 요점은 교육의 과업이 가리키는 것이 교사의 과업인지 학생의 과업인지 불분명한 채 사용되는 것 같다는 점이다. 피터스에 따르면, 우리가 교육의 과업이라고 말할 때 과업 수행의 핵심 주체는 교사가 아니라 학생이므로 교육 과업에 성공하느냐 실패하느냐 하는 책임 역시 학생에게 있다. 그런데 아동 중심 교육 담론에서처럼 이러한 논리적 관련을 연장해 학생 개인이 최종적으로 성취할 과업에 처음부터 흥미를 느껴야 한다고 주장하는 것은 잘못이다. 왜 그런지 자세히 알아보자.

피터스는 교사가 가르치는 일만 한다면 교육의 과업적 측면에 성취적 의미를 부여하려는 생각은 충분히 일리가 있다고 말한다. 학생이 어떤 교육활동에 흥미를 느끼기만 하면 그는 교육적 성취를 이룬 것이다! 그런데 교사는 가르치는 일만 하는 존재가 아니다. 교사는 '가르치는' 활동을 통해 누군가를 '교육하는' 사람이다. '교육하다'와 '가르치다'는 다르다. 가르치는 사람의 성취는 도덕적으로 보아 중립적이거나 심지어 해로운 것일 수 있으나 교육하는 사람의 성취는 그럴 수 없으며 그래서도 안 된다. 전문 사기꾼은 초보 사기꾼에게 사기술을 '가르칠' 수 있으나 우리는 그들에게 '교육했다'고 말할 수 없다.

교육은 학생에게 의미 있는 것을 학생이 자발적인 의식 속에서 행하는 것이라고 보는, 교육 개념에 관한 과정적 기준은 조심스럽게 다루어져야 한다. 그렇지 않으면 아동 중심 교육자들이 교육을 '이끌어 내는' 일로 보면서 학생의 흥미를 바탕으로 자율적으로 행하는 활동이라는 이상으로 부당하게 부풀리기 십상이기 때문이다. 피터스는 교육의 개념에 든 과정적 기준을 "아동 자신에 의하여 통제되는 교육"이라는 방법상의 원리로 부풀리려는 경향은 성취어로서의 교육의 의미를 과업어로서의 교육에 부당하게 이월했기 때문에 생긴 것이라고 보았다.

공적인 것들의
전도사

피터스가 《윤리학과 교육》에서 탐구하는 가장 핵심적인 철학적 문제를 다음 두 가지로 압축된다. 교육이란 무엇을 의미하는가? 교육이 가치 있는 활동이라는 점을 어떻게 알 수 있는가? 전자가 교육의 개념 분석에 관한 질문이라면 후자는 교육의 정당화에 관한 질문이다. 앞서 이야기한 것처럼 교육에 관한 개념 분석이 제대로 이루어져야 교육의 정당화(교육의 윤리학적 측면)나 학교 통제(교육의 사회철학적 측면)에 관한 논의가 논리적 일관성과 실효성을 얻는다.

지금까지 피터스가 교육 개념을 분석한 결과 얻은 세 가지, 곧 가치 있는 활동(규범적 기준), 지식과 이해와 폭넓은 지적 안목을 길러 주는 일(인지적 기준), 교육받는 사람의 의식과 자발성을 전제로 하는 일(과정적 기준)로서의 교육을 살펴보았다.[15] 이 세 가지가 교육의 개념 자체는 아니다. 거듭 강조하지만, 이들은 교육이라는 개념 속에 이론적으로나 논리적으로 전제된 것일 뿐 교육의 정의와는 무관하다. 피터스가 정의한 교육 개념의 핵심은 입문으로서의 교육이다. 따라서 '입문'이 교육 개념 분석에 관한 피터스의 세 가지 기준에 부합하는 것이라고 이해하면 된다.

피터스는 교육의 본질적 의미를 입문을 위한 활동의 이면에 들어 있는 신념 내지 사고 체계를 받아들이게 하는 것이라고 생각했다. 구체적으로 교육은 한 집단의 언어와 개념으로 규정되는 공적 세계로 사람들을 입문시키고, 분화된 사고의 형식에 상응하는 경험 영역을 탐색하는 일에 참여하도록 이끄는 것이다. 또한 경험 있는 사람이 경험 없는 사람의 눈을 개인의 사적 감정과는 관계없는 객관적인 세계로 돌리도록 해주는 과정에서 펼쳐지는 일이다. 입문이나 성년식은 이와 같은 교육의 본질을 잘 나타내 주는 말이다.

우리는 단순히 기술이나 방법을 알게 되는 과정을 성년식이라고 하지 않는다. 성년식으로서의 교육은, 교육받는 사람이 객관적인 공적 유산의 세계로 입문할 수 있도록 가치 있는 활동을 함으로써 특정한 신념 체계를 이해하고 그에 접근하게 하는 통로가 된다. 피터스는 교육을 통해 사람들을 입문시켜야 할 가치 있는 내용을 "공적인 언어에 담겨 있는 공적 전통(public traditions enshrined in public language)"[16] 이라고 했다. 그와 같은 입문 과정은 개인이 임의로 선택하는 과정이나 절차가 아니라 공적 원리에 따라 채택되는 과정이나 절차를 따라 진행된다.

눈치 빠른 독자는 피터스가 교육 개념을 정의하면서 '공적(public)' 이라는 수식어를 연이어 사용했다는 점을 알아차렸을 것이다. 피터스는 "성년식으로서의 교육"이라는 제목으로 교육의 개념을 설명하는 제2장에서는 물론이고 나머지 장 곳곳에서 '공적'이라는 용어를 자주 썼다. 가히 공적인 것의 전도사라고 부를 만하다. 피터스가《윤리학과 교육》에서 주로 쓰고 있는 공적 관련 표현[17]을 두서없이 나열하면 다음과 같다.

① 공적 세계, 공적 절차, 공적 성격, 공적 전통, 공적 마음,[18] 공적 사태, 공적 가정, 공적 유산, 공적 논의 형식, 공적 기준, 공적 숙고, 공적 저장고, 공적 검토, 공적 원리.

② 간주관성(間主觀性, intersubjectivity),[19] 간주관적인 기준, 간주관적 탐구와 논의 방법.

③ 공동의 세계, 공동의 지혜, 공동의 과업, 공동 참여, 공동 탐구, 공동의 열의, 공동 목적.

①은 입문이나 성년식으로서의 교육을 정의할 때 집중적으로 나타나는 용어들이다. 피터스가 '공적'인 것에 집중하게 된 것은 역사적으로 마음(의식, 생각)의 분화와 발달[20]에 대한 관점이 어떻게 바뀌어 왔는지를 검토한 끝에 나온 결과였다. 역사적으로 개인의 사적 경험을 강조하는 관점은 개인주의의 발달과 함께 이루어졌다. 그래서 마음을 바라보는 시선도 개인적인 측면에 초점이 맞춰지면서 마음의 발달을 개별 경험의 침전과 축적 정도로 이해하는 경향이 오래도록 이어졌다. 그런데 피터스는 마음이 각 개인의 개별적인 경험을 통해서가 아니라 한 사회의 언어, 개념, 신념, 규칙 등에 담겨 있는 공적 전통에 입문할 때 생겨난다고 이해했다.

②는 주형 모형(moulding model, 만드는 교육)과 성장 모형(growth model, 자라는 교육) 같은 대표적인 교육 이론이 갖는 결함을 분석하는

과정에서 나온 표현들이다.

③은 보통 집단적인 경험으로 이루어지는 교육 사태를 설명하는 대목에서 함께 쓰이고 있다. 주형 모형과 성장 모형에서 교육자는 학생의 마음속에 학생과는 무관한 모종의 결과를 일으키기 위해 일하는 초연한 조작자처럼 여겨진다. 그러나 교육은 가르치는 사람과 배우는 사람이 공동 영역 속의 내용을 공유하는 과정에서 이루어지는 활동이다. 요컨대 교육 내용과 방법은 모두 간주관적이다.

교육 사태에서 다루어지는 지식은 오랫동안 공적 검토와 논의로 확립되어 온 공적 유산이다. 이 지식을 가르치거나 배우는 사람은 함께 따라야 할 간주관적인 기준으로서의 공적 원리에 따라 지식을 수정하거나 조정하는 비판적인 활동을 할 수 있다. 학생들이 일정 수준 이상의 사고 형식을 내면화한 상태에서 이루어지는 교육 사태의 한복판에서 교사와 학생은 일종의 형제애(fraternity)를 느끼며 공동의 목적을 추구하기 위해 함께 노력한다. 한 집단이 공유하는 공동의 것에 기반하면서 공동의 참여를 전제로 하는 것이 교육인 것이다.

'공적'인 것을 향한 피터스의 집중은 일반적으로 교육을 통해 길러질 것이라고 기대되는 '마음'에 대한 특별한 시선에서 비롯되었다. 기존의 철학적 관점에 따르면 마음의 (바람직한) 분화와 발달은 개인적이고 사적인 측면에 집중되어 이루어진다. 그러나 마음, 곧 생각은 개인이 한 사회의 공적 전통에 입문하는 과정에서 생성된다. 피터스에 따르면 의식의 대상은 외부 세계(공적인 세계) 안에 있으며, 공적 언어에 의해 알려지고 다른 것과 분간된다. 그래서 "공적 세계는 개인이 자신의 의식을 발달시키는 발판이자, 그가 자기 특유의 스타일과 존재 방식을 새겨서 남겨두는 기록판"이다.

교양교육과
인문학의 힘

이번 개정증보판에 피터스에 관한
장을 더하겠다고 결정하고 계획을 세우면서 장 제목을 어떻게 하면 좋
을지를 오래 고민했다. 장 제목에 들어갈 피터스 철학의 특징을 대변
하는 말을 무엇으로 할 것인지 감을 잡기 힘들었기 때문이다. 기존 장
제목 전체의 형식적 통일성을 고려하면 피터스 교육철학의 핵심적인
특징을 나타내는 용어와 대표 저작을 결정해 "○○주의 교육과 피터스
의 《□□》"이라고 하는 것이 자연스러웠다. '□□'에 들어갈 대표 저작은
일찌감치 《윤리학과 교육》으로 결정했다. 문제는 피터스의 교육철학
을 특징 짓는 '○○' 자리를 어떤 말로 채울까였다.

본질주의, 전통주의, 보수주의, 교양주의 같은 용어들이 유력한 후보
로 떠올랐다. 본질주의는 피터스의 교육철학이나 교육 사상보다는 그
가 교육철학적 논의를 펼치면서 내보이는 학문적인 스타일이나 경향
을 가리키는 말에 가까웠다. 전통주의나 보수주의는 피터스의 교육관
을 이해하는 주요 키워드인 '입문', '공적 세계' 같은 말들을 깊이 천착
하면서 떠올린 것들이었다. 《윤리학과 교육》에서도 그런 면이 보이지
만, 1960년대 이래로 영국의 교육정책 현장에 아동 중심의 진보주의
교육 사상이 영향력을 행사할 무렵 피터스는 이를 비판적으로 바라본
이력이 있었다. 피터스 교육철학의 핵심어인 입문이 영국의 자유주의

적 보수주의를 대변하는 마이클 오크쇼트(Michael Oakeshott)의 아이디어에서 강한 시사를 받아 채택된 용어라는 점도 고려했다.[21] 하지만 '전통주의'와 '보수주의' 모두 피터스 교육철학의 특징보다는 그의 학문적 태도를 나타내는 쪽에 가까운 용어라고 결론 내렸다.

고민을 거듭한 끝에 빈칸 두 자리를 '교양'으로 채우기로 했다. 본질주의나 전통주의, 보수주의를 버리고(?) 남은 교양주의를 최종적으로 선택하는 일도 쉽지는 않았다. 주지하는 것처럼 교양교육은 일반적으로 서양(유럽)의 유구한 교육 전통에서 유래하는 자유 교육이나 인문 교육과 동궤에 놓인다. 이들 모두 영어 표현이 'liberal education'이다. 'liberal'의 일반적인 어의를 고려하면 교양주의보다 자유주의가 피터스의 교육 사상을 더 잘 드러낼 수 있다. 그런데 현재 우리나라에서 자유주의라는 말이 지나치게 정치·사회적인 용어로 쓰이고 있어 독자들에게 불필요한 오해를 줄 것 같다는 생각이 들었다. 인문주의라는 말 또한 16세기와 18세기 말~19세기 초 유럽에 풍미했던 인문주의 교육[22]과 겹칠 수 있었다.

피터스는《윤리학과 교육》제1장 마지막 절에 '교육과 교양교육'[23]을 따로 둘 정도로 자신의 교육관이 교양교육의 관점과 밀접하게 관련되어 있음을 직접 보여 주었다. 앞서 살핀 교육에 관한 개념 기준 세 가지가 교양교육에도 그대로 적용된다는 점을 길게 설명함으로써 교육의 개념과 교양교육의 개념을 동일시하고 있는 듯한 관점을 드러냈다. 피터스의 이런 시각은《윤리학과 교육》에서뿐만 아니라 1970년대 이래의 후기 저작들에도 그대로 드러난다. 요컨대 우리는 피터스를 교양교육의 대변인이라고 불러도 무방하다.

'교육받은 사람'은 어떤 사람인가

교양교육은 역사적으로 파이데이아(paideia, pais/paidos=child, agein=to lead)의 그리스적인 이상과 자유 교과(artes liberales, ars=art, liber=liberal)에 대한 로마적인 가르침에 기원을 둔다. 파이데이아와 자유 교과의 목표는 인간적인 완전함을 갖춘 교양인(자유인)을 기르는 데 있었다. 르네상스 시대 이전까지 자유 교과는 7자유과인 문법, 수사학, 논리학(3학)과 산수, 기하, 천문, 음악(4과)을 주요 커리큘럼으로 하면서 차원 높은 인식과 명상을 위한 준비 단계로 활용되었다. 그래서 7자유과는 철학의 시녀라는 별칭으로 불렸다. 철학은 신학의 시녀 역을 맡았다.

신 중심의 자유 교과 체제는 르네상스 시대로 오면서 인간성의 탐구와 계발을 방향으로 하는 인문학으로 그 성격이 바뀌었다. 피터스가 중시하는 교양주의 교육을 바로 이런 인문학적인 자유 교육의 차원에서 해석할 수 있다. 피터스는 교양교육의 특징을 ① 다른 것을 위한 실제적인 도구나 수단이 아닌 그 자체를 위한 지식, ② 일반적인 교육, ③ 비권위주의적인 교육으로 요약했다.[24] 이 세 가지는 구체적으로 공적인 인간 유산으로서의 지식 체계로 입문하고, 총체적인 지식을 획득해 정신을 전체적으로 발달시키며, 개인적 자율성과 비판적 사고의 발달을 촉진하는 교육을 할 때 가능해진다.

피터스의 견해가 갖는 한계는 분명하다. 우리는 그 자체를 위한 지식 교육이 성적, 시험(평가), 진학 체제에 포섭되면서 교육이 단순한 도구로 전락하고 마는 현실을 거의 날마다 목도한다. 일반적인 교육에 기여하는 교육과정과 그렇지 않은 교육과정을 어떤 기준으로 구별할 것인가도 풀기 어려운 문제이다. 비권위적인 교육은 이상적이지만, 현대교육의 일반적인 체제인 학교 교육 시스템은 그 자체로 학생들의 자율성과 비판적 사고 능력을 일정 수준에서 제한하거나 억압하는 타율 시스템에 기초해 있다. 그런데도 피터스는 ①~③을 통해 인문학이 교양교육의 커리큘럼에서 핵심적인 역할을 해야 하며, 이를 통해 교양교육을 포함한 모든 교육이 더욱 높은 삶의 질을 추구하는 방향으로 이루어져야 한다고 제안한다. 인문학은 인간 조건에 대한 이해와 삶의 역경에 맞서는 적절한 태도를 길러 준다. 피터스는 그런 인문학에 단단히 뿌리를 박고 선 교양 있는 사람의 모습에서 이상적인 교육의 인간상을 찾았다.

지속 가능한
진보주의 교육

나는 이른바 '진보주의 교육'을 지지하고 실천한다고 자처하는 사람 중 하나이다. 2010년대 이후 세칭 '진보 교육감'이 우리나라 교육계의 전면에 나서는 순간을 깊은 감회 속에서 지켜보았고, 전국에 혁신학교가 널리 퍼지면서 아동 중심, 학생 중심 교육활동이 교육 현장에서 대세처럼 자리를 잡아 가는 모습을 기쁘게 바라보았다. 그런 분위기에서 오래전부터 고민하고 조금씩 실천해 왔던 학생 중심 수업을 본격화하려고 노력했다. 학생의 흥미와 수준을 고려해 활동지를 만들어 활용하고, 되도록 학생들의 자율적 판단과 결정을 존중하면서 학급을 이끌어가려고 했다.

그런 한편에서 '무늬만 혁신학교'니 '학업 능력을 등한시하는 혁신

교육'이니 하는 말들이 들려올 때마다 안타까움이 일었다. 수업 혁신이나 학교 혁신 같은 말들이, 보통의 학교에 있는 교사들과 학생들이 혁신적이거나 혁신적인 것으로 보이는 다채로운 수업이나 교육활동을 실천해 나가는 과정에서 하루하루 조금씩 받아들여지는 방식이 아니라 과거와 같은 획일적이고 하향적인 방식으로 확산하면서 피로감과 거부감을 강하게 불러일으키는 분위기가 감지되었다. 그때마다 지속 가능한 진보주의 교육을 어디서 어떻게 찾아야 할지 몰라 답답했다. 피터스의 교육철학은 그런 상황에서 하나의 돌파구를 마련해 주었다.

피터스는 진보주의 교육과 거리가 먼 사람이다. 굳이 딱지를 붙이자면 전통주의자나 보수주의자에 가깝다. 피터스는 시종일관 진보주의 교육관을 비판적으로 보았으며, 1967년 영국에서 "아동과 아동의 초등교육"이라는 부제가 붙은 〈플라우든 보고서〉가 나왔을 때 '런던 라인' 명의로 보고서에 담긴 진보적인 교육 아이디어의 문제점을 조목조목 지적했다. 〈플라우든 보고서〉는 영국 교육 체제 안에 아동 중심 교육의 영향력을 공고히 하려는 목적에서 나온 정책 보고서였다.[25] 이에 대한 런던 라인의 철학적인 공격은 영국의 (초등) 교육에 대한 진보주의적인 생각에 심대한 영향을 끼쳤다.

〈플라우든 보고서〉는 교육적인 진보주의를 표방했다. 전통주의 교육이 교재 중심적이고 교사 중심적인데 반해 교육적 진보주의는 아동 중심 교육을 바탕으로 한다. 역사적으로 루소, 듀이로 이어지는 철학적 계보 안에 포함되는 교육적인 진보주의는 아동의 지위, 아동의 본질, 교육과정, 교사의 역할에 대해 전통주의 교육과 차별되는 관점을 보여 준다.

첫째, 전통주의자는 아동기를 성인기에 이르는 과정에서 거쳐 가는 한 단계라고 생각하지만, 진보주의자는 그 자체의 특징이 있는 상태라고 생각한다. 아동은 (교육의 목표로서) 성숙한 성인의 자질이 없는 미성숙한 존재가 아니라 그 자체의 내재적 가치를 지닌 존재로 간주된다. 둘째, 전통주의자는 아동의 정신적인 본성을 '타블라 라사(tabla rasa)', 곧 외부 환경에 의해 조성되어야 하는 텅 빈 '백지(白紙)' 상태로 본다. 반면 진보주의자는 아동의 정신이 그 자체의 흥미와 요구를 가진다면서, 개별적인 재능이 있는 특수한 본성 혹은 자아의 차원에서 이해한다.

아동의 위상(지위)과 본성에 관한 이 두 가지 다른 관점은 교육과정과 교사의 역할과 관련해 다음과 같은 입장으로 이어진다. 먼저 전통주의자는 언어 습득과 수 계산법 등을 체계적으로 전달하기 위해 기존의 학교 교재 범위 안에서 이루어지는 수업을 중시한다. 진보주의자는 아동의 흥미나 요구에 기반한 주제 중심, 프로젝트 중심의 통합적 교육과정을 선호한다. 다음으로 전통주의자 교사는 가르치고 학생은 교사가 가르친 것을 배우는 존재이다. 진보주의자는 학습이 교사와 같은 외적인 권위자의 통제가 아니라 본성과의 조화 속에서 아동에 의해 이루어진다고 생각한다. 진보주의적인 교육 상황에서 교사의 역할은 아동의 배움을 위해 환경을 조성하는 등의 조력 활동에 국한되어야 한다.

교사가 아이를 어떤 존재로 볼 것인가 하는 문제는 교사가 행하는 교육의 처음과 끝을 규정한다. 아이를 어떤 존재로 보느냐에 따라 교육의 출발점과 매 교육활동의 단계가 달라질 수 있다. 교육철학을 다루는 글이나 책에서 도토리와 참나무의 비유를 들어 본 적이 있을 것이다. 도토리 안에는 거대한 참나무가 잠자고 있다. 이 비유는 진보주의적인 교육관에 부합하는 면이 크다. 교사가 이 비유를 자기 가슴에 확실히 장착해 두면 학생이라는 인간 존재에 대한 신뢰감을 바탕으로 교육활동을 열정적으로 펼칠 수 있다. 그런데 어느 시점에 이르러 참나무가 되어 있어야 하는 도토리가 계속 도토리 모습을 하고 있는 것 같다. 교사는 고민한다. 여전히 도토리 신세를 면치 못하는 그 학생은 언제 참나무가 되는가. 대체 참나무가 될 수는 있는가.

피터스는 이런 난감한 문제를 어떻게 풀었을까? 개인의 정신(마음)은 한 사회의 공적 전통에 입문함으로써 생겨난다는 관점을 다시 가져오자. 피터스는 공적 세계를 개인이 자신의 의식을 발달시키는 발판이라고 보았다. 또 언어철학자 루트비히 비트겐슈타인(Ludwig Josef Johann Wittgenstein)[26]의 '사적 언어(private language)는 있을 수 없다'라는 주장에 기대 (공적인 것인) 언어를 통한 사고 발달의 사회적인 속성에 주목했다. 세계에서 고립된 개인은 무기력하므로 공적 세계나 언어와 같은 공동의 것에 기대 마음을 구성한다.

그것(진보주의적 접근방식)이 범한 잘못의 대부분은 사고와 언어의 사회적 성격, 전달 과정 및 동기유발의 과정을 조직적으로 무시하고 있다는 것으로 요약된다. 공적 언어에 통합되어 있는 국면들의 수용 없이 세상을 이해할 수 있다는 생각, 아이들이 가진 관심 대부분이 다른 사람들로부터 포착한 것이 아니라 자기 주도적인 것이라는 생각, 아이들이 모방이나 동일시나 수업 없이 내적으로 성숙해질 때까지 "준비"를 해야 한다는 생각은 모두 매우 의심스러운 것이다.[27]

피터스는 〈플라우든 보고서〉에 보이는 아동 중심 교육의 극단적인 측면을 우려했던 것으로 보인다. 그는 '자유주의적 전통주의(liberal traditionalism)'라는 종합적인 태도로 전통주의와 진보주의 교육관을 조화시켜 이 문제를 풀려고 했다. "내용 없는 형식은 공허하고, 형식 없는 내용은 맹목"이라는 칸트의 유명한 명제를 활용해 경험 내용이 없는 지식의 형식(공적 유산)은 공허하고, 지식의 형식이 없는 경험은 맹목이라는 입장을 조화시키려고 했다. 피터스가 반대한 것은 진보주의 교육관 자체가 아니라 그것이 획일적이고 일방적으로 적용되는 현상이었다. 피터스는 어떤 교육과정 구조나 방법이 예외 없이 일반적으로 최선의 것인 양 부풀려지는 것을 극히 우려했다.

피터스의 입장에서 지속 가능한 진보주의 교육의 길을 시사 받으려고 할 때 유념할 사항이 한 가지 더 있다. 피터스가 칸트의 명제를 활용하면서 말하고자 했던 것이 어떤 '종합적' 입장에 대한 '주장'이 아니라 '조화'의 메시지였다는 사실이다. 쿠이퍼스에 따르면 피터스가 〈플라우든 보고서〉에 담긴 아동 중심 교육철학에 극렬하게 반대한 까닭은, 그것이 교수와 학습에 대한 종합적인 방안이 존재한다고 여기는 '이데올로기'가 될 가능성이 있다고 판단했기 때문이다. 피터스는 이렇게 말했다. "나의 주장은 그 어떤 종합적인 방안이 있을 수 없다는 것이다. 필요한 것은 일반적인(종합적인-글쓴이) 기준뿐만 아니라 가르친 것의 차이, 배운 아이들의 차이를 고려하는 견실하고도 명민하며 실험적인 접근방식이다."[28]

'교육받은 사람'은 어떤 사람인가 |

피터스와
조지 오웰

피터스 교육철학에 관한 이야기의 마지막을 피터스가 어린 시절 조지 오웰(George Orwell, 1903~1950)과 맺은 인연담으로 채우려고 한다. 피터스는 전통적인 인간 문화유산과 공적인 것을 강조하는 보수주의자로서의 면모와 인문학적인 교양교육을 통해 전인적인 인간상을 길러내는 것을 교육의 이상처럼 생각했던 교양주의자로서의 면모가 뒤섞여 있다. 나는 피터스의 모습에 담긴 이런 이미지를 조지 오웰에게서도 본다. 그리고 두 사람의 이런 모습이 지극히 영국적인 것들에 바탕을 두고 있지만, 단지 영국적인 것에 국한되지 않은 자유로운 정신 활동의 결과에서 비롯되었다고 이해한다.

피터스와 조지 오웰의 생애를 살펴보면 비슷한 구석이 많다. 오웰은 1903년 인도 벵골에서 인도 주재 영국 공관에서 일하는 하급 공무원의 아들로 태어났다. 피터스 역시 1919년 인도의 우타 프라데시주에 있는 럭나우에서 출생했다. 그의 아버지는 인도의 영국 제국 경찰로 근무하다가 경무관으로 퇴직한 경찰 공무원이었다. 오웰이 영국의 유서 깊은 사립학교인 이튼스쿨에서 공부한 것처럼 피터스도 1862년 개교한 오랜 전통의 사립학교 클리프톤칼리지에서 수학했다. 오웰은 이튼스쿨을 다니면서 권위적인 교사들의 허세를 경멸했으며, 암기식 교실 수업과 계급적 따돌림이 횡행하던 학교 분위기를 신랄하게 비판했다. 피터스는 클리프톤칼리지에서 정치에 관심을 두고 싶었지만 이를 금기시하는 학교 분위기 때문에 냉담한 무신론자처럼 지냈다. 피터스가 학교에서 좋아했던 일은 교사 놀리기였다.[29]

오웰은 고교 졸업 후 미얀마로 건너가 영국 제국 경찰이 되어 3년간 재직하다가 반제국주의자가 되어 퇴직했다. 그 뒤 작가가 되기로 결심하고 런던과 파리의 뒷골목을 스스로 찾아 들어가 따라지 생활을 전전하면서 사회 최하층민의 삶을 체험하고 첫 소설 《런던과 파리의 밑바닥 생활(Down and Out in Paris and London)》을 출간했다. 북부 석탄 광산의 막장을 직접 찾은 경험을 바탕으로 한 논픽션 《위건 부두로 가는 길(The Road to Wigan Pier)》과, 반파시즘 연대와 민주주의 옹호를 명분으로 스페인 내전에 자원해 참전한 경험을 그린 《카탈루냐 찬가 (Homage to Catalonia)》도 있었다. 오웰은 자신의 계급을 "상류 중산층의 하급 계층(lower-upper-middle class)"에서 찾았으면서도 그와 같은 계급적 정체성에서 벗어나려는 노력을 멈추지 않았다.

피터스 역시 자신이 속한 계급의 좁은 테두리 안에 갇히는 것을 경계했던 것 같다. 피터스는 거의 속물화된 중산층 계급의 안전한 전통 아래서 성장했다. 그런데 학교에서 익힌 습관들과 생각들이 자신을 (중산층이라는-글쓴이) 특별한 계급 범주에 갇히도록 몰아넣었다고 여겨 그 장벽을 부수고 싶어 했다. 20대 초반에 이른 피터스는 양심적인 병역거부자 그룹인 퀘이커 교도가 되어 영국 육군성에서 운영하던 우정야전단(Friends Ambulance Unit)[30]에 자원해 참전했다. 그리고 우정구호봉사단(Friends' Relief Service)에서 생활 재건을 위한 청소년 센터를 세우자 그곳에 들어가 밤낮없이 헌신적으로 활동하는 방식으로 자신의 내면에 있는 장벽을 하나하나 깨뜨려 나갔다.

오웰이 '인생 선배'로서 피터스에게 강한 영향을 미쳤을 가능성을 방증하는 전기적 사실이 하나 있다. 피터스는 10살 무렵인 1920년대 후반 20대 후반의 오웰을 휴일 가정교사로 만났다. 그때 피터스는 오웰과 맺은 인연을 기록한 글[31]에서 오웰이 첫 만남에서 자기를 5분 만에 완전히 사로잡았다면서 오웰을 다음과 같이 평가했다.

기질적으로 그는 청교도적인 열정과 광신이 없는 무심한 왕당파 같은 사람이었습니다. 그는 자기 자신이 서 있는 위치를 분명히 알았던 대부분 사람들처럼 자기가 선 위치에 대해 호들갑을 떨지 않았습니다. 그는 전혀 시끄럽지 않았고, 불확실하고 불안정한 사람들 특유의 독단적인 태도 같은 것이 없었습니다.[32]

오웰은 제국주의 경찰로 일하다가 반제국주의를 가슴에 품으면서 다큐멘터리와 에세이, 소설을 쓰는 언론인 겸 작가의 길로 들어섰다. 그 후 섬세한 감수성과 날카로운 안목을 지닌 사회 비평가이자, 전체주의에 반대하고 국제주의에 기반한 사회민주주의를 주창하고 실천하는 지식인으로서 뜨거운 삶을 살았다.

피터스는 36살에 윗글을 썼다. 10살짜리 꼬마 피터스의 눈에 오웰의 모습이 강렬하게 다가오지 않았다면 그에 관한 기억은 머릿속에서 26년이라는 긴 시간이 흐르는 동안 흔적 없이 사라지고 말았을 것이다. 또 오웰의 유연한 듯 강직한 인상이 자극을 주지 않았다면 이런 글을 쓸 생각을 하기 힘들었을 것이다.

《윤리학과 교육》을 읽다 보면 차분하면서 확신에 찬 목소리로 자기 생각을 조목조목 논리적으로 펼쳐 나가는 전형적인 철학자 모습이 머리에 그려진다. 자유와 평등, 인간 존중에 대한 교육적 정당화 논리를 차근차근 설명해 나가는 피터스의 모습은 세상의 모든 독단주의와 전체주의를 혐오하면서 진정한 자유주의자의 삶을 살고자 했던 오웰의 그것과 자연스럽게 겹쳐진다.

10살 피터스가 20대 후반의 오웰에게서 본 "전혀 시끄럽지 않았고, 불확실하고 불안정한 사람들 특유의 독단적인 태도 같은 것이 없었"던 모습을 《윤리학과 교육》의 저자 모습에서 본다. 피터스 교육철학의 맹아는 피터스 자신과 너무나 잘 어울리는 오웰의 기질적 특징이 주었을 영향 속에서 조금씩 자라났을 것이다.

탈학교론의 대부
이반 일리치

학교 나이 4,500살

그 학교 교실에는 한 명에서 네 명까지 앉을 수 있는 긴 의자들이 여러
줄 놓여 있었다. 의자는 구운 벽돌로 만들어졌다. 학생들은 벽돌 의자
에 앉아 교과서를 함께 읽거나 단어를 암기하고 문학 작품을 베끼는
수업을 했다. 교실 한편에는 사전이 있었다. 반장이 학생들의 출석을
점검했고, 규율반장이 체벌용 도구를 써서 학급 규율을 관리했다. 학
생들의 아버지는 대부분 도시를 다스리는 총독이나 고위 관리들이었
다. 학교 교육과정은 길었고 수업료가 비쌌다. 가난한 집안에서는 자
녀를 그 학교에 보낼 엄두를 내지 못했다.

　학교의 일과는 아침부터 저녁까지 길게 이어졌다. 학생들은 매일 점
심 도시락을 싸 들고 등교했다. 교과 내용은 크게 학술적 · 과학적 과정

과 문학적·창조적 과정 두 가지로 나뉘었다. 오전에는 주로 암송 수업과 구두 과제 활동을, 오후에는 필기 과제 활동을 했다. 학생들은 지각해서 교사에게 벌 받는 것을 두려워했다. 크고 작은 잘못을 저지를 때마다 교사와 규율반장에게 회초리를 맞았다. 교사의 급여는 학생들이 내는 수업료로 충당되었다. 교사 급여 수준이 그다지 높지 않아 촌지 관행이 넓게 퍼져 있었다. 새 옷, 식사, 선물, 반지 등이 촌지에 쓰였다.

이 학교가 어느 시대 어떤 나라(지역)에 있었다고 생각하는가? 고대 그리스의 귀족 자제들이 다닌 학교? 중세 독일의 수도원 학교? 아니면 근대 일본의 고위 관리 양성 학교? 정답은 기원전 2000년대 무렵의 수메르 학교이다. 수메르학의 세계적 권위자인 새뮤얼 노아 크레이머 미국 펜실베이니아대학교 교수가 쓴《역사는 수메르에서 시작되었다》의 제1장 "교육: 최초의 학교"와 제2장 "학교생활: 최초의 '촌지'"의 내용을 바탕으로 재구성한 학교 모습이다. 수메르 학교는 인류 최초의 학교였다. 크레이머 교수는 기원전 2500년경 수메르 전역에 걸친 상당수의 학교에서 문자가 공식적으로 교육되고 있었다고 보았다. 이때부터 셈하면 학교 나이가 물경 4,500살이다. 학교의 역사는 인류 문명의 역사와 함께했다고 봐도 틀리지 않는다.

학교는 그때나 지금이나 별반 다르지 않다. 그곳에는 가르침을 전담하는 사람들과 무엇인가를 배우기 위해 모여든 사람들이 나뉘어 있다. 그들은 일정한 형태의 공간이나 장소에서 특정한 교육과정에 따라 계획적으로 운영되는 시간을 거의 온종일 함께 보낸다. 그곳에서는 학습 분위기를 조성하고, 원만한 인간관계를 진작시키며, 공간 질서를 유지하려는 차원에서 촌지나 체벌같이 잠재적인 학교 문화에 영향을 미치

275

는 요소들을 다양하게 활용한다. 그 모든 것이 학교의 유구한 이미지와 근원적인 속성을 그대로 대변하면서 수천 년 동안 이어져 왔다. 우리나라에서 체벌과 촌지가 공식적으로 금지된 것은 2010년대 이후였다. 수년 동안의 논란과 우여곡절 끝에 가까스로 이루어진 일이었다.

어느 시대 어느 사회에서든 학교는 전통주의자와 보수주의자들의 성채이다. 사회가 급격하게 변화하고 혁신적인 생각이 사람들을 들뜨게 하는 상황을 가장 두려워하는 특정 사회의 기득권자와 권력자 연합은 학교를 중심으로 똘똘 뭉쳐 모든 진보적인 것들에 맞서 싸우는 모습을 보였다. 그들은 사람, 돈, 제도 등 거의 모든 측면에서 유리한 고지에 있었기 때문에 싸움에서 패배할 일이 없었다.

한 사회의 모든 것이 폐허가 된 상황에서도 학교는 가장 먼저 재건되는 공적 기관 중 하나였다. 사회가 존재하는 한 학교 제도가 폐지되는 일은 제로에 가깝다. 역사상 학교가 사라지는 일은 지금까지 없었고 앞으로도 없을 것이다. 20세기 최고 사상가 중 한 명이라는 찬사를 받는 이반 일리치(1926~2002)는 이와 전혀 다른 목소리를 내 전 세계적인 반향을 불러일으켰다. 오늘날 교육사 교과서에서는 일리치의 주장을 탈학교론, 또는 탈학교주의라고 명명해 소개하고 있다.

관료제를 싫어했던 신부

이반 일리치의 탈학교론을 본격적으로 살펴보기에 앞서 그가 어떤 사람이었는지 알아보자.[33] 일리치는 1926년 크로아티아의 지주 달마티아 집안 출신 아버지 피에로 일리치와 유대계 독일인이었던 어머니 엘렌 일리치 사이에서 맏아들로 태어났다. 아버지 피에로는 제2차 세계

대전 중이던 1941년 사망했다. 남편이 죽자 어머니 엘렌은 1942년에 이반과 쌍둥이 남동생을 데리고 이탈리아 피렌체로 거처를 옮겼다. 반 (半)유대인으로 분류되어 위험에 빠졌기 때문이다. 일리치는 피렌체에서 학교를 마치고 나치에 대항하는 이탈리아 레지스탕스 운동에 동참했다.

제2차 세계대전이 끝난 뒤 일리치는 이탈리아 로마의 그레고리안대학교에서 철학과 신학을 공부하고 오스트리아 잘츠부르크대학교에서 역사학 박사학위를 취득했다. 1950년에는 사제 서품을 받았다. 일리치는 첫 미사를 초기 기독교도가 박해를 피해 숨었던 지하 묘지에서 열었다. 그즈음 10여 개 국의 언어를 구사할 줄 아는 신부로 알려져 로마 교황청 국제부에서 일할 것을 제의받았다. 로마 가톨릭교회와 유대가 깊은 귀족 집안 출신에 카리스마와 지적 능력이 뛰어났고 믿음 또한 깊었기 때문에 교황청에서 상당한 관심을 표하고 있었다. 일리치에게 로마에 남도록 권한 사람은 훗날 교황 바오로 6세가 되는 조반니 몬티니였다.

가톨릭 내부의 관료제를 좋아하지 않았던 일리치는 1950년대 초 미국을 거쳐 서인도 제국의 미국 자치령인 푸에르토리코로 가 머무르다 1956년 푸에르토리코 가톨릭대학교 부총장에 임명되었다. 그 정도로 신망을 얻은 그였지만,[34] 결국 가톨릭 사회의 위계질서에 부딪혀 섬에서 떠나라는 명령을 받았다. 1960년의 일이었다.

1950년대 푸에르토리코에서의 삶은 일리치의 지적 여정에서 중대한 분기점이 되었다. 일리치는 푸에르토리코에 머무는 동안 사회적 평등을 이루기 위한 학교 교육이 가난한 사람들에게 불리한 조건을 제공하면서 오히려 사회적인 불평등 효과가 발생하는 문제를 집중적으로 파고들었다. 교육 본연의 목표나 효과를 학교 교육 시스템이 왜곡시키는 제도와 구조의 측면이 주요 탐구 대상이었다. 이때의 문제 제기는 1971년 자신의 탈학교론을 집대성한 책《학교 없는 사회》에서 분석한 문제의식의 시작이었다고 평가받는다.

일리치에게 십자가란 권력을 포기하는 것을 의미했다. 일리치가 꿈꾼 것은 권력 없는 교회였다. 사람이 교회로 끌려들어 가는 것이 아니라 교회가 사람들에게 다가가는 종교였다. 일리치는 성직자 생활을 시작할 때부터 '그녀(she)'라고 부르는 교회와 '그것(it)'이라고 부르는 교회를 구별했다. 그녀로서의 교회는 전통의 보고이자 기독교 공동체의 살아 있는 육신이다. 그녀인 교회는 일리치가 늘 머무르고 헌신한 대상이었다. 그것으로서의 교회는 이기적이고 무시무시한 힘을 가졌다. 그것인 교회 권력은 일리치를 항상 눈엣가시처럼 여겼다.

일리치는 푸에르토리코에서 추방된 후 멕시코로 건너가 1961년 쿠에르나바카시에 국제문화형성센터(Center for Intercultural Formation, CIF)를 설립했다. 미국 케네디 대통령이 남아메리카의 저개발 지역에 대한 본격적인 개발을 명분으로 '진보를 위한 동맹(Alliance for Progress)'을 천명하며 개발 시대(development decade)를 내세우자 그와 같은 개발 시대를 전복하려는 목적을 표방하며 설립한 조직이었다.

이 조직은 나중에 국제문화자료센터(Center for Intercultural Documentation, CIDOC)로 개편되면서 더 널리 알려졌다. CIDOC는 1960년대 후반 무료 강좌를 진행하면서 각국의 진보 성향 사람들에게 '대안대학', '자유대학'으로 알려졌다. 일리치와 CIDOC는 로마 교황청의 표적이 되어 총격당하거나 쇠사슬로 얻어맞는 등의 위협을 받았다. 42살이던 1968년 여름에는 로마에서 열린 가톨릭 교리를 위한 집회[35]에 참여하던 중 바티칸 교황청의 지하실로 소환되어 심문관 앞에서 정치와 교리에 대한 견해를 해명해야 하는 일이 벌어졌다.[36]

일리치는 미국이 주도하는 '진보를 위한 동맹'을 '중산층 진보를 위한 동맹'이라고 불렀다. '진보'로 포장된 개발은 재화와 서비스가 부족한 더 궁핍한 현대화된 빈곤을 가져온다는 게 그의 생각이었다. 또 나라마다 똑같은 개발 기준을 적용해 학교, 병원, 고속도로 등의 규모에 따라 발전 정도를 평가한다면 오히려 수많은 사람이 배제될 뿐만 아니라, 사회적 양극화가 발생해 사람들이 더 곤궁한 상태로 살아가게 된다고 보았다. 그것은 무차별적이고 획일적인 개발 사회를 소비의 천국으로 보고, 사람들이 개발의 화려함에 취해 실존의 의미가 무뎌지고 자기 만족감을 잃게 된다고 본《학교 없는 사회》의 관점과 일맥상통하는 문제의식이었다.

팸플릿 책, 《학교 없는 사회》

1970년대 초반 몇 해 동안 일리치는《학교 없는 사회》(1971),《성장을 멈춰라(Tools for conviviality)》(1973),《행복은 자전거를 타고 온다(Energy and equity)》(1974) 같은 책들이 베스트셀러에 오르면서 작가와 강연자로서 큰 명성을 얻었다. 일리치는 이 시기에 나온 책들을 팸플릿이라고 규정했다. 팸플릿(pamphlet)은 설명이나 광고나 선전 따위를 위해 얄팍하게 맨 작은 책자로, 정치적이거나 사회·문화적인 메시지를 담은 짧고 간명한 텍스트가 일반적인 특징이다. 일리치는《학교 없는 사회》를 비롯한 당시 책들 모두가 당대의 정치·사회·문화적인 토론에 영향을 주기를 바랐다.

일리치는 1960년대 후반 CIDOC에서 행한 활발한 토론과 세미나를 바탕으로 팸플릿 책들을 만들었다. 당시 CIDOC는 전 세계 사상가와 활동가의 집결지이자 급진 사상의 진원지였다. 서구의 진보 지식인들과 제3세계 운동가들은 CIDOC을 반드시 방문해야 하는 장소처럼 생각했다. 《학교 없는 사회》는 《성장을 멈춰라》와 함께 일리치를 세계적인 사상가 반열에 올려 놓은 책이었다. 1971년 초판 출간 뒤 2년 만에 약 30개 국의 351종의 간행물과 71권의 단행본에서 570명의 저자가 인용할 정도로 큰 영향력을 행사했다고 한다.

《학교 없는 사회》에는 일리치로 대표되는 탈학교론자들의 주요 메시지가 집약되어 있다. 일리치가 '학교 없는 사회'라는 급진적인 아이디어를 처음부터 품고 있지는 않았다. 그는 푸에르토리코 가톨릭대학교 부총장으로 재직 중이던 1958년경까지 모든 국민에게 취학 의무를 부과하는 의무교육 제도의 가치에 의문을 품은 적이 한 번도 없었다. 공교육에 관심을 두고 한계와 문제점을 인식하게 된 계기는 에버레트 라이머(Everett W. Reimer, 1910~1998)와의 만남이었다. 일리치는 라이머와 함께 15년 이상 교류하면서 학교와 교육의 문제를 집중적으로 논의하고 대안을 모색하는 일에 함께했다.

라이머는 푸에르토리코 인력자원위원회 국장으로 일했다. 당시 푸에르토리코는 급속한 산업화 과정에 있었기 때문에 경제 성장에 소요되는 인력 자원을 충당시키는 일이 중요했다. 라이머는 교육제도 전반에 걸쳐 낙제율과 중퇴율을 감소시켜야 한다는 결론을 내리고 다양한 제도적 조치를 취했지만 결과가 시원치 않았다. 그 뒤 일리치는 1960년에 멕시코로 옮겨 가 CIF를 설립했고, 라이머는 '진보를 위한 동맹'에 참여했다.

일리치가 전복을 목표로 삼은 '진보를 위한 동맹'에서 라이머가 활약했다는 점은 아이러니하다. 둘의 만남과 교류가 깊어지지 않았다면 계속 적대적인 관계를 맺으면서 살아갔을 것이기 때문이다. 그런데 일리치와 라이머는 CIDOC를 기반으로 정기적으로 모이면서 15년 동안 계속 토론하고 연구했다. CIDOC는 설립 이후 6년간 주로 라틴아메리카 파견 선교사에 대한 교육 프로그램을 마련하는 활동을 펼치다가 1967년 이후로 현대사회의 여러 가지 사회제도를 검토하고 논의하는 활동으로 방향을 바꾸었다. 특히 이 시기에는 학교 제도를 중점적으로 분석하기 위해 라이머의 사회로 '교육제도의 대안'이라는 세미나를 개최했다.

일리치와 라이머는 1970년 봄과 여름 매주 수요일 오전에 합동 연구회를 열어 여러 학자에게 《학교 없는 사회》의 주요 장을 보여 주면서 조언과 비판을 구했다. 두 사람은 그에 대한 각자의 견해를 바탕으로 결과를 따로따로 발표하기로 했다. 그렇게 해서 일리치가 1971년 초 《학교 없는 사회》를 먼저 출간하고 같은 해 11월에 라이머가 《학교는 죽었다(School is Dead: Alternatives in Education)》를 출판했다. 《학교 없는 사회》와 《학교는 죽었다》는 탈학교론이라는 공통의 매개물에 기대어 탄생한 일란성쌍둥이 같은 책이 되었다.

한 가지 유념할 것이 있다. 책 제목에만 이끌려 탈학교론을 학교를 완전히 없애자는 극단주의자의 허황한 주장처럼 받아들여서는 안 된

| 탈학교론의 대부, 이반 일리치 |

다는 점이다. 일리치와 라이머는 학교 제도를 아주 폐지하자거나 학교를 사회에서 하나도 남김없이 없애버리자고 주장하지 않았다. 그들이 탈학교론을 이야기하면서 바라고 상상한 세상은 학교 자체가 없는 사회라기보다 쓸모없는 학교가 없는 사회였다고 보는 것이 타당하다.

일리치가《학교 없는 사회》에 담은 문제의식의 실마리는 그보다 한 해 전에 나온《깨달음의 혁명(Celebration of Awareness)》에 이미 담겨 있었다. 1970년 출간된 이 책은 일리치가 1960년대에 쓴 12편의 글을 모아 만든 첫 번째 저서였다. 책의 제8장 "학교 교육은 필요한가"와 제9장 "학교, 그 신성한 소"에는 일리치가《학교 없는 사회》에서 길게 개진한 문제의식 대부분이《학교 없는 사회》에서보다 훨씬 더 간명하고 명징한 언어들로 표현되어 있다.[37]

학교 교육은 사회의 모든 구성원에게 관례로 보증하는 절차이며, 학생들을 순치해 체제를 유지하게 하는 필수 제도이다. 과거의 학교는 봉건주의를 극복하는 데 한몫했지만, 오늘날의 학교는 보편적 사실만을 가르친다는 이념을 설파함으로써 학교 교육을 받은 이들만 보호하는 억압적 우상, 즉 "신성한 소"가 되었다.

학교는 세속시대의 국교입니다. 현대의 학교는 2세기 전 모든 사람을 산업국가로 편입시키려고 출발한 보편교육 운동에 기원을 두고 있습니다. 산업화가 한창이던 나라들은 학교를 국민통합 기관으로 활용했습니다. 식민지에서는 지배계급에 제국주의적 권력의 가치를 심어주는 역할을 하였고, 대중에게는 학교 교육을 받은 엘리트보다 열등하다는 의식을 심어주는 역할을 했습니다. 그리하여 이제는 전 국민을 대상으로 한 학교 교육의 세례를 빼놓고는 어떤 국가도 산업도 생각할 수 없게 되었습니다. 이 시대의 학교 중퇴자는 마치 11세기 스페인에서 신앙을 버린 개종자처럼 취급받고 있습니다.[38]

학교 교육에서 교육으로

국내에 비교적 널리 알려진 미국 교육자 조너선 코졸(Jonathan Kozol)의 《교사로 산다는 것(On being a teacher)》과 존 테일러 개토(John Tayor Gatto)의 《바보 만들기(Dumbing Us Down)》,《학교의 배신(The Exhausted school)》같은 책들은 넓은 의미에서 탈학교론의 자장권 안에 포함된다. 이 책들은 한결같이 학생들을 무뇌아처럼 만드는 획일적인 공교육 체제, 학교 교육 시스템의 정면에 메스를 들이댄다. 공교육과 학교 교육에 관한 진실은 존 테일러 개토가 《바보 만들기》를 내면서 물었던 "왜 우리는 교육을 받을수록 멍청해지는가?"에 극명하게 담겨 있다. 공교육을 대변한다는 학교 교육의 지리멸렬한 문제점과 한계는 어제오늘 제기된 것이 아니다. 교육 비평가들은 근대 학교의 유효 기간이 지났으므로 급변하는 미래사회에 맞춰 학교를 완전히 리모델링해야 한다고 진단한다. 대체 학교는 왜 이렇게 사회적 만병의 주범처럼 지탄받는 대상이 되었는가?

이성의 관점에서 보자면 교회 자체가 신의 은총과 구원을 의미하지 않는 것처럼 학교 제도 자체가 바람직한 교육을 보증하지 않는다. 우리가 따져야 할 문제는 교회와 학교가 실제로 하는 일이 무엇인가 하는 것이다. 일리치가 《학교 없는 사회》의 첫머리에서 강조하는 메시지가 이것이다. 의사의 치료가 건강을 의미하는가? 사회복지사업이 사회생활의 개선을 의미하고 경찰의 보호가 안전을 의미하는가? 열심히 일하고 있는 사실이 생산활동을 보증하는가? 일리치는 이런 생각들을 오해라고 보았다.

일리치는 '가치의 제도화'가 근본적인 문제라고 생각했다. 가치의 제도화는 환경오염, 사회의 양극화, 사람들의 심리적 불능화를 초래한다. 이 세 가지가 지구를 파괴하고 현대적인 의미에서 사람들을 불행하게 만드는 3개의 기둥이다. 학교화(schooling)의 논리가 기대고 있는 것도 가치의 제도화이다. 바람직한 교육이라는 가치가 학교를 기반 삼아 제도화되면 수업받는 일과 학습하는 일을 혼동하며, 졸업장을 무엇인가 새로운 것을 할 수 있고 말할 수 있는 능력이 있게 된 것으로 오해한다. 학교에 의한 교육의 제도화는 현대사회 특유의 교육 소외를 불러온다. 교육의 자유를 (개인이 아니라) 학교가 독점하면 개인이 자유로운 교육을 경험할 수 있는 기회를 박탈당하게 되기 때문이다.

《학교 없는 사회》가 학교를 주요 타깃으로 해서 교육 개혁론을 외치는 책이라고만 이해되어서는 곤란하다. 일리치가 이 책에서 탈학교론을 통해 제기하는 문제의 요점은 교육 분야와 사회 현실 전체의 학교화였다. 일리치가 관심을 두었던 것은 특정 학교나 학교 교육의 폐지가 아니라 학교의 잠재적인 교육과정을 분석함으로써 사회 전체를 탈학교화하는 일이었다. 잠재적 교육과정은 학교의 공식적인 교육과정이나 시스템 안에 명시적으로 존재하지 않지만, 사람들의 의식 형성에 지대한 영향을 준다. 교육 기회 평등을 학교 의무취학제로 실현한다는 아이디어에 기대 이 문제를 생각해 보자.

교육 기회를 평등화한다는 것은 틀림없이 바람직한 일이며, 실현 가능한 목표이기도 하다. 그러나 이것을 의무취학과 같은 것으로 생각하는 것은 영혼의 구제와 교회를 같은 것으로 생각하는 것과 같다. 학교는 근대화된 무산계급의 세계적 종교가 되고 있고 과학기술시대의 가난한 사람들에게 그들의 영혼을 구제해 줄 것을 약속하고 있기는 하지만, 이 약속이 결코 실현되는 일은 없을 것이다. 국가는 학교를 이용하여 전 국민을 각기 등급화된 면허장과 결합된 등급지어진 교육과정 속에 의무로서 끌어들이기는 했으나, 그것은 지난날의 성인식의 의례나 성직자 계급을 승진시켜 나가는 것과 다름이 없다.[39]

탈학교론의 핵심을 이해하기 위해서는 일리치가 학교라는 기관을 말할 때 무엇을 전제했는가를 알아야 한다. 학교 교육이 필요하다는 가정은 어디서 나왔는가? 학교가 교육 전부인 것처럼 받아들여지는 현실은 어떻게 해서 생겨났는가? 일리치는 이런 문제들을 통해 학교 시스템을 설명하기 위해 신화와 의례 같은 말을 가져왔다. "학교는 근대화된 무산계급의 세계적 종교"나 "성직자 계급"과 같은 표현이 그것이다. 일리치는 학교가 교육을 독점해야 한다는 거대한 사회적 인식의 이면에 학교 제도에 관한 종교적 신화가 깔려 있다고 보았다.

당신은 일리치가 "학교의 현상학"이라고 명명한 학교 제도의 실상을 의심의 눈초리로 바라본 적이 있는가? 일리치는 학교를 특정의 연령층을 대상으로 해서 의무적인 교육과정과 전일제 출석을 요구하는 교사와 관련되는 과정이라고 정의했다. 왜 특정 연령층의 아동이나 청소년이 학교에서만 가르침을 받아야 하는가? 일리치는 근대적인 학교 제도의 보편화, 유년기와 아동이라는 새로운 나이 범주의 탄생에서 그 이유를 찾았다. 이것들이 널리 받아들여지면서 의무취학제가 교육의 표준처럼 인식되기 시작했다고 본 것이다. 우리는 학교라는 제도에서 얻은 분별력에 의해 아이들에게 학교가 필요하며, 아이들이 학교에서 학습해야 한다고 인식한다. 그런데 그와 같은 분별 자체가 학교 교육의 소산이라는 것이다.

일리치는 탈학교화의 교육 모델을 교양교육(liberal education)과 우발적이고 비형식적인 교육에서 찾았다. 일리치에 따르면 학교화 사회는 학교 교육을 위한 학교 교육이 의무제라는 이름으로 시행되는 사회이다. 학교 취학의무화는 아이들을 교사 집단 속에 강제적으로 수용한다. 학교에서 이루어지는 것은 학교화와 그에 따른 사회적 계급의 낙인찍기 및 소비자 양산이지 교육이 아니다. 교육은 일이나 여가와 구별되지 않고 평생 지속되는 복잡하고 비계획적인 일이다. 탈학교 사회의 교양교육은 학생들이 자유롭게 기능을 습득하고, 습득한 기능을 개방적이고 탐구적으로 사용할 수 있게 장려하는 환경을 정비하는 교육이다. 따라서 제도화한 학교 교육은 아이들이 스스로 배우는 고유한 능력을 키워주는 상호 교류 방식의 전달 과정으로 대체되어야 한다. 일리치가 진정으로 바란 것은 학교 교육이 아니라 교육 그 자체였다.

프롬이 일리치에게 충격받은 이유

오늘날에도 학교 교육의 의미, 목적, 기능 등을 둘러싸고 벌어지는 논쟁과 대립은 서로 절친한 가족, 친구, 동료 사이를 갈라놓을 만큼 첨예하다. 일리치와 에리히 프롬(Erich Seligmann Fromm, 1900~1980)도 비숫한 일을 경험했다. 에리히 프롬은 유대인이자 독일계 미국인 출신의 세계적 사회심리학자이자 정신분석학자였다. 일리치는 프롬을 극찬했다. 어느 글[40]에서 프롬이 위대한 정신분석가이자 사회분석가로서 나이가 들어서도 사회주의를 향한 카네이션을 여전히 가슴에 달고 있던 사람이라고 평가했다.

일리치는 프롬이 노년기였을 때 그와 이웃해 살면서 가장 친한 사이로 지냈다. 어느 날 일리치가 프롬에게 학교 교육은 의례이며, 그것도 신화를 만들어내는 의례라고 이야기한 적이 있었다. 프롬은 너무나 큰 충격을 받은 나머지 2~3주 동안 일리치를 보려고 하지 않았다고 한다.

일리치와 프롬의 관계가 계속 소원하지는 않았던 것 같다. 프롬은 일리치가 첫 번째로 펴낸 책 《깨달음의 혁명》 머리말에서 일리치의 삶과 세상을 바라보는 관점이 '인본적 급진주의(humanistic radicalism)'에 있음을 밝히면서, 이 책이 "새로운 시작을 위한 희망과 열정을 불러일으킬 것"이라고 상찬했다. 프롬은 인본적 급진주의를 근본적 질문을 던지는 태도, 모든 전제에 의문을 제기하는 태도 차원에서 정의했다. 일리치의 사상적 특징을 정확히 꿰뚫은 통찰이었다.

일리치는 학교 교육을 별로 받지 않았다. 6살에 스위스 빈에 있는 초등학교에 들어갔으나 지진아 판정을 받고 2년간 소설을 읽으며 지냈다고 한다. 학교에 다니기는 했지만, 드문드문 나갔다. 일리치는 당시를 회상하면서 "나로서는 (지진아 판정을 받은 일이-글쓴이) 무척 잘된 일이었다. 학교를 진지하게 받아들인 적은 없다. 내가 배운 것은 사실상 전부 학교 밖에서 배운 것"이라고 했다.[41]

일리치가 처음부터 일관되게 학교 교육의 무용론을 주장하면서 탈학교론을 내세운 것은 아니다. 푸에르토리코에서 가톨릭대 부총장으로 재직할 무렵에는 학교 교육 5년 의무제법을 관철하고 시행하기 위해 노력한 싸움꾼이었다. 그러다가 점차 푸에르토리코의 열악한 교육 현실을 목도하고 새로운 교육 운동에 나서면서 탈학교론의 선봉장처럼 되었다. 일리치는 그와 같은 극적인 변화 과정을 이렇게 묘사했다. "나는 처음에는 학교에 대한 열렬한 신봉자였지만, 나중에는 사회적 의례와 그 의례가 낳는 신화를 역사적으로 연구해야 한다고 생각하는 사람으로 변했던 것이다."[42]

학교 없는 사회가 필요하고 현실적으로 그런 사회가 가능하다면 역사적으로 학교 없는 사회가 한 번도 없었던 사실을 어떻게 설명해야 하는가? 대답하기 어려운 질문이다. 그래서 일리치 같은 탈학교론자들에게 반대하는 사람들은 이들의 견해가 사회 현실을 무시한 극단론에 지나지 않는다고 비판한다. 하지만 《학교 없는 사회》에 담긴 궁극적인 메시지를 액면 그대로의 '학교 없는 사회'로만 읽는 것은 지나치게 근시안적이다. 일리치가 문제로 삼은 것은 신화화하고 의례화한 제도로서의 학교, 이러한 학교 신화에 힘입어 설계되고 유지되는 학교화 사회였다. 일리치에게는 학교 자체가 아니라 학교 교육이, 여기서 나아가 바람직한 교육과 이를 통해 실현되는 인간적인 삶 그 자체가 중요했다.

일리치는 《학교 없는 사회》의 마지막 장에서 그리스 신화에 나오는 프로메테우스와 에피메테우스 형제 이야기를 들려주면서 '에피메테우스적 인간의 재탄생'에 대한 바람을 피력했다. 에피메테우스는 프로메테우스의 동생이다. 그리스 신들의 왕 제우스는 프로메테우스가 천상의 불을 훔쳐 인간들에게 준 것에 노해 최초의 여자인 판도라를 만들었다. 판도라는 천상의 제신(諸神)들로부터 절대 뚜껑을 열어서는 안 된다는 경고와 함께 항아리 하나를 선물로 받았다. 항아리 안에는 인간의 불행을 가져올 모든 죄악이 담겨 있었다.

프로메테우스는 동생 에피메테우스에게 제우스와 판도라를 조심하라고 충고한다. 그러나 에피메테우스는 이를 무시하고 판도라와 결혼한다. 어느 날 판도라는 호기심을 이기지 못하고 항아리 뚜껑을 열었다. 그러자 모든 죄악이 항아리에서 빠져나갔다. 판도라는 희망이 마지막으로 빠져나오기 전에 항아리 뚜껑을 닫았다. 훗날 프로메테우스의 아들 데우칼리온과, 에피메테우스와 판도라 사이에서 태어난 딸 피라는 제우스가 청동 시대의 인간들에게 형벌로 내린 대홍수를 피해 살아남았다가 부부가 되어 새로운 인간의 조상이 된다.

프로메테우스라는 이름은 '먼저 생각하는 자'라는 뜻이, 에피메테우스라는 이름은 '나중에 생각하는 자'라는 뜻이 있다. 그리스 신화에서는 프로메테우스를 똑똑하고 지혜로운 사람으로, 에피메테우스를 뒤늦게 후회하는 어리석은 사람이나 바보로 묘사한다. 일리치는 이 형제와 판도라 이야기를 인간 사회에서 제도가 출현하고 발전하는 과정에 빗대 해석했다. 프로메테우스와 에피메테우스에 대한 일리치의 다음과 같은 평가는 기존의 관점과 크게 다르다.

근대인의 역사는 판도라 신화의 타락에서 시작하여 스스로 뚜껑을 닫는 조그만 상자에서 끝나는 것이다. 그것은 만연하고 있는 여러 악의 하나하나를 가두어 놓기 위한 제도를 만들려고 노력하는 프로메테우스적 인간의 역

사인 것이다. 그것은 희망이 쇠퇴하고, 기대가 증대해 가는 역사이다.[43]

일리치의 시선에 따르면 프로메테우스는 세계에 만연한 악에 대처하는 제도를 만듦으로써 합리적이고 권위적인 사회를 만들어 내려는 인간상을 대변한다. 일리치가 보기에 온갖 종류의 가치가 촘촘하게 제도로 만들어지던 시대인 근대의 역사는 판도라의 항아리 뚜껑이 닫힌 것과 같은 희망이 없는 시대이다. 프로메테우스적인 인간은 도구 인간(homo faber)이다. 도구 인간은 유한한 지구의 모든 것을 끝없이 소모한다.

제도화 자체를 의미하는 프로메테우스적인 문화는 인간을 제도의 노예가 되게 함으로써 희망을 침해한다. 에피메테우스적인 인간은 제도가 만들어 내는 상품이나 서비스보다 인간을 더 사랑한다. 새로운 희망을 상징하는 에피메테우스적인 문화는 제도나 구조보다 거기에서 벗어나려는 한 사람 한 사람의 힘을 존중한다. 일리치가 《학교 없는 사회》에서 전하려고 했을 '학교 없는 사회의 교육'을 통해 이런 사람들이 태어날 것이다.

- 고려대학교 교육사철학연구모임 편(2009),《교육 사상의 역사》, 집문당.
- 김성학(2013),《한국근대교육의 탄생》, 교육과학사
- 김정환(2008),《페스탈로치의 생애와 사상》, 박영사.
- 넬 나딩스, 박찬영 옮김(2010),《넬 나딩스의 교육철학》(2판), 아카데미프레스.
- 댄 로티, 진동섭·정수현·박상완·김병찬 옮기고 씀(2017),《미국과 한국의 교직 사회: 교직과 교사의 삶》, 양서원.
- 데이비드 케일리 대담·엮음, 이한·서범석 옮김(2010),《이반 일리히의 유언》, 이파르
- 데이비드 타이악·래리 큐반, 권창욱·박대권 옮김(2017),《학교 없는 교육 개혁: 유토피아를 꿈꾼 미국 교육 개혁 100년사》, 박영스토리.
- 롤런드 베인턴, 이종태 옮김(2016),《마르틴 루터》(종교 개혁 500주년 기념 개정판), 생명의말씀사.
- 뤼시엥 페브르, 김중현 옮김(2016),《마르틴 루터, 한 인간의 운명》, 이른비.
- 리처드 스탠리 피터스, 이홍우·조영태 옮김(2008),《윤리학과 교육》, 교육과학사
- 리처드 호프스태터, 유강은 옮김(2017),《미국의 반지성주의》, 교유서가.
- 마틴 드워킨, 황정숙 옮김(2013),《존 듀이 교육론》, 씨아이알.
- 맥세계사편찬위원회(2014),《그리스사》, 느낌이있는책.
- 막스 호르크하이머·테오도르 아도르노, 김유동·주경식·이상훈 옮김(1995),《계몽의 변증법》, 문예출판사.
- 모아시르 가도치, 백경숙·박내현 옮김(2012),《파울루 프레이리 읽기: 그의 삶과 사상》, 우리교육.
- 박의수·강승규·정영수(2009),《교육의 역사와 철학》, 동문사.
- 박홍규(2011),《이반 일리히: 소박한 자율의 삶》, 도서출판 텍스트.
- 버트런드 러셀, 서상복 옮김(2015),《서양철학사》, 을유문화사.
- 비고츠키연구회(2019),《인간화 교육 만만세》, 전국교직원노동조합.
- 새뮤얼 노아 크레이머, 박성식 옮김(2014),《역사는 수메르에서 시작되었다》, 가람기획.
- 세라 먼데일·세리 B. 패튼, 유성상 옮김(2014),《스쿨: 미국 공교육의 역사 1770~2000》, 학이시습.

- 숀 스틸, 박수철 옮김(2018), 《지식은 과거지만 지혜는 미래다: 지혜를 추구하는 삶의 즐거움》, 이름북.
- 스테판 E. 쿠이퍼스 · 크리스토퍼 마틴, 이병승 옮김(2017), 《피터스의 교육 사상》, 서광사
- 아이러 쇼어 엮음, 사람대사람 옮김(2015), 《교실을 위한 프레이리: 현장 교육을 위한 프레이리와 비고츠키의 만남》, 살림터.
- 엄태동 편저(2001), 《존 듀이의 경험과 교육》, 원미사.
- 에버레트 라이머, 김석원 옮김(2016), 《학교는 죽었다》, 한마당.
- 요한 아모스 코메니우스, 정일웅 옮김(2015), 《대교수학》, 나눔사.
- 이반 일리치, 권루시안 옮김(2013), 《과거의 거울에 비추어》, 느린걸음.
- 이반 일리치, 허택 옮김(2018), 《깨달음의 혁명》, 사월의책
- 이반 일리히, 심성보 옮김(2004), 《학교 없는 사회》, 미토,
- 이홍우(2018), 《미국 교육학의 정체》, 교육과학사.
- 임마누엘 칸트, 백종현 옮김(2018), 《교육학》, 아카넷.
- 윌리엄 보이드, 김안중 · 박주병 옮김(2013), 《루소의 교육 이론》, 교육과학사.
- 윌리엄 보이드, 이홍우 · 박재문 · 유한구 옮김(2016), 《서양 교육사》, 교육과학사.
- 장 자크 루소, 민희식 옮김(2017), 《에밀》(완역판), 육문사.
- 장 자크 루소, 박아르마 옮김(2015), 《고백 1》, 책세상.
- 장 자크 루소, 박아르마 옮김(2015), 《고백 2》, 책세상.
- 장 자크 루소, 이환 편역(2013), 《에밀》, 돋을새김.
- 장 자크 루소, 주경복 · 고봉만 옮김(2013), 《인간 불평등 기원론》, 책세상.
- 차전환(2016), 《고대 노예제 사회》, 한울.
- 존 듀이, 이홍우 번역 주석(2007), 《존 듀이 민주주의와 교육》, 교육과학사.
- 존 테일러 개토, 김기협 옮김(2005), 《바보 만들기》, 민들레.
- 존 테일러 개토, 오필선 옮김(2015), 《수상한 학교》, 민들레.
- 존 테일러 개토, 이수영 옮김(2015), 《학교의 배신》, 민들레.
- 토머스 홉스, 하승우 풀어씀(2015), 《리바이어던: 자유와 맞바꾼 절대 권력의 유혹》, 풀빛.
- 파울로 프레이리, 남경태 옮김(2009), 《페다고지》(30주년 기념판), 그린비.
- 파울루 프레이리, 교육문화연구회 옮김(2000), 《프레이리의 교사론: 기꺼이 가르치려는 이들에게 보내는 편지》, 아침이슬.
- 파울루 프레이리 · 마일스 호튼, 프락시스 옮김(2006), 《우리가 걸어가면 길이 됩니다: 교육과 사회 변화를 위한 프레이리와 호튼의 대화》, 아침이슬.
- 페스탈로치, 김정환 옮김(2003), 《은자의 황혼》, 서문당.

- 페스탈로치, 김정환 옮김(2006), 《페스탈로치가 어머니들에게 보내는 편지》, 양서원.
- 폴 페어필드, 김찬미 옮김(2018), 《듀이와 인문학 교육》, 씨아이알.
- 플라톤, 박종현 역주(2016), 《국가·政體》, 서광사.
- 플라톤, 천병희 옮김(2017), 《국가》, 숲.
- 플라톤, 천병희 옮김(2016), 《법률》, 숲.
- 플루타르코스, 천병희 옮김(2010), 《플루타르코스 영웅전》, 숲.
- 피터 맥라렌, 강주헌 옮김(2008), 《체 게바라 파울루 프레이리: 혁명의 교육학》, 아침이슬.
- 피터 N. 스턴스, 김한종 옮김(2018), 《인류는 아이들을 어떻게 대했는가: 세계사 속의 어린이》, 삼천리.
- 피터 왓슨, 남경태 옮김(2017), 《생각의 역사 I : 불에서 프로이트까지》, 들녘.
- 피터 왓슨, 남경태 옮김(2017), 《생각의 역사 II : 20세기 지성사》, 들녘.
- 필립 아리에스, 문지영 옮김(2003), 《아동의 탄생》, 새물결.
- R. S. Peters(1974), 《Psychology and Ethical Development》, Routledge
- Jay Martin(2002), 《The Education of John Dewey: Biography》, Columbia University Press.

1장

1 막스 호르크하이머·테오도어 아도르노, 김유동·주경식·이상훈 옮김(1995), 《계몽의 변증법》, 문예출판사, 23~76쪽 참조.

2 새뮤얼 노아 크레이머, 박성식 옮김(2014), 《역사는 수메르에서 시작되었다》, 가람기획, 26쪽.

3 존 테일러 개토, 김기협 옮김(2005), 《바보 만들기》, 민들레, 51쪽에서 재인용.

4 일반적으로 귀족정이 타락한 형태라고 기술된다. 자산이나 군사력, 정치적 영향력 등을 지닌 소수의 사회 구성원들에게 권력이 집중된 정체를 가리킨다. 금권정치(金權政治)와 동의어처럼 쓰이는 데서 알 수 있듯이 부정적인 함의가 강하다.

5 버트런드 러셀, 서상복 옮김(2015), 《서양철학사》, 을유문화사, 153쪽.

6 스파르타에 관한 역사적 사실은 맥세계사편찬위원회(2014), 《그리스사》, 느낌이있는책, 242~250쪽에서 가져왔다.

7 이 말은 오늘날 '교사(pedagogue)'와 '교육(학)(pedagogy)'의 어원이기도 하다.

8 홉스는 성서에 등장하는 바다 괴물 리바이어던을 사람의 정치 공동체인 국가를 가리키는 상징물로 가져와 인간이라는 가장 뛰어난 신의 창조물에 비추어 설명했다. 그에 따르면 국가의 주권은 인간의 혼에, 장관이나 관리는 인체의 관절에 해당한다. 토머스 홉스, 하승우 풀어씀(2015), 《리바이어던: 자유와 맞바꾼 절대 권력의 유혹》, 풀빛, 12쪽.

9 고려대학교 교육사철학연구모임 편(2009), 《교육 사상의 역사》, 집문당, 39쪽.

10 위의 책, 40쪽.

11 김나시온에서 유래한 오늘날의 김나지움(gymnasium)이 학교(교육 기관), 체육관을 가리키는 말로 쓰이고 있다. 일부에서는 아카데메이아를 김나시온 한쪽 옆에 세운 학교라고 보기도 한다.

12 이들 전제는 제2권 368e~369b에 서술되어 있다.

13 플라톤의 정의론은 55쪽의 '플라톤 정의론의 허와 실'에서 더 자세히 다룬다.

14 버트런드 러셀, 서상복 옮김(2015), 《서양철학사》, 을유문화사, 170쪽.

15 플라톤, 박종현 역주(2016), 《국가·政體》, 서광사, 475쪽, 각주 34번 참조.

16 플라톤, 천병희 옮김(2017), 《국가》, 숲, 537쪽.

17 플라톤, 천병희 옮김(2016), 《법률》, 숲, 196쪽.

18 《국가》의 원제는 '정체(政體)'로 옮기는 게 자연스러운 'politeia'다. '국가'라는 제목은 일반적인 관행에 따른 번역이다.

19 윌리엄 보이드, 이홍우 외 옮김(2008), 《서양 교육사》, 교육과학사, 70쪽.

20 "건강한 나라", "아름다운 나라"로도 표현한다.

21 윌리엄 보이드, 이홍우 외 옮김(2008), 《서양 교육사》, 교육과학사, 67쪽.

22 《국가》 제3권 끝에서 수호자 계급이 어떻게 일상을 보내야 하는지 자세하게 묘사하고 있다.

23 공동 식사는 고대 크레타와 스파르타의 제도이기도 했다고 한다.

24 플라톤은 여자 중에서도 자질을 충분히 지니고 태어나 소정의 교육과정을 훌륭하게 거친 사람이 있다면 통치자가 될 수 있다고 말했다. 그러나 이러한 관점이 완전한 남녀평등 사상을 가리키는지는 논란의 여지가 있다. 이에 대해서는 넬 나딩스, 박찬영 옮김(2010), 《넬 나딩스의 교육철학》(2판), 아카데미프레스, 11~13쪽을 참고하기 바람.

25 플라톤, 천병희 옮김(2017), 《국가》, 숲, 203쪽.

26 넬 나딩스, 박찬영 옮김(2010), 《넬 나딩스의 교육철학》(2판), 아카데미프레스, 10쪽.

27 플라톤은 이러한 법률의 실현 가능성과 관련해 사람들 사이에 벌어질 법한 논란을 충분히 의식하고 있었다. 그는 이렇게 말했다. "나는 이 제안의 유용성과 관련해 누가 이의를 제기할 것이라고는 생각하지 않네. 가능하다면 처자를 공유하는 것이 최선책이라는 것을 부인할 사람은 아무도 없을 테니까. 그러나 나는 이 제안의 가능성 여부와 관련해서는 수많은 논쟁이 벌어질 것이라고 생각하네(플라톤, 천병희 옮김(2017), 《국가》, 숲, 280쪽)."

28 플라톤, 천병희 옮김(2017), 《국가》, 284~285쪽.

29 대화 속에서 간호사, 유모, 보육사 등 여러 이름으로 표현되고 있다.

30 리쿠르고스 사후 스파르타는 500년 동안 리쿠르고스의 법을 준수하면서 질서를 확립하고 명성을 얻어 그리스 일원에서 '일등 국가' 위상을 갖게 되었다. 14명의 왕이 재임한 500년 동안 리쿠르고스의 법은 전혀 훼손되지 않았다고 한다.

31 플루타르코스, 천병희 옮김(2010), 《플루타르코스 영웅전》, 숲, 70쪽.

32 플라톤, 천병희 옮김(2016), 《법률》, 숲, 346쪽. 이에 덧붙여 이러한 법제가 소녀(여자)들에게도 그대로 적용되어야 한다고 보았다. 남녀평등 교육을 주창했다고 볼 수 있다.

33 태양, 선분(線分), 동굴이다.

34 플라톤, 천병희 옮김(2017), 《국가》, 숲, 384쪽.

35 이후 설명되는 맥락을 종합적으로 고려할 때 이를 '교육의 힘'이라고 이해할 수 있다.

36 플라톤, 천병희 옮김(2017), 《국가》, 숲, 389쪽.

37 대화의 흐름에 따라 '교육받은'으로 이해하면 될 듯하다.

38 플라톤, 천병희 옮김(2016), 《법률》, 숲, 62쪽.

39 위의 책, 76쪽.

40 도심과 교외 각각에 세 곳씩 세우자는 것이 플라톤의 구상이었다.

41 승마술과 궁술, 장거리 무기 던지기 등의 체력 단련 교육을 담당하는 외국 출신 노예 교사를 말하는 듯하다.

42 이는 플라톤이 가졌던 철저한 계급주의적 태도를 알게 해준다. 플라톤은 심지어 이성적인 능력이 부족한 사람이 지적이거나 도덕적으로 더 우월한 사람의 노예가 될 필요가 있다는 말까지 남겼다. 물론 우리는 이런 사실을 이해하고 해석할 때 고대 그리스 시대가 노예제가 당연시되던 때였음을 고려하지 않으면 안 된다. 차전환(2016), 《고대 노예제 사회》, 한울, 18쪽.

43 플라톤, 천병희 옮김(2017), 《국가》, 숲, 238쪽.

44 위의 책, 92쪽.

45 플라톤은 《국가》 제8권과 제9권 일부에 걸쳐서 이들 불의한 정치 체제를 분석하고 있다. 그에 따르면 최선자(最善者) 정체, 명예 지상 정체, 과두 정체, 민주 정체, 참주 정체의 순서에 따라 타락의 정도가 커진다.

46 예비 수호자는 이런 준비 과정을 모두 거친 후 35살에 공직에 입문해 50살까지 일해야 한다.

47 피터 왓슨, 남경태 옮김(2017), 《생각의 역사 Ⅰ : 불에서 프로이트까지》, 들녘, 207쪽.

48 버트런드 러셀, 서상복 옮김(2015), 《서양철학사》, 178~179쪽.

49 루터에 관한 전기적 사실들은 뤼시엥 페브르, 김중현 옮김(2016), 《마르틴 루터, 한 인간의 운명》, 이른비에 실린 내용을 바탕으로 했다.

50 요한 아모스 코메니우스, 정일웅 옮김(2015), 《대교수학》, 나눔사, 117쪽.

51 박의수 외(2009), 《교육의 역사와 철학》, 동문사, 197~198쪽.

52 뤼시엥 페브르, 김중현 옮김(2016), 《마르틴 루터, 한 인간의 운명》, 이른비, 273쪽. 이 위와 아래에 있는 루터의 국가관, 권력관에 관한 내용도 이 책에서 가져왔다.

53 '나치'는 '독일국가사회주의노동당'의 독일어식 약칭이다.

2장

1 이(E). 라이머, 김석원 옮김(2016), 《학교는 죽었다》, 한마당, 34~35쪽 참조.

2 이 책에서 다루는 《에밀》 텍스트는 두 종류이다. 2017년 육문사에서 출간한 《에밀》 완역본(민희식 옮김)과 2013년 돋을새김에서 간행한 《에밀》 편역본(이환 옮김)이다.

3 육문사의 《에밀》에는 "참으로 이상한 일이다"라는 문장이 없다.

4 장 자크 루소, 이환 편역(2013), 《에밀》, 돋을새김, 12쪽.

5 루소는 "모든 악은 약함으로부터 생겨난다. 아이가 나빠지는 것은 그 아이가 약하기 때문이다. 강해지면 선량해진다. 무엇이든 할 수 있는 사람은 결코 나쁜 짓을 하지 않는다. 전능한 신이 지니고 있는 모든 속성 가운데 선(善)이란 속성은, 그것 없이는 신이라는 것을 도저히 생각할 수 없는 속성이다(장 자크 루소, 민희식 옮김(2017),《에밀 개정판》, 육문사, 88쪽)"라고 말했다.

6 윌리엄 보이드, 김안중 외 옮김(2013),《루소의 교육 이론》, 교육과학사, 310쪽에서 재인용.

7 필립 아리에스, 문지영 옮김(2003),《아동의 탄생》, 새물결, 422~427쪽. 아래 프랑스의 학교 규율에 관한 역사적인 사실들은 이 책에서 가져왔다.

8 중세부터 프랑스대혁명(1789) 이전까지는 파리대학을 구성하던 학생 생활 교육 시설이나 기숙사를, 프랑스대혁명 이후부터는 공립 중등 교육 기관을 가리켰다.

9 아이에게 시각 능력과 우는 능력이 생기는 과정을 설명하는 대목에서다. 칸트는 루소의 견해를 빌려 대략 6개월 된 아이의 손등을 찰싹 때리면 아이가 손등에 불똥이 떨어진 것처럼 소리쳐 운다면서, 아이가 다른 사람이 손등을 찰싹 때리는 일을 '모욕' 개념과 결합하고 있다고 설명했다. 임마누엘 칸트, 백종현 옮김(2018),《교육학》, 아카넷, 120쪽 참조.

10 루소에 대한 하우저의 평가는《문학과 예술의 사회사》에 개진되어 있다. 여기서는 장 자크 루소, 주경복·고봉만 옮김(2003),《인간 불평등 기원론》, 213쪽에 정리해 놓은 내용을 가져왔다.

11 버트런드 러셀, 서상복 옮김(2009),《서양철학사》, 870쪽.

12 장 자크 루소, 박아르마 옮김(2015),《고백 1》, 책세상, 81쪽.

13 위의 책, 102쪽.

14 위의 책, 336~337쪽.

15 루소는《고백 2》에 '사부아 보좌 신부'의 실제 주인공 같은 인물 몇 명을 소개해 놓았다. 첫 번째 인물은 사부아 지방 신부이자 모 백작 집안에서 가정교사로 일하고 있던 갬(Gaime) 씨였다. 루소는 갬 씨를 26살에 만났다. 루소는 갬 씨를 양식이 풍부하고 정직하며 지식이 상당한 사람이라며, "내가 아는 가장 교양 있는 사람들 중의 한 명"이라고 극찬했다. 또 루소는 갬 씨에 대해 "원칙과 감정과 의견이 등장인물(사부아 보좌 신부-글쓴이)의 생각과 같으며 조국으로 돌아가라는 충고까지 모든 것이 이후에 내가 독자들에게 표현한 바 그대로"였다고 말했다. 다른 한 사람은 포시니 지방 출신의 젊은 가티에(Gatier) 신부였다. 루소는 가티에 신부가 둔감함 속에 숨은 엄청난 재치, 정감, 다정다감, 애정이 깊은 영혼의 소유자라고 소개했다. 가티에 신부는 훗날 한 여자를 임신시켰다는 추문에 휩싸여 투옥되고 추방당하는 불명예를 겪는다. 루소는 그런 불운에 대한 감정이 마음속에 새겨져《에밀》을 쓸 때 떠올랐다고 말했다.

16 영적 계시나 교회의 가르침이 아니라 이성을 통해 획득하는 종교적 지식 체계를 중시하는 관점을 가리킨다.

17 루소는《에밀》에서 콜레주 같은 사립학교들을 말하면서 드러냈던 멸시하는 말투에 예수회 사람

들이 화가 났을 것이라고 짐작했다.

18 장 자크 루소, 박아르마 옮김(2015),《고백 2》, 책세상, 405쪽.

19 위의 책, 429쪽.

20 이에 대해서는 바로 뒤에서 더 자세하게 이야기한다.

21 루소가 크레퀴 부인에게 보낸 편지에 실려 있다. 윌리엄 보이드, 김안중 외 옮김(2013),《루소의 교육 이론》, 교육과학사, 131쪽에서 재인용.

22 장 자크 루소, 박아르마 옮김(2015),《고백 1》, 책세상, 368쪽.

23 장 자크 루소, 민희식 옮김(2017),《에밀》, 육문사, 30~31쪽.

24 루소는 몇몇 대목에서 교사의 자격에 대해 말하고 있다. 먼저 교사는 절대로 돈으로 살 수 없는 인간이어야 한다고 보았다. 이런 자격을 갖춘 교사로 아버지를 들었다. 또한 주의해 두고 싶다는 단서를 달면서 교사가 젊어야 한다는 것, 현명한 사람이라면 되도록 젊은 쪽이 좋다고 했다.

25 장 자크 루소, 주경복 외 옮김(2013),《인간 불평등 기원론》, 책세상, 140쪽.

26 윌리엄 보이드, 김안중 외 옮김(2013),《루소의 교육 이론》, 교육과학사, 154쪽.

27 장 자크 루소, 이환 편역(2015),《에밀》, 돋을새김, 268쪽.

28 위의 책, 48쪽.

29《에밀》곳곳에서 볼 수 있는 단어다. 문맥에 따라 야생에서 살아가는 원시인으로 쓰이는 일도 있으나 기본적으로는 문명사회를 살아가는 자유로운 개인을 가리킨다고 봐야 한다. 보이드는 이 단어를 "장소에도 구애받지 않으며, 사전에 처방된 노동의 압력도 받지 않고, 자신의 의지를 곧 자신의 법칙으로 삼는 존재"라고 정의했다. 그런 사람은 루소의 말처럼 자기 운명의 주인인 존재일 것이다.

30 장 자크 루소, 이환 편역(2015),《에밀》, 돋을새김, 60쪽.

31 윌리엄 보이드, 김안중 외 옮김(2013),《루소의 교육 이론》, 교육과학사, 247쪽.

32 김정환(2008),《페스탈로치의 생애와 사상》, 박영사.

33 위의 책, 246쪽.

34 슈미트는 이벨당시가 아닌 다른 지역 출신이었다. 그래서 규정에 따라 기류(寄留, 본적지 이외의 일정한 곳에 주소나 거소를 두던 일)를 신청하고 이벨당시에 머무르고 있었는데, 기류 갱신을 신청하지 않아 추방을 명령받았다고 한다. 그런데 실질적으로는 슈미트에게 이벨당 학교를 둘러싼 분쟁이 끊이지 않은 책임을 묻기 위해서였다.

35 '교육 소설'이라고 부를 만한 독특한 장르의 서사 문학 작품으로 알려져 있다. 이 작품은 당대 최고 수준이라는 세평을 들었다고 한다. 독특한 이야기와 주제 때문이었는지 교육 분야에 센세이션을 불러일으켰다.

36 김정환(2008),《페스탈로치의 생애와 사상》, 박영사, 271쪽.

37 페스탈로치 저작 간행과 일본에서의 페스탈로치 연구 현황에 관한 내용은 위의 책, 284~293쪽을 참고했다.

38 김성학(2013), 《한국근대교육의 탄생》, 교육과학사, 317쪽. 아래 페스탈로치의 국내 소개에 관한 내용은 이 글에서 가져왔다.

39 인터넷 서점 검색창에 들어가 페스탈로치를 입력했을 때 나오는 검색 결과 도서의 제목 중 일부다.

40 윌리엄 보이드, 이홍우 외 옮김(2008), 《서양 교육사》, 교육과학사, 391쪽에서 재인용.

41 위의 책, 391~392쪽을 참조할 것.

42 당시 정부 보고에 따르면 프랑스군이 주민을 진압하는 과정에서 고아 169명, 부모가 살아 있으나 고아나 다름없는 처지가 된 아이가 237명이었다고 한다. 그중 다른 지역이나 개인에게 구원받은 아이는 77명밖에 되지 않았다. 김정환(2008), 《페스탈로치의 생애와 사상》, 박영사, 122쪽.

43 페스탈로치, 김정환 옮김(1996), 《은자의 황혼》, 서문당, 98~99쪽.

44 페스탈로치, 김정환 옮김(2006), 《페스탈로치가 어머니들에게 보내는 편지》, 양서원, 141~142쪽.

3장

1 러셀은 계속해서 듀이가 고매한 인격자로서 견해는 자유롭고 대인 관계에서 관대하고 친절했으며 지치지 않고 학문을 연구했다고 극찬했다. 그리고 듀이의 친절을 몸소 경험했으며, 그를 존경하고 경애한다고까지 말했다. 이를 포함해 듀이를 평가하는 러셀의 시각은 버트런드 러셀, 서상복 옮김(2009), 《서양철학사》, 을유문화사, 1019~1029쪽에 걸쳐 있는 "제30장 존 듀이"에서 가져왔다.

2 마틴 드워킨, 황정숙 옮김(2013), 《존 듀이 교육론》, 씨아이알, 서문 iii쪽.

3 듀이는 고향 버몬트주에 있는 버몬트대학교에서 수학하고(1869~1875) 존스홉킨스대학교에서 철학박사 학위를 받은 뒤(1884) 미네소타대학교, 미시간대학교 등에서 교수로 재직했다. 이후 1894년 새로 생긴 시카고대학교 철학, 심리학, 교육학과 학과장으로 옮긴 뒤 그곳에서 자신의 교육철학을 직접 실천하기 위해 실험학교(Laboratory School)를 세워 운영했다. 1904년에는 컬럼비아대학교 철학과로 이직해 그곳에서 은퇴할 때까지 재직했다.

4 듀이의 일본과 중국 방문 행적, 당시 조선에 대한 듀이의 관점 등은 이길상(2013), 〈1920년 전후 존 듀이의 동아시아 여행과 일본, 중국, 한국: 수용과 배제의 양상〉, 《한국교육사학》 제35집, 한국교육사학회, 111~136쪽을 참조했다.

5 그런데 듀이의 일본 강연은 그다지 뜨겁지 않았던 것 같다. 처음 강연에는 7백 명 이상(보도에 따라 1,000명 수준)이 모였으나 점차 줄어들어 후반 강의에는 청중이 30~40명밖에 되지 않았다고 한다. 듀이는 와세다대학교, 게이오대학교, 교토제국대학교 등에서도 강의했다.

6 듀이의 국내 소개에 관한 역사적 사실들은 김성학(1995), 〈서구 교육학 도입 과정 연구〉, 연세대학

교 박사학위 논문, 72~79쪽에 있는 내용을 정리한 이길상(2013)의 앞 논문에서 가져왔다.

7 엄태동 편저(2001), 《존 듀이의 경험과 교육》, 원미사, 3쪽.

8 책 1쇄당 인쇄되는 권수는 하나로 정해져 있지 않다. 보통 적게는 1,000권에서 많게는 2,000권까지 찍혀 나온다.

9 세라 먼데일 · 세라 B. 패튼, 유성상 옮김(2014), 《스쿨: 미국 공교육의 역사 1770~2000》, 학이시습; 데이비드 타이악 · 래리 큐반, 권창욱 · 권대권 옮김(2017), 《학교 없는 교육 개혁: 유토피아를 꿈꾼 미국 교육 개혁 100년사》, 박영스토리.

10 이 책에서 인용하는 듀이의 생애와 일화는 대부분 미국의 전기 작가 제이 마틴(Jay Martin)이 컬럼비아대학교 출판부를 통해 간행한 《John Dewey Education: Biogryphy》에서 가져왔다.

11 이에 관해서는 존 테일러 개토가 쓴 《학교의 배신》(2015, 민들레)에 자세하게 나와 있다.

12 미국 학교 교육의 역사에 관한 정보는 다음 세 권의 책을 주로 참고했다. 리처드 호프스태터, 유강은 옮김(2017), 《미국의 반지성주의》, 교유서가; 데이비드 타이악 · 래리 큐반, 권창욱 · 박대권 옮김(2017), 《학교 없는 교육 개혁: 유토피아를 꿈꾼 미국 교육 개혁 100년사》, 박영스토리; 세라 먼데일 · 세리 B. 패튼, 유성상 옮김(2014), 《스쿨: 미국 공교육의 역사 1770~2000》, 학이시습.

13 리처드 호프스태터, 유강은 옮김(2017), 《미국의 반지성주의》, 교유서가, 411쪽.

14 위의 책, 412쪽.

15 세라 먼데일 · 세리 B. 패튼, 유성상 옮김(2014), 《스쿨: 미국 공교육의 역사 1770~2000》, 학이시습, 22쪽.

16 19세기 중반부터 20세기 중반 가까이 거의 한 세기 동안 미국 공립 초등학교에서 가장 널리 쓰인 교과서로 《맥거피 리더스(The McGuffey Readers)》가 있었다. 미국 학교 교육 역사에서 가장 먼저 등장한 체계적인 교과서로 인정받고 있는 이 책은 총 1억2,200만 부 팔렸다.

17 피터 N. 스턴스, 김한종 옮김(2018), 《인류는 아이들을 어떻게 대했는가: 세계사 속의 어린이》, 삼천리, 167쪽.

18 존 테일러 개토, 오필선 옮김(2015), 《수상한 학교》, 민들레, 93쪽.

19 세라 먼데일 · 세리 B. 패튼, 유성상 옮김(2014), 《스쿨: 미국 공교육의 역사 1770~2000》, 학이시습, 59쪽.

20 위의 책, 46쪽.

21 위의 책, 62쪽.

22 버뮤다 삼각지대는 미국 남부 플로리다 해협과 버뮤다섬, 푸에르토리코를 꼭짓점으로 한 삼각형 범위 안의 해역을 가리킨다. 항공기와 선박이 알 수 없는 원인으로 실종되는 사건이 자주 일어나는 곳으로 유명하다. 여기서는 새로운 교육 개혁안이 현장에서 실행되는 데 오랜 시간이 걸리고, 초기 개혁 주도자들이 용감하게 나아가지만 어느 시점에선가 다시는 보이지 않는 것을 비

꼬기 위해서 쓰였다.

23 데이비드 타이악 외, 권창욱 외 옮김(2017),《학교 없는 교육 개혁》, 박영스토리, 4~7쪽.

24 이들 문제는 오늘날까지도 미국 교직 사회의 근간을 뒤흔들 수 있는 잠재적인 폭탄이 되고 있다. 예를 들어 2019년 2월 미국 콜로라도주 덴버에서 1994년 이후 20여 년 만에 이루어진 교사 파업은 턱없이 적은 교사 임금 문제가 도화선이 되었다. 미국 교사들의 상당수가 적은 임금 때문에 모자란 생활비를 벌충하기 위해 아르바이트나 투잡(two job) 생활을 한다는 사실이 널리 알려져 있다.

25 댄 로티가 쓴《미국의 교직 사회》(2017, 양서원)에서 교직의 사회적 특성을 묘사하는 대목에서도 이런 시각을 찾아볼 수 있다.

26 영국에서 아메리카까지 가는 경비와 아메리카에서 숙식을 제공받는 대가로 보통 4~5년 동안 하인으로 일한 이주민을 가리킨다. 자발적으로 모집에 응한 사람이 많았으나 영국 정부가 판 죄수도 있었다. 계약 하인제 관행은 19세기 초까지 유지된 것으로 알려져 있다. 리처드 호프스태터, 유강은 옮김(2017),《미국의 반지성주의》, 교유서가, 429쪽.

27 그러나 당연하게도(!) 듀이는 억지로 쓰는 일기를 좋아하지 않았던 것 같다. 일기장을 "오늘은 덥거나 추운 날이었다", "나는 밖에 나가거나 책을 읽었다"라는 밋밋한 문장들로 채웠다. 조금 나이 들어 루시나가 일기장을 더는 선물하지 않게 되면서부터는 일기를 전혀 쓰지 않았다.

28 Jay Martin(2002),《John Dewey Education: Biography》, Columbia University Press, p. 19.

29 위의 책, p.91.

30 홀은 윌리엄 제임스의 지도로 미국에서 최초로 심리학 박사학위를 받았다. 이후 독일로 유학 간 홀은 당시 유럽에 유행하고 있던 실험주의 심리학과 교육 심리학을 공부한 뒤 아동, 교육에 특별한 관심을 둔다. 오늘날 홀은 아동 심리학이나 교육 심리학의 창시자로 평가받고 있다.

31 그런데 미국 교육자 존 테일러 개토의 눈에 비친 해리스는 이와 사뭇 다르다. 개토에 따르면 해리스는 "학생 100명 가운데 99명은 이미 정해진 길을 따라 걷고 이미 굳어진 관행을 따르면서 기계처럼 움직인다"라면서 "과학적인 교육은 개인을 로봇처럼 행동하도록 만드는 것"이고, "학교는 바깥 세계와 단절하는 힘을 키워야 한다"라고 주장했다고 한다. 존 테일러 개토, 이수영 옮김(2015),《학교의 배신》, 민들레, 45~47쪽.

32 듀이가 대학을 졸업한 뒤 잠시 재직한 오일시고등학교가 있었던 바로 그 도시다.

33 인터넷 〈위키 백과〉를 보면 '양키'가 미국 시민 가운데 미국 북동부에 사는 사람을 보통 가리킨다고 한다. 듀이는 미 북동부 출신이다. 양키라는 말의 어원은 뉴암스테르담(지금의 뉴욕)에 사는 네덜란드인들이 자주 쓰는 네덜란드어 이름인 '얀(Jan)'과 '키스(Kees)'를 합쳐 부르던 말을 영국인들이 경멸적인 말로 부르던 것에서 비롯되었다는 설이 유력하다. 미국 남북전쟁 이후 남부 사람들이 북군을 비롯해 북부 사람들에게 붙인 이름이라는 주장도 있다.

34 윌리엄 보이드, 이홍우 외 옮김(2016), 《서양 교육사》, 교육과학사, 483쪽.

35 폴 페어필드, 김찬미 옮김(2018), 《존 듀이와 인문학 교육》, 씨아이알, 88쪽.

36 듀이는 노동조합 운동에 관심이 컸고, 미국 최초의 교사 노조에 가입했으며, 노년에는 직접 정치 일선에 있으면서 현실 정치에도 관여한 것으로 알려져 있다.

37 마틴 드워킨, 황정숙 옮김(2016), 《존 듀이 교육론》, 씨아이알, 78~79쪽.

38 폴 페어필드, 김찬미 옮김(2018), 《존 듀이와 인문학 교육》, 씨아이알, 77쪽.

39 존 듀이, 이홍우 옮김(2007), 《민주주의와 교육》, 교육과학사, 45쪽.

40 위의 책, 109쪽.

41 이홍우 교수가 《교육의 개념》(1991, 문음사)에 개진한 주장이다. 이와 관련한 구체적인 내용은 엄태동 편저(2001), 《존 듀이의 경험과 교육》, 원미사, 177쪽에서 재인용했다.

42 물리적 결과와 도덕적 결과가 정확하게 무엇을 의미하는가 하는 문제를 제기할 수 있다. 《민주주의와 교육》의 옮긴이 주석을 보면 단순히 외적인 변화만 생기는 경우가 전자, 정신에 모종의 변화가 생기는 경우가 후자라고 구별해 풀이했다. 그런데 지도나 통제의 결과가 그렇게 이분법적으로 명확하게 나뉠 수 있는지는 의심스럽다. 양자 간 정도의 차이가 있겠지만, 외적 변화와 정신의 변화가 동시에 일어나는 경우가 얼마든지 있을 수 있다.

43 듀이는 아동기를 예찬하는 태도를 비판한다. 따라서 이 대목에서 듀이가 자신이 비판한 태도를 보인다고 지적할 수 있다. 또한 '동정적 호기심'이나 '편견 없는 감수성' 같은 것이 '아이와 같은 상태'라기보다 지적·정서적으로 성숙하고 관용적인 사람의 상태(태도)에 가깝다고 할 수도 있다.

44 존 듀이, 이홍우 옮김(2007), 《민주주의와 교육》, 교육과학사, 105쪽.

45 듀이는 비교적인 관점이 아니라 절대적인 관점에서 미성숙이 적극적인 능력, 곧 성장하는 힘을 뜻한다고 본다.

46 "경험을 통하여 학습하는 능력, 하나의 경험에서 배운 것을 나중의 문제 사태를 해결하는 데에 활용하는 능력이다. 이것은 곧 이전 경험의 결과에 비추어 행위를 수정하는 능력, 또는 한마디로 '성향을 발달시키는 능력'이다." 존 듀이, 이홍우 옮김(2007), 《민주주의와 교육》, 교육과학사, 97쪽.

47 존 듀이, 이홍우 옮김(2007), 《민주주의와 교육》, 교육과학사, 107쪽.

48 비고츠키연구회(2019), 《인간화 교육 만만세》, 전국교직원노동조합, 27~61쪽 참조.

49 듀이는 생물의 가소성을 설명하면서 이렇게 말한다. "그 가소성은, 어느 편인가 하면, 몇몇 동물에서 볼 수 있는 바와 같이, 자신의 기질은 그대로 유지하면서 주위의 색깔에 맞게 색깔을 바꾸는 적응적 탄력성에 더 가깝다(《민주주의와 교육》, 97쪽)."

50 비고츠키연구회(2019), 《인간화 교육 만만세》, 전국교직원노동조합, 50쪽.

51 배희철은 이러한 입장이 '개인주의의 오류'와 '자연주의의 오류'라고 일컬어지면서 학문적으로 사망 선고받았다고 비판한다. 비고츠키연구회(2019), 《인간화 교육 만만세》, 전국교직원노동조

합, 50쪽.

52 이홍우(2018),《미국 교육학의 정체》, 교육과학사, 43쪽.

53 존 듀이, 이홍우 옮김(2007),《민주주의와 교육》, 교육과학사, 149쪽.

54 위의 책, 155쪽.

55 박의수 외(2015),《교육의 역사와 철학》, 동문사, 331쪽.

56 존 듀이, 이홍우 옮김(2007),《민주주의와 교육》, 교육과학사, 171쪽.

57 박의수(2015),《교육의 역사와 철학》, 동문사, 369쪽.

58 폴 페어필드, 김찬미 옮김(2018),《듀이와 인문학 교육》, 씨아이알, 3쪽.

59 이들에 관한 내용은 각각 마틴 드워킨 엮음, 황정숙 옮김(2016),《존 듀이 교육론》, 씨아이알, 131~160쪽과 엄태동 편저(2001),《경험과 교육》, 원미사, 19~134쪽에서 가져왔다.

60 엄태동 편저(2001),《존 듀이의 경험과 교육》, 원미사, 24쪽.

61 폴 페어필드, 김찬미 옮김(2018),《듀이와 인문학 교육》, 씨아이알, 13쪽.

62 프래그머티즘의 어원과 프래그머티즘에 대한 퍼스와 듀이의 기본 관점은 마틴 드워킨, 황정숙 옮김(2013),《존 듀이 교육론》, 씨아이알, 10쪽에 있는 내용을 참조해 정리했다.

63 실용주의는 일본에서 들어온 수입어이다. 프래그머티즘을 실용주의라고 번역한 것은 일본인 학자들이었다고 한다. 그런데 거듭 말하지만, 프래그머티즘을 실용주의와 동일하게 볼 수 있는지에 대해서는 의문의 여지가 많다.

64 듀이의 프래그머티즘과 지식의 의미에 관한 이와 같은 관점은 엄태동(2001)에 따른 것이다.

65 버트런드 러셀, 서상복 옮김(2009),《서양철학사》, 을유문화사, 1029쪽.

66 듀이는 말년에 이르러 글을 쓰기 힘들어지자 두 번째 부인에게 문장을 구술하는 식으로 집필 활동을 했다고 한다. 학문 탐구에 대한 각별한 열정과 의지를 엿볼 수 있는 일화이다.

67 프레이리에 관한 전기적 사실들은 다음과 같은 책들에서 가져왔다. 모아시르 가도치, 백경숙 외 옮김(2012),《파울루 프레이리 읽기: 그의 삶과 사상》, 우리교육; 파울루 프레이리·마일스 호튼, 프락시스 옮김(2006),《우리가 걸어가면 길이 됩니다: 교육과 사회 변화를 위한 프레이리와 호튼의 대화》, 아침이슬.

68 1964년 브라질 쿠데타에 관한 정보는 인터넷 위키피디아(https://ko.wikipedia.org/wiki/1964년_브라질_쿠데타)를 참조했다.

69 프레이리는 볼리비아의 첫 도착지인 라 파스에 오자마자 높은 고도에 적응하지 못하고 기절해 버렸다고 한다.

70 프레이리가 볼리비아에 도착한 지 12일 만에 발발했다.

71《페다고지》는 1968년에 쓰인 뒤 1970년에 영어와 스페인어로 칠레에서 처음 발간되었다. 프레이리의 고국인 브라질에서는 4년 뒤인 1972년에 출판되었다. 그 뒤 17개 언어로 번역되었다.

72 파울루 프레이리 · 마일스 호튼, 프락시스 옮김(2006), 《우리가 걸어가면 길이 됩니다》, 아침이슬, 303쪽.

73 이 대담을 묶은 책이 《우리가 걸어가면 길이 됩니다》(2006, 아침이슬)이다.

74 모아시르 가도치, 백경숙 외 옮김(2012), 《파울루 프레이리 읽기: 그의 삶과 사상》, 우리교육, 25쪽. 가도치는 프레이리와 20년 이상 함께 일하면서 가장 가까운 곳에서 함께한 친구이자 동지였다. 현재 브라질 상파울루대학교 교육학부 교수로 있다.

75 파울루 프레이리 · 마일스 호튼, 프락시스 옮김(2006), 《우리가 걸어가면 길이 됩니다》, 아침이슬, 80쪽.

76 위의 책, 82쪽.

77 이에 관한 내용은 《페다고지》에서 참된 대화나 교육의 의미를 풀이하고 있는 제3장에 자세하게 나와 있다.

78 파울루 프레이리 · 마일스 호튼, 프락시스 옮김(2006), 《우리가 걸어가면 길이 됩니다》, 아침이슬, 91쪽.

79 파울루 프레이리, 남경태 옮김(2002), 《페다고지》, 아침이슬, 105쪽.

80 위의 책, 65쪽.

81 브라질 군사 독재자들은 카마라 신부에게 '반체제적 공산주의자'라는 낙인을 찍었다. 언젠가 카마라 신부는 "내가 가난한 사람들에게 음식을 나누어 주기만 하면 그들은 나를 성자라 부르지만, 내가 왜 가난한 사람들에게는 먹을 것이 없느냐고 물어보면 그들은 나를 공산주의자라고 부른다"라고 말했다고 한다.

82 파울루 프레이리, 남경태 옮김(2002), 《페다고지》, 아침이슬, 225쪽.

83 위의 책, 57쪽.

84 위의 책, 81쪽.

85 위의 책, 112쪽.

86 위의 책, 83쪽.

87 위의 책, 101쪽.

88 위의 책, 87쪽.

4장

1 우리나라에서 대입 성적 최상위권 학생들이 주로 입학하는 서울대(Seoul University), 고려대(Korea University), 연세대(Yonsei University)의 영문자 첫 글자들을 합성한 말이다.

2 미국 동북부에 있는 8개의 명문 대학을 통틀어 이르는 말이다. 예일, 코넬, 컬럼비아, 다트머스, 하버드, 브라운, 프린스턴, 펜실베이니아 대학이 여기에 속한다.

3 영어 표현 'liberal education'의 번역어이다. 일반적으로 '자유 교육'이라고 옮기기도 하지만 피터스 교육철학의 특징을 드러내기에 한계가 있다고 보아 이렇게 옮겼다. 이에 관한 좀 더 자세한 설명은 뒤의 "교양교육의 힘" 부분에 나온다.

4 스테판 E. 쿠이퍼스·크리스토퍼 마틴, 이병승 옮김(2017),《피터스의 교육 사상》, 서광사, 28쪽.

5 학교 안에서 작동하는 사회통제 기제를 세밀하게 다루는 교육철학 책을 찾아보기는 어렵다.《윤리학과 교육》제3부에서 다루는 권위, 벌, 훈육 등은 피터스가 교육철학에 입문할 즈음부터 깊은 관심을 준 주제들이었던 것으로 보인다. 나는 이 책의 제3부를《윤리학과 교육》의 백미처럼 읽었다. 교육 현장의 실제에서 부닥치는 문제들에 대해 단단한 논리로 무장하고 싶은 이들에게 적극적으로 추천한다.

6 리처드 스탠리 피터스, 이홍우·조영태 옮김(2008),《윤리학과 교육》, 교육과학사, 9쪽.

7 규범적 기준, 인지적 기준, 과정적 기준이다. 이들에 대해서는 뒤에 나오는 "교육인 것과 교육 아닌 것", "가르침과 교육은 다르다" 등에서 설명한다.

8 피터스의 논증을 조금 더 소개한다. 피터스는 스파르타인이 군사적으로나 도덕적으로 훈련을 받은 결과 전쟁술과 도덕적 판단 능력을 갖추게 되었지만, 우리는 그들이 군사 '교육'이나 도덕 '교육'을 받았다고 말하지 않는다고 주장했다. 그들은 한 번도 자신들의 행동 규범 밑에 깔려 있는 원리(사실을 전체적으로 조직하는 원리)를 탐색해 들어갈 기회를 얻지 못했기 때문이다.

9 P. H. Hirst(1986),〈Richard Peter's contribution to the philosophy of education〉, in D. E. Cooper (ed.),《Education, Values and Mind》, Essays for R. S. Peters, London: Routledge & Kegan Paul, pp. 8-40; 스테판 E. 쿠이퍼스·크리스토퍼 마틴, 이병승 옮김(2017),《피터스의 교육 사상》, 서광사, 123쪽에서 재인용.

10 모두 피터스가 직접 활용한 사례이다.

11 이런 문제를 포함해 가치라는 개념 자체가 추상적이고 포괄적이어서 시대나 사회에 따라 상대적으로 규정될 수 있다는 점, 바람직해 보이기는 하지만 교육적이지 않은 활동이 있을 수 있다는 점 등을 문제 제기할 수 있다.

12 이러한 문제들에 대해서는 뒤의 "지속 가능한 진보주의 교육"에서 더 자세히 살펴보았다.

13 원문에 'emperical question'으로 표현된 것을 이렇게 번역했다. 사실적(경험적) 문제는 이론적 문제와 대비되는 표현이다.

14 리처드 스탠리 피터스, 이홍우·조영태 옮김(2008),《윤리학과 교육》, 교육과학사, 46쪽.

15 이쯤에서 개념 분석에 관한 피터스의 논의를 비판적으로 생각해 보는 것이 교육철학적 시야를 넓히는 데 도움이 될 것이다. 이를테면 교육 개념의 규범적 기준인 가치 있는 활동에서 '가치' 여부는 시간과 공간에 따라 상대적으로 간주되지 않는가, 피터스가 교육 개념을 명료화하기 위해 내세운 기준들은 피터스 특유의 것이 아니라 교육에 관한 일반적인 생각들에서 가져온 것에 불

과하지 않는가 하는 질문들을 던질 수 있다.

16 공동 번역자인 이홍우 교수는 이 말이 문화유산(cultural heritage)과 별다른 의미 차이가 없다고 보았다.

17 '공적'이라는 말의 뜻과 의미 범주가 겹치는 '공동의'와 '간주관적(성)', '객관성' 등도 포함한다.

18 아이들이 접하는 물체에 담겨 있는, 인간의 목적의식을 반영하는 측면을 가리키는 말이다.

19 간주관성은 개인과 개인, 주체와 주체 사이의 상호작용적인 측면과 관련된다.

20 교육받은 사람은 모종의 정신 상태를 성취한 사람이며, 그 정신 상태란 전달된 가치 있는 것을 통달하고 그것을 소중히 여기면서 폭넓은 안목으로 볼 수 있는 상태를 말한다. 이러한 정신 상태에 이르는 데 필요한 일이 교육이다. 교육은 필연적으로 마음의 분화와 발달(의 방향)과 밀접하게 관련될 수밖에 없다.

21 그런데 여기에 담긴 주요 아이디어들의 윤곽은 1963년 피터스가 런던대 교육철학 교수로 임명된 뒤 행한 〈입문으로서의 교육(Education as Initiation)〉이라는 취임 연설에 고스란히 담겨 있다. 이 연설의 상당 부분은 오크쇼트의 보수주의적인 교육 아이디어에 고무되어 이루어졌다.

22 페트라르카, 비토르노, 에라스무스, 라블레(이상 16세기 인문주의 교육자), 페스탈로치, 헤르바르트, 프뢰벨(이상 18세기 말~19세기 초 인문주의 교육자) 등이 이를 대표한다.

23 이홍우 번역판에는 '자유 교육'이라고 되어 있지만, 여기서는 이 장의 취지를 살려 '교양교육'으로 바꾸었다.

24 스테판 E. 쿠이퍼스·크리스토퍼 마틴, 이병승 옮김(2017), 《피터스의 교육 사상》, 서광사, 176~188쪽.

25 교육적 진보주의와 관련한 〈플라우든 보고서〉의 입장과 이에 대한 피터스의 비판적 시각에 관해서는 위의 책, 322~336쪽을 바탕으로 정리했다.

26 비트겐슈타인(1889~1951)은 논리실증주의와 일상언어철학에 지대한 영향을 미쳤고, 피터스가 취한 학문적 유파였던 분석철학을 대표하는 철학자였다. 비트겐슈타인은 피터스가 분석철학적 입장에서 교육철학을 탐구하기 시작했을 때부터 지대한 영향을 주었다. 《윤리학과 교육》에서 교육의 개념을 분석하는 논의의 첫머리에 비트겐슈타인을 언급하면서 그가 20세기에 일어난 "철학의 혁명"의 지도자 중 한 사람이라고 평가했다.

27 R. S. Peters(1969), 〈Must an Educator Have an Aim?〉, in 《Concepts of Teaching: Philosophical Essays》(ed. C. MacMillan and T. Nelson), Rand McNally, p. 16; 스테판 E. 쿠이퍼스·크리스토퍼 마틴, 이병승 옮김(2017), 《피터스의 교육 사상》, 서광사, 330쪽에서 재인용.

28 위의 책, p. 15; 위의 책, p.15; 위의 책, 336쪽에서 재인용.

29 피터스가 1950년 8월 영국 비비시 홈 서비스(Home Service) 채널(BBC 제4 라디오 채널 전신)의 대담 방송 원고용으로 쓴 〈I Was a Twenty Then〉에 나오는 내용이다. 피터스의 유년기와 청년기

초입에 관한 일화는 모두 이 글에서 가져왔다. R. S. Peters(1974), 《Psychology and Ethical Development》, Routledge, pp. 464~468에 전문이 실려 있다.

30 우정야전단은 영국 육군성에서 관리했지만 퀘이커교도들로 이루어진 우정협회(The Society of Friends)와 긴밀한 관계를 맺고 있었던 것으로 보인다. R. S. Peters(1974), 《Psychology and Ethical Development》, Routledge, pp. 457~459에 있는 글 〈R. S. Peters: A Commentary by Peter Hobson〉 참조.

31 1955년 가을에 쓴 〈A Boy's View of George Orwell〉이라는 제목의 수필이다. 이 글 역시 비비시 홈 서비스 채널의 대담용으로 쓰였다. 위의 책, pp. 460~463에 수록되었다.

32 위의 책, p. 461.

33 이반 일리치의 전기에 관한 사실들은 이반 일리치, 권루시안 옮김(2013), 《과거의 거울에 비추어》, 느린걸음, 361~375쪽의 연보와 데이비드 케일리 대담·엮음, 이한·서범석 옮김(2010), 《이반 일리히의 유언》, 이파르, 24~85쪽에 서술된 전기를 바탕으로 했다.

34 29살에 부총장직에 임명되었다가 5년 만에 자리를 내려놓는다. 일리치는 5년 동안 열심히 일했으나 대학 예산을 삭감해 그 돈을 초등학교로 돌리자는 등의 주장을 해서 쫓겨났다고 한다.

35 이 집회는 이른바 '종교재판소'라고 불렸다고 한다.

36 일리치는 결과 여하에 따라 파문당할지도 모르는 상황에서 심문 내용을 비밀로 해야 한다는 서약을 거절하고 심문에 응하지 않았다. 그리고 그 이듬해인 1969년 교황청이 CIDOC를 탄압하기 위해 자금을 차단하자 사제직을 내던진다. 가톨릭교회에서는 사제직을 공식적으로 박탈하지는 않았다.

37 일리치 탈학교론의 진수를 비교적 손쉬운 방식으로 맛보고 싶은 독자라면 《학교 없는 사회》보다 《깨달음의 혁명》의 제8, 제9장을 읽어볼 것을 권한다. 《학교 없는 사회》의 주제는 뚜렷하지만, 그것을 풀어 가는 방식, 문장 표현이 복잡하고 장황해 가독성이 현저히 떨어지기 때문이다. 번역본들의 번역 차이에 따른 결과인지 일리치 문체 자체의 특징에 따른 것인지는 잘 모르겠다.

38 이반 일리치, 허택 옮김(2018), 《깨달음의 혁명》, 사월의책, 187~188쪽.

39 이반 일리히, 심성보 옮김(2004), 《학교 없는 사회》, 미토, 27쪽.

40 데이비드 케일리 대담·엮음, 이한·서범석 옮김(2010), 《이반 일리히의 유언》, 이파르, 223~234쪽에 실린 '학교'라는 제목의 글이다.

41 어린 일리치의 학교 시절에 관한 일화와 회고는 박홍규(2011), 《이반 일리히: 소박한 자율의 삶》, 도서출판 텍스트, 133쪽에서 가져왔다.

42 데이비드 케일리 대담·엮음, 이한·서범석 옮김(2010), 《이반 일리히의 유언》, 이파르, 233쪽.

43 이반 일리히, 심성보 옮김(2004), 《학교 없는 사회》, 미토, 175쪽.

찾아보기

| 찾아보기 |